CUBA Y SU DESTINO HISTORICO

COLECCION CUBA Y SUS JUECES

EDICIONES UNIVERSAL, Miami, Florida, 1989

ERNESTO ARDURA

CUBA Y SU DESTINO HISTORICO
(Reflexiones sobre su historia y destino)

P.O. Box 450353 (Shenandoah Station)
Miami, Florida, 33145., U.S.A.

© Copyright 1989 by Ernesto Ardura
Library of Congress Catalog Card No.: 88-83552
I.S.B.N.: 0-89729-518-8

Dibujos de la portada e interior por Alfonso David

Printed in Spain   *Impreso en España*

Impreso en los talleres de artes gráficas de
EDITORIAL VOSGOS, S. A. Avda. Mare de Déu de Montserrat, 8
08024 BARCELONA — España

GRATITUD

Quiero agradecer a los editores de El Nuevo Herald, y a su Director, Carlos Verdecia, su autorización para reproducir algunos artículos publicados en el periódico El Miami Herald relacionados con la historia y la cultura en Cuba durante el período anterior al comunismo.

También mi gratitud profunda a todos los que me han alentado y me han ayudado en la preparación de este libro.

A la memoria de mis padres y de nuestra Cuba libre, y con la esperanza de una nueva libertad.

Destino no es un concepto esotérico, sino meta que se propone el esfuerzo humano, programa a cumplir en el espacio-tiempo de la Historia en que nos ha correspondido vivir.

A MANERA DE PROLOGO

> *Ritmo del mundo en unos ojos preso*
> *para cantar el sueño a la mañana,*
> *donde cruza su vuelo la paloma*
> *y se hace luz cuando calló la pena.*
>
> EUGENIO FLORIT

Hacia mediados de la década de los años 30, un grupo de jóvenes todavía adolescentes crearon en La Habana un club de estudios al que llamaron El Cacareo, título un poco burlón que encubría una tarea seria y responsable. Uno de ellos era Ernesto Ardura, junto con el futuro abogado, profesor y periodista Jorge L. Martí, el futuro médico Mario Fernández Alonso, el futuro ingeniero Rafael Sánchez Casanova y varios más. Tenían un interés cultural común y como diría el poeta Rubén Darío: «una sed de ilusiones infinita».

Allí se trataron temas literarios, filosóficos, políticos, científicos, en conferencias semanales que luego se abrían a discusión entre los miembros. Era algo similar al Ateneo de la Juventud, de México, al cual pertenecieron Alfonso Reyes, Pedro Henríquez Ureña y otras figuras intelectuales. *El Cacareo* no duró mucho, pero sirvió como impulso de futuras tareas.

Apenas a los veinte años de edad, Ernesto Ardura recibió en 1940 un premio otorgado por el Archivo Nacional de Cuba, en un concurso convocado por el capitán Joaquín Llaverías, su director, con motivo de celebrarse el centenario de esa institución. En este trabajo juvenil, que Ardura tituló «Teoría del Olvido», él destacaba la importancia de la investigación rigurosa: «Si hemos de renacer de un pasado hecho de miserias y oscurantismos, construido con torvos renunciamientos y complicidades, quizá conviniera comenzar por brindar decidida y efectiva protección a instituciones de tan útil servicio cubano como es el Archivo Nacional». ¡Grave admonición tanto en 1940 como en nuestros días!

Conocí a Ernesto en las aulas y seminarios de la Escuela de Filosofía y Letras de la Universidad de La Habana. En Cuba parecía abrirse una etapa de grandes reformas, y los muchachos de la Universidad estábamos en primera línea en el anhelo de crear una patria democrática, culta, que fuera ejemplo para América.

Mientras nos hallábamos en esas tareas, estalló la Segunda Guerra Mundial. Dejé de ver a Ernesto por varios años. Al término de la contienda, un día nos encontramos casualmente mientras caminábamos por la calle Zulueta, en La Habana. Fue un encuentro inolvidable y hablamos de nuestras experiencias en esos años difíciles y dramáticos.

Finalizados sus estudios universitarios de Derecho y parte de la carrera de Filosofía y Letras, Ernesto se dedicó por entero a las tareas del periodismo. Fue redactor, columnista y editorialista de *El Mundo*, de La Habana, durante el período de 1942 a 1960, y Jefe de Redacción de *El Mundo en el Exilio*, que se publicó en Miami en los años de 1960 y 1961. Durante esa etapa, colaboró también en *Bohemia, Carteles, Revista Cubana, Américas, Cuadernos Americanos* y otras revistas. Desde 1962 hasta su jubilación en 1987 fue traductor y editor del Servicio de Información y Cultura de Estados Unidos (USIS) en Washington D.C.

De su labor periodística ha dicho su fraternal amigo y colega, el Dr. Jorge L. Martí: «Hay personalidades que con entereza y modestia, se definen y se consolidan temprano en el curso de la vida. Y cuando esa integración caracterológica se afinca sobre muy firmes principios morales, y al amparo de una vigorosa inteligencia, ansiosa de saber y de vivir en un mundo mejor, se da el caso de Ernesto Ardura...»

Y el Dr. Jorge Mañach, en el acto de entrega a Ardura del premio *Justo de Lara* (1953) con motivo de su artículo *Oración en Silencio*, afirmó: «El caso de Ardura es un caso de vocación, no tanto al periodismo como a las letras en general... Un buen día descubrimos en él un modo de expresión que yo llamaría suavemente firme. La sensibilidad ejercitada en lo literario, le servía para apresar los perfiles más fugaces de la actualidad. Tenía la aptitud para recordar lo permanente con motivo de lo efímero, que es lo más de desear en un articulista... En todos sus trabajos palpitaba una conciencia fina, una nostalgia de los valores morales y una resistencia a aceptar que se llame realidad sólo a lo sórdido y brutal, como si la Historia no estuviera hecha también de los sueños y los pudores del hombre...»

Además de sus ensayos y centenares de artículos, varios libros acreditan la labor literaria de Ardura, entre ellos *Brega de Libertad*, (La Habana, 1948), con una antología y un estudio crítico de la obra de Manuel Sanguily; *Prédica Ingenua*, (La Habana, 1954), en que Ardura incluye su ensayo de interpretación del ideario martiano; y *América en el Horizonte* (Miami, 1980), donde expone su fe en América como continente de la libertad.

Ahora, en *Cuba y su destino histórico*, Ardura reafirma su acendrado patriotismo y su erudición crítica. La selección misma de los temas ya lo indica: Varela, Martí, Varona, Sanguily. Son ensayos inaccesibles que, remozados, ayudan a comprender nuestro pasado. Las nuevas generaciones pueden hallar en ellos una orientación clara sobre los hombres y las ideas que contribuyeron a crear una nación.

En cada uno de esos ensayos el autor no sólo estudia y analiza a los forjadores de la conciencia nacional, sino que también encuentra el estímulo y la fuerza espiritual indispensables para vigorizar su fe y su patriotismo.

En cierta ocasión Ortega y Gasset dijo que «Azorín era un sensitivo de la Historia». Así ocurre con Ernesto Ardura, quien siente, sufre, goza la historia de Cuba. El vislumbra, como se advierte en las páginas de este libro, un futuro en el que los cubanos disfruten de un clima de libertad y en el que se respeten los derechos humanos, un futuro de democracia, bienestar y justicia en que no se evadan las responsabilidades indispensables para el rescate de la patria esclavizada.

Ardura escudriña los intersticios de la Historia, del pensamiento y la trayectoria de las letras cubanas, en su incansable afán de hallar no sólo el sentido del devenir de su patria, sino de las estructuras que la sostengan. Crítico de la corrupción, de la tiranía, de la intolerancia religiosa y de la discriminación racial o cultural, Ardura trata de buscar en el tejido de nuestra Historia aquellas raíces que nos permitieron crear una patria libre y que nos harán posible reconquistarla en el futuro. En la selección de sus crónicas y artículos, ha preferido aquellos que ofrecen una visión hidalga de una República generosa, cordial y libre.

Los males que ha sufrido y sigue sufriendo nuestro país no le han menguado el entusiasmo ni le han hecho perder la fe. Ernesto Ardura fue de los que comprendieron, desde el principio, que para renacer, Cuba necesitaba de sus ciudadanos sacrificios y vigor, para que no fuese víctima de los mercaderes de la democracia.

En una carta fechada el 12 de marzo de 1952, me decía: «El pueblo cubano está como anonadado. Cuando se disponía a concurrir a las urnas para expresar su voluntad soberana, surge esta nueva situación». Se refería Ardura por supuesto al golpe de Estado perpetrado por el general Batista. ¿Hace falta que se añadan comentarios o explicaciones?

El 18 de marzo añadía: «Por aquí andamos todavía bastante aturdidos. No sabemos en qué desembocará la nueva situación creada por el golpe de Estado». Y esperanzado, afirmaba el 30 de marzo: «Hay en el pueblo cubano, a pesar de todo, una gran madurez democrática».

Y años más tarde, después del giro comunista que tomó la revolución de Fidel Castro, escribía: «Lo que ha pasado en Cuba es la cosa más horrible y angustiosa... Ninguna tiranía latinoamericana se asemeja siquiera al terror refinado, a la crueldad asiática, al desprecio absoluto por la dignidad humana que ha sido la característica del régimen comunista». Y tristemente añadía: «Quizá de Cuba no quede sino un fantasma, una imagen que todavía llevamos en el corazón».

Sin duda, es esa imagen la que ha sustentado sus ideales, sus esperanzas, a veces en la realidad palpable de su tierra, otras en la ensoñación plasmada en un libro como éste. Cierto es que en la turbulenta historia de la América Latina, cada vez que una dictadura interrumpe el proceso democrático, sacrifica a una generación y el país se anquilosa. Sin embargo, en medio de los humeantes escombros no todo se destruye. De los rescoldos, comienza a vibrar, alentadora, una nueva esperanza.

Más allá de los desequilibrios morales de la Patria, y a pesar de todas las apostasías, él sigue creyendo, con ardorosa pasión, en que el pueblo cubano tiene las virtudes indispensables para establecer un sistema democrático con instituciones donde se respete el derecho y se mantengan los principios de la probidad y la ética.

Ernesto cree en una República basada no sólo en bienes materiales, sino en la dignidad plena del hombre. Por eso ha dedicado buena parte de su investigación, como lo atestigua este libro, al siglo XIX. El es un enamorado de este Siglo de Oro de la cultura cubana. Y ¿por qué no? En realidad casi todo —por no decir todo— lo que se ha creado en Cuba encuentra sus raíces en el siglo pasado, en grandes figuras que no sólo reflexionaron sobre la Patria, sino que la sufrieron en su propia carne. Varela, Martí, Varona, Sanguily ¿han sido reemplazados? Continúan siendo la conciencia ideológica e histórica de un país que quiere reencontrarse, sin trabas foráneas ni taras funestas.

Analizada en su conjunto la obra de Ardura, predomina el deseo de acercarse con amor al prójimo, de encontrar un hálito de comprensión, armonía, libertad estable y permanente en medio de un mundo aterido por la ambición, la injusticia, el dolor.

Indudablemente Ardura destaca en otros cualidades que él mismo personifica. El perfil ético y patriótico de Ernesto Ardura está muy bien descrito en los juicios que él mismo escribió sobre dos cubanos inmortales. En su ensayo sobre «Las ideas de José Martí» nos decía que la moral del Apóstol «tiene un sentido dramático de la solidaridad humana. El ve la necesidad del desprendimiento y del sacrificio para contribuir a la superación de los demás...»

Y en la introducción a su libro *Brega de Libertad*, al referirse al patriotismo de Manuel Sanguily, dijo lo siguiente: «Era en cierto modo quijotesco, por su idealismo sin transacciones, pero conocía al mismo tiempo la realidad profunda de nuestro pueblo, de tal modo que su posición ante los problemas cubanos habría de apoyarse en la más segura óptica histórica».

Aleccionado por los que dedicaron sus vidas a construir y proteger la República de Cuba, Ardura rechaza lo negativo. Sólo se le nota amargura cuando atestigua los sufrimientos del ser humano y se indigna ante la injusticia. Nunca insolente, siempre tolerante, servicial, fraternal, él rehúye la palabrería de los demagogos para inyectar en sus ensayos y artículos el entusiasmo, el idealismo, la fe en que abrevaron los fundadores de la República.

Así es Ernesto Ardura, erguido moralmente, enhiesto ante todo vendaval político, impertérrito ante los descalabros, modesto en sus triunfos, amante de la buena Cuba y de su familia, fraternalmente cariñoso con los amigos. De él he aprendido mucho. A él le debo mucho...

Lector: conocerás de cerca a un hombre poco común. Sus propias palabras lo presentarán. Comienza a leerlo...

      Enero de 1989

                      Roberto Esquenazi-Mayo
                      Georgetown University

INTRODUCCION

Este libro recoge una serie de ensayos y crónicas que comencé a escribir en La Habana en plena juventud y otros que, en los últimos 25 años se han redactado desde Washington. Son trabajos que responden a una gran preocupación por nuestro destino histórico.

Desde muy joven traté de buscar caminos que condujeran a la libertad y la cultura, como fundamentos indispensables para el adelanto individual y colectivo. Siendo todavía un adolescente, leí con devoción libros de José Ingenieros, Haya de la Torre, Manuel Seoane, José Enrique Rodó y de otros líderes del pensamiento hispanoamericano, entre ellos por supuesto José Martí, que guió nuestro destino histórico hacia una patria libre.

Viví la crisis universitaria de aquella época, cuando ya los grupos gangsteriles realizaban sus criminales tareas. Recuerdo el vil asesinato de Ramiro Valdés Daussá, líder de la Revolución del 30 y un dirigente honesto y responsable. La Universidad de La Habana era a veces más un campo de batalla que un centro de educación superior. Pero en medio de aquel ambiente, mantuve siempre la ilusión de que podrían encontrarse vías salvadoras.

Tras la experiencia universitaria, descubrí que mi futuro no estaba en el ejercicio del derecho y topé entonces con el camino de mi verdadera vocación: la de escribir. Nunca he olvidado ni podría olvidar los años juveniles de práctica del periodismo en La Habana. Primero en «Patria», periódico que era órgano del Partido Auténtico. Después en «El Mundo», uno de los principales diarios de La Habana de ayer.

Desde las páginas de «El Mundo» escribimos con fervor

para contribuir al encauzamiento de la República democrática, que se debatía entonces en una de sus frecuentes crisis, asediada por el militarismo, la violencia interna, los problemas económicos y sociales.

Asistimos al parto histórico de la Constitución de 1940, que abrió una nueva etapa de nobles esperanzas. En aquel documento se recogieron los ideales históricos de la Revolución del 30, sentándose las bases para el progreso democrático, la reforma económica, la justicia social, el auge de la cultura. Elaborada con la participación de todos los partidos políticos y grupos de opinión, aquella Constitución parecía que se ajustaba a los tiempos nuevos, a la Cuba nueva. Quizá habíamos encontrado el camino.

Daba gusto oír aquellos debates en la Asamblea Constituyente, trasmitidos por radio, en que se turnaban Miguel Coyula, José Manuel Cortina, Joaquín Martínez Sáenz, Orestes Ferrara, Jorge Mañach, Carlos Márquez Sterling, Eduardo Chibás, Carlos Prío, Emilio Núñez Portuondo y hasta los delegados comunistas como Juan Marinello y Salvador García Agüero. Era el debate político en un plano ideológico, con precisión en las ideas y belleza en el discurso.

Vino después la lucha por las leyes complementarias de la Constitución, que duró varios años. Sin esas leyes, el texto constitucional no podía funcionar adecuadamente. No sé cuántos artículos escribí sobre el Tribunal de Cuentas, la Carrera Administrativa, el Tribunal de Garantías Constitucionales, el Banco Nacional y el de Fomento Agrícola. Aunque el estudio y redacción de estas leyes tuvieron un lento desarrollo, veíamos con satisfacción que se iban aprobando una tras otra. El camino de la Constitución parecía cada vez más expedito.

Nos sentíamos orgullosos de nuestra república democrática, de nuestras instituciones modernas, de la avanzada legislación social, a pesar de que pervivían lacras como la corrupción de la vida pública y la violencia de los grupos gangsteriles.

Recuerdo con mucha nostalgia aquellos años de alegre tarea en la redacción de «El Mundo», junto a Miguel Coyula, Jorge Martí, Eduardo Ortega y Gasset, Raoúl Alfonso Gonsé, Néstor Suárez, Manuel Millares Vázquez, Mario Parajón, Graciela de Armas y otros inolvidables compañeros. ¡Cuántos sueños y entusiasmos!

Después de doce años de vida constitucional, con la sucesión pacífica de tres gobiernos, el golpe de Estado de 1952 vino a interrumpir ese proceso. Entramos en un nuevo atajo con vientos de tormenta. Las instituciones y hombres mejores del país lucharon lo indecible por encontrar una solución patriótica que restaurase el ritmo constitucional. Fueron especialmente valiosos los esfuerzos del patricio Cosme de la Torriente, de las instituciones cívicas, de la Sociedad de Amigos de la República, del Bloque de Prensa. Pero todo fue en vano. No hubo soluciones y la República se hundió en una trampa de terrorismo y de guerra civil, que nos llevó al desastre. Habíamos perdido el camino y los comunistas estaban al acecho para su obra sinuosa.

Fueron desapareciendo, una por una, todas las instituciones democráticas. La prensa fue de las primeras en caer bajo el yugo totalitario. Vinieron las coletillas, la persecución de los periodistas, la incautación de los diarios y revistas independientes. Cuba se fue cubriendo de tinieblas. En busca de nuevos caminos salimos de Cuba en septiembre de 1960.

Había entonces pocos cubanos en Miami, pero comenzaba a integrarse el exilio, que llegaría a incluir al mayor número de personas que se recuerde en la Historia de América. Desde las páginas de «El Mundo en el Exilio», publicado en Miami (1960-61) libramos enérgicas campañas por la libertad de Cuba. Al inaugurarse el nuevo gobierno de John F. Kennedy, parecía que se acercaban momentos decisivos. Abrigábamos muchas esperanzas, pero el destino reservaba a los cubanos una nueva frustración; el fiasco de Bahía de Cochinos.

El destino nos trajo a Washington en 1962, donde hemos vivido por más de un cuarto de siglo. Desde aquí, en la capital del mundo de Occidente, hemos sido testigos muy próximos de algunas de las más graves crisis internacionales de este siglo. Hemos aprendido mucho y hemos adquirido una perspectiva universal de la Historia. La vida en Washington ha sido creadora y fecunda, con sus primaveras de inefable belleza y con sus fiestas de color otoñales. Cada año hemos visto cómo todo muere y cómo todo vuelve a renacer, en un ciclo cósmico que todo lo transforma en un apasionado devenir.

Ha sido la nuestra una jornada fervorosa en busca del camino. Las páginas de este libro dejan testimonio de ese esfuer-

zo por encontrar la verdad y hallar la luz en medio de las tinieblas. El autor conserva su alegría y su fe en la libertad y el ascenso espiritual del hombre, bajo la guía e inspiración de Dios.

E.A.

1. LOS FUNDADORES

FELIX VARELA: EL ILUSTRE FUNDADOR

Los centenarios y bicentenarios tienen la virtud no sólo de recordar a las figuras eminentes de la Historia, sino que sirven también para incitarnos al estudio de su obra y a evaluar la significación de su mensaje ideológico y patriótico.

Así afortunadamente está ocurriendo en el caso del Padre Varela, quien había sido una figura un tanto opacada en nuestra Historia. Los cubanos habíamos dado preferencia a los héroes que lucharon por la independencia y nos brindaron el legado de una patria libre. Hasta mediados de este siglo, cuando nuestro amigo Antonio Hernández Travieso escribió su magnífica biografía del Padre Varela, poco se sabía de la vida y de la obra extraordinaria del sabio que iluminó con su prédica los primeros pasos de la nacionalidad.

Creo que el bicentenario ha contribuido a una nueva perspectiva del Padre Varela, abarcando la totalidad de su misión de reformador en el orden de la educación, la filosofía, la libertad de Cuba y América, además de su formidable tarea misionera, su ejemplaridad ética y su brega en defensa de los derechos humanos. ¡Qué grandeza la de aquel sacerdote frágil de cuerpo, pero de luminosa energía espiritual!

Finalizaba el siglo XVIII, el siglo llamado de las luces, el siglo de los enciclopedistas y de la revolución democrática en Estados Unidos y Francia, cuando Félix Varela vino al mundo en la ciudad de La Habana el 20 de noviembre de 1788. Sus padres fueron el teniente Francisco Varela (español) y María Josefa Morales (cubana), habiendo sido bautizado una semana después en la Iglesia del Santo Angel, según una copia de la partida de bautismo que aparece en la biografía de José Ignacio

Rodríguez, «Vida del presbítero Don Félix Varela», publicada en New York (1878).

Desde muy niño, Félix Varela iba a recibir una doble influencia cultural. La primera parte de su niñez transcurrió en La Habana, pero al quedar huérfano de padre y madre a los seis años, fue llevado a San Agustín, Florida, para ser educado allí por su abuelo materno. Lo cubano e hispánico, por una parte, y lo norteamericano por otra, iban a integrarse dentro de su espíritu como vertientes de dos ríos culturales que llegarían a formar sus ideas y su concepción del mundo y de la historia.

Desde el castillo de San Marcos, en San Agustín, el pequeño huérfano otea el horizonte, buscando alivio a su tristeza. Mirar hacia la lejanía, hacia el futuro, iba a ser uno de sus hábitos más arraigados. Pronto encuentra un refugio en los estudios, cursando sus primeras letras con un sacerdote humanista, el padre Michael O'Reilly, quien condujo a aquel niño precoz por los caminos del conocimiento, instruyéndolo en idiomas, religión y música.

A pesar de que su abuelo quería prepararlo para una carrera militar, como era tradición en la familia, Félix mostró desde bien temprano que prefería los menesteres del estudio y del servicio espiritual.

Los biógrafos de Varela mencionan la anécdota de que cuando su abuelo le sugirió que se dedicara a la carrera de las armas, Félix Varela le dijo que prefería «ser soldado de Jesucristo», pues «no quería matar hombres, sino salvar almas». No sabemos si la anécdota es rigurosamente cierta, pero de todos modos refleja muy bien la mentalidad de Varela, como quedaría demostrado con su vida posterior.

Cuando a la edad de 14 años Félix Varela regresa a La Habana, se le presenta la oportunidad de estudiar en el Colegio y Seminario de San Carlos con profesores católicos eminentes como los padres Bernardo O'Gaván y Agustín Caballero. Allí aprende física y ética, lógica y metafísica, además de latín y religión. Dos años después (agosto de 1806) se gradúa de Bachiller en Artes con una disertación en que habla de la teoría copernicana y de otras cuestiones científicas.

En San Carlos continúa los estudios para obtener el grado de Bachiller en Teología, que se le otorga en 1808, al mismo tiempo que asiste a clases y se gradúa de Bachiller en Artes en la Universidad de La Habana. Esta brillante carrera como estudiante hace que el obispo Espada, deseoso de ayudar a la juventud cubana más valiosa, lo ordene sacerdote en diciembre de 1811 ante el altar mayor de la Catedral habanera. Félix Varela está equipado ya para el ejercicio de salvar almas.

Pero no sólo siente la vocación del sacerdocio, sino también la del maestro, la del educador, como pronto va a demostrar al ser designado en 1812 por el obispo Espada y Landa para la cátedra de Filosofía, Etica y Física del Seminario de San Carlos y San Ambrosio.

Varela sustituye a su maestro O'Gaván y se lanza a la tarea de poner a la juventud cubana al tanto de las ideas más modernas en lo filosófico y científico. El fraile habanero está consciente de hallarse en el cruce de dos mundos culturales: el de la Edad Media, representado por los principios filosóficos de la Escolástica, y el mundo nuevo de la razón y la ciencia experimental.

El joven filósofo y educador abandona gradualmente los patrones escolásticos que se siguen en la Universidad de La Habana, se aleja del mero silogismo y de la memorización, para enseñar a pensar e investigar. Y no sólo cambia el contenido de la enseñanza en el Colegio Seminario de San Carlos, barriendo hasta el último polvo del escolasticismo —como le había recomendado el obispo Espada— sino que prepara nuevos textos y explica sus clases en español, para que pudieran llegar a un mayor número de alumnos.

Esta obra formidable permite que la juventud en Cuba avance hacia el conocimiento de las ideas modernas. Varela se entrega a su tarea con entusiasmo y fervor, usando aparatos para investigar, discutiendo con los estudiantes, buscando la verdad por medio de la razón y la experimentación. Varela no veía una contradicción entre la ciencia y la religión, sino que las consideraba como medios complementarios de alcanzar una armonía espiritual, combinando la fe con la inteligencia.

En 1812 publica Varela sus «Instituciones de filosofía ecléctica para el uso de la juventud», la primera de sus obras didácticas, enteramente en latín y abarcando temas de lógica y metafísica. En 1813 aparece una segunda edición, pero ya en español, a la que añade lecciones de matemáticas y física. Años más tarde publicaría otros libros para la enseñanza de la juventud, pero el que alcanzó un mayor renombre y difusión fue «Lecciones de Filosofía», en tres volúmenes, obra utilizada en diferentes países de América Latina y que fue objeto de múltiples ediciones.

En todos estos libros Varela defiende los principios de la filosofía ecléctica, «la mejor de las filosofías», según su opinión, porque «está basada en la razón y la experiencia, no en la autoridad de un solo hombre».

La filosofía ecléctica ofrece un método lógico de pensar, con un fundamento racional y empírico, al mismo tiempo que divulga los principios de la ciencia moderna y explica las normas morales cristianas en que ha de basarse la conducta del hombre.

Por medio de sus clases y sus libros, Varela abre nuevos horizontes culturales a la juventud cubana de su tiempo.

El humilde profesor habanero, muy joven aún, estaba mostrando ya su agudo talento, su capacidad para absorber las ideas filosóficas y científicas modernas y divulgarlas entre sus alumnos. No se había equivocado el obispo Espada al escogerlo para esta labor renovadora, a tono con el pensamiento liberal que comenzó a difundirse por España durante el reinado de Carlos III y que en Cuba tuvo una digna representación en el gobierno de Don Luis de las Casas.

LIBERTAD Y DERECHOS HUMANOS

Correspondió también al Padre Varela la tarea histórica de inaugurar la idea de la libertad y de los derechos humanos en Cuba. La oportunidad se le presentó al ser creada la cátedra de Constitución en el Colegio de San Carlos, dotada por la Sociedad Económica de Amigos del País. La cátedra era una consecuencia de los sucesos surgidos en España en 1820, al ocurrir el levantamiento del general Rafael del Riego que obligó al rey Fernando VII a poner en vigor de nuevo la Constitución liberal de 1812.

Compitiendo con otros dos candidatos, Varela obtuvo la cátedra por oposición. No había textos sobre la materia y el fraile habanero tuvo que preparar en breve tiempo un libro para los estudiantes, que denominó «Observaciones sobre la Constitución política de la monarquía española». En enero de 1821, ante un gran público, pudo por fin inaugurar su curso sobre derecho constitucional y economía política en el Colegio de San Carlos y San Ambrosio.

En su lección inaugural, ante 193 estudiantes matriculados, Varela dijo: «Yo llamaría a esta cátedra la cátedra de la libertad, de los derechos del hombre, de las garantías nacionales... la fuente de las virtudes cívicas, la base del gran edificio de nuestra felicidad».

Y eso fue en efecto aquella cátedra donde por primera vez en Cuba se explicaron los conceptos de la libertad política. En su curso expuso Varela los principios de la soberanía del pueblo, del gobierno representativo, de la división y equilibrio de los poderes del Estado, del proceso electoral y los derechos políticos, todo el amplio contenido de ideas e instituciones en que se basa el sistema democrático.

El fraile cubano explicó a sus alumnos que si bien «por la naturaleza todos los hombres tienen iguales derechos y libertad», renuncian a algunos de ellos para crear una autoridad civil y que proteja a la sociedad. Sin embargo, los gobernantes no son sino meros ejecutores de la voluntad general y la verdadera soberanía reside en el pueblo.

Por otra parte, hay ciertos derechos esenciales del hombre que son inalienables, derivan de Dios y de la propia condición humana. Seguía así una línea de pensamiento que se remonta hasta el catedrático salmantino Francisco Suárez y el padre Francisco de Vitoria, y que ha tenido su expresión también en la Declaración de Independencia de Estados Unidos, en la Declaración de los Derechos del Hombre de la Revolución Francesa, y en los modernos documentos de las Naciones Unidas y de la Organización de los Estados Americanos.

El Padre Varela consignó «las lisonjeras esperanzas de los abundantes frutos que conseguiría la nación del establecimiento de esta nueva cátedra». Vistos desde una perspectiva histórica, esos frutos iban a exceder las esperanzas depositadas en ello por el ilustre profesor. Las ideas allí expuestas trascendían la atrasada realidad colonial e iban a ser como la constante aspiración del pueblo cubano durante todo el siglo pasado para la conquista de la libertad, la independencia y la justicia.

Y aún más. Lograda nuestra independencia política después de medio siglo de combate heroico, los cubanos han seguido luchando por un sistema de democracia constitucional que garantice la soberanía y los derechos del pueblo. Cuando gobernantes demagogos, corruptos y totalitarios han abolido ese sistema, como ocurre ahora, la Patria ha sufrido de nuevo los horrores de la tiranía y la miseria.

Llevado por el hilo del destino que condujo su vida, el Padre Varela, después de enseñar a la juventud cubana los fundamentos de la ciencia moderna y de la libertad, tuvo que enfrentarse a la tarea de defender estas ideas en las Cortes españolas de 1822 y 1823, al ser elegido diputado por La Habana. No se le escondía la dificultad de la empresa, pero la presión del Obispo Espada, el clamor de sus alumnos y de los habaneros en general, que admiraban y querían al humilde y elocuente profesor de San Carlos, lo decidieron a aceptar la histórica encomienda.

En sus palabras de despedida, antes de emprender el viaje a España en abril de 1821 a bordo de la goleta «La Purísima Concepción», Varela declara, consciente de su peligrosa empresa, que «un hijo de la libertad, un espíritu americano, no conoce el miedo». Allá en lo íntimo de su conciencia, con esa facultad que tenía para avizorar el futuro, Varela presiente que poco se podría alcanzar en España, pero de todos modos está dispuesto a cumplir con su responsabilidad histórica y con la misión que el pueblo le había encomendado.

El bravo esfuerzo del Padre Varela ante las Cortes de Madrid y Cádiz va a chocar con la triste realidad de la política española. Varela trabaja con entusiasmo y fervor, en colaboración con los otros diputados cubanos Leonardo Santos Suárez y Tomás Gener. Su proyecto sobre gobierno autonómico colonial gana la simpatía de los diputados y es aprobado en comisión. También se esfuerza en lograr que se reconozca la independencia de los países sudamericanos y libra una batalla en favor de la abolición de la esclavitud.

Con respecto a esta última, escribe en la Memoria a las Cortes: «Constitución, libertad e igualdad son sinónimos; y sus mismos nombres repudian la esclavitud y la desigualdad de derechos. En vano tratemos de reconciliar estas contradicciones».

Pero todo resulta inútil, pues ya sabemos que las Cortes fueron disueltas al restaurarse la monarquía absoluta de Fernando VII, y perseguidos los diputados. Félix Varela se refugia en Gibraltar, junto con los otros miembros de la delegación cubana. Desde allí estudian su crítica situación y deciden atravesar el Atlántico para venir a Estados Unidos, el país clásico de la libertad y de los derechos del hombre.

EL EXILIO

El mar es como un íntimo confidente para el sabio cubano. Desde la cubierta del buque de carga «Draper C. Thorndike», medita sobre su vida pasada, sobre sus ideales y sus luchas, sobre el incierto futuro. Tiene sólo 35 años de edad, pero cuenta ya con una fecunda hoja de servicios. Le angustia más que nada haber perdido a su patria, a la cual ya no regresaría. Cuba le queda como un recuerdo, como un rescoldo en el corazón.

Tras varios días de navegación, divisa allá en lontananza la ciudad de Nueva York, cuyos edificios parecen fantasmas emergiendo de un manto de nieve que cubre las calles de la metrópoli. Aún no se asomaba a la bahía la famosa estatua de la Libertad, inaugurada a fines de siglo en una ceremonia que José Martí reseñó en brillante crónica.

El sacerdote cubano, a pesar del fracaso aparente, había inaugurado un camino en la Historia, un camino de ilustración y libertad. Le tocaría ahora inaugurar el exilio como vía para luchar por la independencia de Cuba y los derechos del hombre. ¡El exilio, puerta de escape y salvación, pero a veces también fuente de tristezas y nostalgia!

Varela conoce en seguida todos los sinsabores y angustias de los desterrados, los mismos que ustedes han experimentado. Tiene que adaptarse a una nueva vida, a otra cultura, a otro idioma, sin contar apenas con recursos. Y luego el frío, la nieve, la nostalgia de la Patria.

En medio del infortunio, Varela experimenta la alegría de reunirse en Nueva York con algunos de sus antiguos discípulos, que lo ayudan a instalarse en la gran ciudad. Habla con ellos sobre el futuro de Cuba y les hace saber que, en su opinión, nada podía esperarse de los gobernantes trasnochados de Madrid.

A muchos miles de kilómetros de Cuba y bajo el invierno neoyorquino, que pronto le produce ataques de asma, el fraile habanero no deja de pensar en la Patria, a cuyo servicio quiere dedicar sus mejores esfuerzos. ¿Qué podría hacer?

Decide trasladarse a Filadelfia, centro de la vida cultural de Estados Unidos en aquella época, en busca de un ambiente mejor para su salud y para emprender la lucha por la libertad de Cuba. Comienza en seguida (1824) la publicación de «El Habanero», papel político, científico y literario dirigido a la juventud cubana.

Su prosa es sobria, clara y convincente, tan persuasiva como sus discursos. El profesor y orador sagrado demuestra ser también un buen periodista. Está atento a la actualidad política y cultural, pero defiende básicamente el derecho del pueblo cubano a la independencia, «que no es un objeto de elección, sino de necesidad, pues un hado político la decreta». Y añade que cuando un gobierno se convierte en motivo de ruina, en vez de serlo de prosperidad, el pueblo puede cambiarlo.

En las páginas de «El Habanero», que llegaba hasta Cuba por vía clandestina desde Yucatán y Nueva Orleans, Varela proclama también que la libertad de Cuba debiera ser la concreción de la voluntad soberana del pueblo, sin recurrir a la ayuda de gobiernos y ejércitos extranjeros, ni a la anexión a ningún otro país.

En otro artículo consigna el sacerdote cubano que «los americanos nacen con el amor a la independencia, que es en ellos inextinguible». Y para alcanzar ese objetivo histórico, Varela recomienda a los cubanos «unión y valor: he aquí las bases de vuestra felicidad».

La publicación de los siete números de «El Habanero» produjo en los gobernantes coloniales de Cuba tal reacción de temor, que enviaron un asesino a Estados Unidos para atentar contra la vida del Padre Varela y prohibieron la circulación de la revista.

«El Habanero» iba a quedar en la historia como la primera publicación que defendió la libertad de Cuba. Colabora después el fraile habanero en «El Mensajero Semanal», periódico editado en Nueva York por José Antonio Saco y escribe sus

«Cartas a Elpidio», con el propósito de orientar a la juventud cubana. Pero el ideal de la independencia no estaba maduro aún, y sería necesario el sacrificio heroico de varias generaciones para alcanzarlo. Félix Varela señaló una meta, se adelantó al futuro, fijando ya desde principios del pasado siglo las bases ideológicas sobre las cuales debiera descansar nuestra nacionalidad.

TAREA EVANGELICA

Otros menesteres, además de los patrióticos, esperaban también por los esfuerzos y apostólica misión del sacerdote cubano en el exilio. En 1825 recibió la autorización del Obispo Connolly para brindar sus auxilios religiosos en Nueva York. En esa época «había en la diócesis de Nueva York unos 35.000 católicos, y sólo una docena de sacerdotes esparcidos por el inmenso territorio de la diócesis», según ha consignado el Rev. Raúl del Valle, cuya muerte reciente nos ha entristecido a todos y a quien quiero rendir homenaje de recuerdo. Además, como predominaba una gran mayoría protestante, los católicos eran objeto de actos de intolerancia y fanatismo.

En la ciudad de Nueva York realizó el Padre Varela una formidable tarea en defensa de la libertad religiosa, al mismo tiempo que una admirable labor misionera y de auxilio social. En la antigua iglesia protestante del Santo Cristo, que los católicos adquirieron por gestiones de Varela, el pastor cubano ayudaba a los pobres, a los inmigrantes, a los que requerían de auxilio tanto espiritual como práctico.

El fraile cubano fundó la primera escuela parroquial, estableció una guardería para niños huérfanos, y con la ayuda de sus admiradores y amigos inauguró en 1836 la Iglesia de la Transfiguración de Nuestro Señor. Publicó asimismo diversos periódicos, en español e inglés, para difundir los principios cristianos. Hizo una labor tan extraordinaria al servicio de la comunidad, que le valió ser designado Vicario General de Nueva York.

Fue también un reformador en el orden teológico, que trató de llevar a la Iglesia por amplios caminos de unidad cristiana, tolerancia y servicio social. Los profesores Joseph y Helen McCadden, en su libro «Félix Varela: Torch bearer from Cuba», afirman que el presbítero cubano se adelantó a muchos líderes de hoy en cuanto a considerar que «el triunfo final de la civilización cristiana puede obtenerse mejor por la exhortación pacífica y el amor».

Y el Reverendo Dr. Claudio Benedí, en un análisis reciente de la significación religiosa e histórica del sacerdote cubano, ha expuesto que Varela «pronto se convierte en el más destacado ecumenista de la época, querido por todos tanto por su sacrificio y su entrega, como por su talento y sus ideas, muchas de las cuales fueron recogidas por los cristianos de todo el mundo en nuestros días y plasmadas en el Concilio Vaticano Segundo».

MUERTE DE UN SANTO

El educador que enseñó a pensar a la juventud cubana, el patriota que mostró los caminos de la libertad, va a terminar su vida como un santo. Cuando ya le faltaron fuerzas para proseguir su labor misionera en Nueva York, se traslada de nuevo a San Agustín, la ciudad donde había comenzado a forjarse su espíritu luminoso. Siguió prestando ayuda a los fieles hasta su muerte en febrero de 1853, a los pocos días de haber nacido en La Habana un niño llamado José Martí, que habría de ser el continuador de la gran empresa de libertad que había iniciado el ilustre fundador.

No se sabe cuál ha sido el destino final de los restos del Padre Varela, supuestamente trasladados a una urna en el Aula Magna de la Universidad de La Habana. Según las investigaciones realizadas por el Dr. Hernández Travieso, los restos mortales del insigne cubano no pueden estar allí, pues fueron sacados mucho antes del sepulcro en que se hallaban en el cementerio de Tolomato, en San Agustín, para dar lugar a los despojos de un obispo norteamericano.

Pero el mensaje espiritual del Padre Varela vive aún con más fuerza que nunca. Ahora, al cumplirse su bicentenario, parece que el sacerdote habanero está junto a nosotros, mirando hacia las aguas azules que nos separan de Cuba, y que reza en la ermita de la Caridad, como cuando decía su misa en la Catedral habanera o en la Iglesia de la Transfiguración del Señor en Nueva York.

El inolvidable Padre Varela, cuya canonización se tramita por el Vaticano, es muy actual. Pertenece a su tiempo y a todos los tiempos. Combatió por la libertad de creer en Dios, por la justicia y el amor cristianos, por la independencia y libertad de Cuba, por los derechos humanos y sociales. Su lección y su ejemplo constituyen un gran estímulo para todos los cubanos, para los que allá en nuestra isla desdichada sufren los rigores de la tiranía, y para los que hemos seguido, como él, la ruta del exilio, en busca de la dignidad plena del hombre.

LUZ Y CABALLERO Y LOS ROMÁNTICOS

Aquellas ideas, defendidas por Varela con la mayor convicción y energía desde las páginas de El Habanero, dejaron su huella y contribuyeron a crear una nueva actitud entre los jóvenes cubanos, algunos de los cuales fueron sus discípulos, como José de la Luz y Caballero, José Antonio Saco, Escobedo y otros.

Luz y Caballero expuso con perspicacia el pensamiento liberal de los cubanos más avanzados, desde un punto de vista filosófico y moral. El insigne maestro quería crear en las conciencias la base indispensable para el adelanto nacional. En el convento de San Francisco, en La Habana, explicó sus lecciones de Filosofía. Luz, que como Sócrates era un gran suscitador de temas y que buscaba la verdad con pasión, presentó un conjunto de ideas modernas y bien meditadas.

Para el maestro cubano, como para Locke, «todas las ideas provienen de los sentidos», que en el entendimiento se combinan y relacionan. Las facultades son innatas, mas no las ideas. El conocimiento no es una mera abstracción, sino una percepción de los objetos, de la realidad. Lo que Luz predica a los cubanos, como necesidad esencial de la época, es que se observe e investigue para llegar a la verdad. Desconfía de la autoridad absoluta en el terreno de las ideas. Quiere someterlo todo a examen y confrontación.

Estas ideas fueron consideradas como inmorales y peligrosas para las instituciones de la colonia. «Destruyen el trono y el altar», se decía. En realidad, si observamos las doctrinas de Luz con perspectiva histórica, caemos en la cuenta de que su prédica minaba toda la base en que pretendía asentarse la

Colonia, ya que Luz buscaba forjar hombres libres, contrarios a todo dogmatismo e injusticia.

Lo que incorporó Luz y Caballero al pensamiento cubano fue una actitud crítica y experimental. Al ponerlo todo en duda y abrirlo a debate, al urgir a la búsqueda de la verdad mediante la observación minuciosa de los hechos, Luz agitó los espíritus y disparó los fusiles dialécticos contra un orden social basado en el conformismo y la esclavitud.

No es de extrañar que al ocurrir la muerte del ilustre maestro cubano, toda la sociedad habanera se congregara para decir adiós al educador que formó a una generación de jóvenes cubanos con una prédica de inspirado sentido moral.

Por otra parte, no podían faltar los poetas y prosistas en esta labor forjadora de la conciencia nacional. En su mayor parte pertenecieron al movimiento literario del romanticismo, que alentó los impulsos de libertad política en el Hemisferio. El romanticismo se reveló contra la centralización de la cultura y los absolutismos literarios o políticos y maduró al mismo tiempo una vocación genuina de independencia. Se comienza por las letras y se termina por querer derribar toda forma de esclavitud.

El romanticismo exaltó también la preocupación por los temas nativos, contribuyendo a forjar el espíritu nacionalista. Los poetas y prosistas destacaron las bellezas del suelo cubano, las excelencias del mundo físico en contraste con «los horrores del mundo moral». La admiración del paisaje nativo conduce a la identificación profunda con el ámbito físico, histórico y cultural. Así surge la idea de la Patria como un sentimiento que anida en lo profundo del alma.

¿Quiere darse una poesía más beligerante que las estrofas del Himno del Desterrado, de Heredia? El poeta proclama sin equívocos: «Cuba, al fin te verás libre y pura, como el aire de luz que respiras, cual las ondas hirvientes que miras de tu playa la arena besar». Hablar de libertad y pureza en el denso ambiente colonial era una osadía revolucionaria acaso sólo permitida a los poetas.

Gabriel de la Concepción Valdés (Plácido) comunica también a su poesía un sentido de protesta social y política, disimulando a veces su crítica con alusiones indirectas y metafóricas. En su soneto «El Juramento» Plácido emplea sin embargo procedimientos más directos y declara «ser enemigo eterno del tirano... y morir a las manos de un verdugo, si es necesario, para romper el yugo». El poeta que se ganaba la vida ejerciendo el humilde oficio de peinetero murió en efecto en manos de un verdugo, mientras recitaba su famosa «Plegaria a Dios», acusado de participar en una conspiración antiesclavista. Suerte similar le correspondió a Juan Clemente Zenea, poeta de tonos elegiacos y delicada fibra romántica.

Rafael Maria de Mendive, el maestro de José Martí, contribuyó también a la creación de la conciencia nacional con su poesía y su prosa. Mendive cantó al hombre libre, expresando su admiración por los que desprecian el poder y luchan por una vida digna. La ausencia y los recuerdos de la Patria le inspiraron versos doloridos y tristes, como los de aquel soneto que termina: «La ausencia, en fin, del centro de mi gloria, el recuerdo de Cuba y de sus flores, y el adiós de sus palmas y su cielo».

Mendive dirigió la «Revista de la Habana», que se publicó durante el cuatrienio comprendido entre 1853 y 1857. Dicha revista divulgó las ideas y conocimientos más modernos en cuanto a la ciencia, la literatura y las artes, contribuyendo a crear un nuevo ambiente de renovación espiritual.

Entre los prosistas más destacados y fecundos de esa época anterior a la Revolución del 68 estuvieron Cirilo Villaverde, Ramón de Palma, Anselmo Suárez y Romero, Antonio Bachiller y Morales.

En «Cecilia Valdés», la más destacada de las novelas cubanas publicadas en el pasado siglo, Cirilo Villaverde planteó las injusticias de una sociedad esclavista, donde negros y mulatos eran sometidos a una abyecta condición. También Suárez y Romero hurgó en el tema de la esclavitud con su novela «Francisco».

En el ensayo de orden político y sociológico sobresalió José Antonio Saco, con sus papeles en defensa de un régimen autonómico para la isla. El distinguido bayamés abogó con persistencia en favor de reformas políticas, económicas y sociales que permitieran a Cuba evolucionar hacia un sistema de libertad sin necesidad de recurrir a la violencia. Saco argumentaba con gran fuerza dialéctica. Combatió también la anexión de

Cuba a Estados Unidos, creyendo que la isla debía mantener su tradición cultural hispánica.

Tanto José Antonio Saco, como Luz y Caballero, Domingo del Monte y otros cubanos eminentes de la época, fueron dirigentes de la Sociedad Económica de Amigos del País, donde hubo de cobijarse un pensamiento liberal, opuesto al absolutismo, la trata y la esclavitud, al monopolio y a otros males de la sociedad colonial. La Sociedad Económica realizo laudables esfuerzos para propiciar el avance educacional de la isla, y para lograr reformas que permitieran un más intenso desarrollo económico. Pero el gobierno español nunca estuvo dispuesto a conceder las reformas indispensables. El fracaso de la Junta de Información, convocada para estudiar tales reformas, fue uno de los factores directos que condujeron a la Revolución del 68.

Todo este vasto movimiento de ideas creó el ambiente necesario en la juventud de Cuba para lanzarse a los campos de la guerra, al frustrarse los intentos de hallar soluciones pacíficas a los problemas de la Patria. Ya existía desde entonces una conciencia nacional, que aspiraba a lograr un sistema de libertad política, progreso económico, igualdad de las razas y desarrollo de la cultura. La Revolución del 68 fue la culminación de esos altos principios y aspiraciones, como quedó explicado con certera elocuencia en el Manifiesto del 10 de Octubre, dado a conocer por Carlos Manuel de Céspedes en la histórica mañana que marcó el inicio de la lucha por la libertad e independencia de Cuba.

JOSE MARTI: HEROE DE LA LIBERTAD

I. — VIDA Y MISION HISTORICA

La escena ocurre en La Habana colonial, a mediados del pasado siglo, en una estrecha calle que conduce hacia el puerto...

La calle tiene el nombre bien puesto: Paula (del latín *Paulus*), que significa pequeño, nombre que adoptó Saúl de Tarso después de su conversión al Cristianismo en el camino de Damasco. Paulo o Pablo —en su versión hispana— fue uno de los principales divulgadores de los principios cristianos por toda Europa, un mensajero de la Buena Nueva.

Allí, en aquella calle y en uno de los dormitorios altos de una modesta casa de dos plantas, clara y ventilada, Leonor Pérez, una bella española de bucles negros recién llegada de Santa Cruz de Tenerife, sufre entre angustiada y jubilosa las peripecias del primer parto.

La madrugada del 28 de enero es fría y clara. Junto a Leonor, su esposo Mariano Martí, de origen valenciano, espera nervioso la llegada del primogénito. Observando por la ventana hacia lo alto, divisa en la distancia un extraño cometa, de cola fulgurante, que pone una insólita animación en la bóveda celeste.

Los cometas, se dice para sí, siempre anuncian grandes acontecimientos. De pronto se escucha en la casa de la calle Paula, estremecida de expectación, un tenue vagido que va adquiriendo fuerza y se escapa por la ventana hacia lo alto. En medio del misterio, en una calle de bíblico nombre, ha nacido José Julián Martí.

Refiriéndose a la presencia del cometa en aquel año de 1853, una revista habanera comentaba lo siguiente: «Los elementos del cometa de 1853 no presentan ninguna semejanza con los que se han observado hasta aquí, y se calcula que su revolución durará centenares, cuando no miles de años».

Probablemente aquel cometa debe de estar todavía en peregrinaje por el espacio. No lo sabemos. Pero lo que sí sabemos es que el recuerdo, las ideas y el ejemplo de aquel niño nacido de padres humildes, en una calle habanera que se asomaba al puerto, todavía siguen girando por el firmamento de la Historia.

Aquel niño llegó a ser poeta, escritor, libertador de su patria y maestro de América. Su paso por la vida fue rápido y luminoso, como el de un cometa. Desde muy joven se le veía la predestinación a la grandeza y al sacrificio. En su formación espiritual intervienen dos factores esenciales. En primer lugar, la influencia de su maestro Rafael María de Mendive, influencia de un fuerte carácter moral y patriótico. El concepto de la dignidad y de la patria se le va forjando en la escuela, junto a la amorosa dirección y el ejemplo de su maestro.

Luego, a los 17 años de edad, sufre la dolorosa experiencia del presidio político; el adolescente transita ya por las primeras estaciones de su víacrucis por la libertad. El sufrimiento físico y moral deja en él una honda huella. El recuerdo de aquellas visiones dantescas del presidio le acompañaría siempre, templando su alma para el combate y dándole un sentido religioso y trascendente de la vida: «Dios existe en la idea del bien», nos dice.

La experiencia española

José Martí está formado moralmente antes que intelectualmente. Cuando llega desterrado a Madrid en 1871, todavía no había iniciado sus estudios universitarios, pero sin embargo su talla moral, su propósito de ascender a Dios por la vía del bien y del amor, tiene ya una dimensión heroica.

En su folleto sobre *El Presidio Político en Cuba,* publicado en Madrid, Martí confiesa que no puede odiar, porque el odio es suicida. He aquí una de las características esenciales de su espíritu: luchador sin odios. Por eso en su combate por el bien y la libertad, José Martí sigue una estrategia amorosa.

El espíritu formado en la idea del bien, de la libertad y del amor, como medios que conducen a una realidad trascendente, se nutre después en España bajo la disciplina del estudio universitario. Martí recorre el territorio intelectual del derecho, la filosofía y la literatura. Su mente se enriquece además con la lectura de los clásicos de la lengua española y con el análisis de las doctrinas políticas y sociales de la época. Observa también la realidad española, llena de contradicciones dramáticas.

Como ha dicho Jorge Mañach, la experiencia peninsular consolidó en José Martí «una concepción típicamente española de la vida y de la cultura; un sentido espiritualista de la existencia como algo trascendente, y de la conducta como centrada en el decoro, una síntesis, en fin, de la actitud social, en que se integran lo aristocrático y lo popular, el caballero y el servidor de toda humildad».

Enriquecido así con la savia de las universidades, las lecturas y el conocimiento directo de lo popular, Martí está preparado, siendo muy joven aún, para su hazaña intelectual como escritor, pensador y maestro de su generación.

En América hispana

No es extraño que al retornar a América, se le respete y admire en países como México y Guatemala. Martí es un torrente de saber y de elocuencia, como si obedeciera a un misterioso destino que tiene profundos cauces morales y patrióticos.

Aquel joven se pasea ya como un maestro por las cátedras, las tribunas, los periódicos. Su saber es de gran amplitud, pero también asombra por su profundidad. Debate y escribe sobre temas filosóficos, religiosos, políticos y literarios como si estuviera en terreno propio, en un ejercicio alegre y siempre luminoso del espíritu.

Le seduce la América indígena, con su tradición de arte y de imaginación creadora. «La historia de América, de los incas acá, ha de enseñarse al dedillo, aunque no se enseñe la de los arcontes de Grecia», dice Martí en su prédica americanista.

Pero al mismo tiempo observa el atraso social y político de la América hispana, con su tendencia al despotismo. El ha visto a los tiranos adueñarse del poder y lo explica así: «¿Cómo han de salir de las universidades los gobernantes, si no hay universidad en América donde se enseñe lo rudimentario del arte del gobierno, que es el análisis de los elementos peculiares de los pueblos de América?»

Martí está contra el mero trasplante de los sistemas foráneos a nuestro Hemisferio. El quiere que las nuevas repúblicas de América sean originales y creadoras, capaces de resolver sus problemas sin tener que recurrir a la cartilla extranjera. «Conocer es resolver», afirma. «Conocer al país y gobernarlo conforme al conocimiento, es el único modo de librarlo de tiranías».

Por otra parte, la experiencia de lo que Martí ha visto en América lo pone en guardia contra el peligro de los líderes exóticos o demagógicos. No se puede gobernar sólo con un grupo o una clase. «Si la república no abre los brazos a todos, y adelanta con todos, muere la república», nos dice.

No es extraño, pues, que Martí no pueda adaptarse a vivir bajo sistemas de opresión política. Salta así de un país a otro de América hispana, en busca de libertad. Para el desterrado cubano, la libertad es el eje, el centro de la vida misma. Donde no hay libertad, se siente asfixiado e impaciente.

Madurez literaria: la Poesía

Después de un peregrinaje por diversas tierras de América, donde choca casi siempre con el tirano de turno, Martí escoge los Estados Unidos como lugar de residencia. Visita primero este país en 1875, un año antes del primer centenario de la independencia norteamericana. Pero fue sólo por unos breves días, de paso hacia México. No es hasta principios de 1880 que se instala definitivamente en Nueva York, para iniciar la etapa más creadora y decisiva de su vida.

Allí, durante su estancia de quince años, Martí madura su obra literaria y política, publica sus libros, se convierte en un maestro de América.

Pero la personalidad de José Martí iba a veces por rumbos diversos y hasta contradictorios. Por un lado andaba su vocación de poeta y escritor, por otro su conciencia del deber patriótico y su mística de la libertad. Como ha dicho el notable ensayista venezolano Mariano Picón Salas, «en él coexistían dos formas excelsas de lo humano, que pocas veces se juntan en una sola naturaleza: el héroe y el artista».

Durante la primera etapa de su estancia en Nueva York, la tarea literaria y periodística ocupa la mayor parte de su tiempo. Martí inaugura un nuevo estilo de expresión con sus poemas y sus prosas. La poesía de Martí, aunque no llega a alcanzar la exquisitez de la del maestro del modernismo, Rubén Darío, contiene ya los gérmenes de una renovación profunda. Y la prosa de Martí es majestuosa, henchida siempre de ideas, irisada de imágenes, iluminada con relámpagos y fulgores poéticos.

Cuando Martí escribe en prosa, no puede abandonar su condición de poeta, y cuando escribe versos, no se deja llevar sólo por el ritmo y la música, sino que les comunica casi siempre un mensaje espiritual. Su verso y su prosa tienen así lo que Martí llamaba «ala y raíz», es decir, la capacidad de elevarse y de absorber al mismo tiempo la savia profunda del espíritu.

En 1882 publica en Nueva York un libro pequeñito, al parecer intrascendente. Hasta el título parecía un poco extraño, *Ismaelillo*... ¿Quién era este desconocido personaje de nombre bíblico?

El poeta cubano de Nueva York lo explica en la primera página: «Hijo: espantado de todo, me refugio en ti. Tengo fe en el mejoramiento humano, en la vida futura, en la utilidad de la virtud y en ti». Son versos inspirados en el amor filial, pero que van más allá, expresando una emoción profundamente humana y universal. El hijo produce en él, enfermo de soledad y de frío, una renovación espiritual, que lo transforma, «cual si en mi hombro surgieran fuerzas de Atlante; cual si el Sol en mi seno la luz fraguase. Y estallo, hiervo, vibro, alas me nacen».

Los poemas del *Ismaelillo* tienen una impronta romántica, pero sin retórica, en tono menor. Están escritos en metros breves de cinco y siete sílabas, en su mayor parte con rimas pareadas que recuerdan a los viejos romances españoles.

Todo está concebido en un estilo poético de gran intimidad y ternura. Son la expresión sincera de un estado de espíritu, de una inefable experiencia. «Esos riachuelos», dijo Martí, «han pasado por mi corazón».

Vinieron después los *Versos Libres*. Estos, más que riachuelos, eran torrentes caudalosos, henchidos de lágrimas y sangre, guerreros salidos de sus entrañas, como explica en el prólogo. Son versos de amor y dolor, de presidio y de muerte, de yugo y estrella, de copa con alas.

Los *Versos Libres*, que no se publicaron sino después de su muerte, tienen algo de selváticos y «desmelenados», como afirmara Unamuno, o de «hirsutos», según la propia expresión de Martí. Expresan las emociones del poeta en forma apasionada e intensa.

Luego, los *Versos Sencillos*, publicados por Martí en Nueva York en 1891, nos dan una poesía llena ya de madurez. Son versos que combinan los elementos fundamentales de la poesía de Martí: música, colorido plástico, sinceridad profunda, misterio romántico. Fueron escritos estos versos —46 en total— en las montañas Castkills, cerca de Nueva York. Tienen la serenidad de la altura, del recuerdo, de la distancia.

Prosa: ensayos y crónicas

Pero aun más que esos poemas precursores, es la prosa de José Martí la que lo hace famoso en América hispana. Desde Nueva York inicia sus colaboraciones para *La Nación* de Buenos Aires y otros periódicos del continente. Las crónicas de José Martí van describiendo con precisión y gracia todo aquello de interés que ocurre en Estados Unidos en ese período finisecular.

Los temas son tan variados como la gran complejidad de la vida norteamericana. Martí no deja de pasar nada que considere de importancia para el lector, desde el cambio de las estaciones, la inauguración del presidente Cleveland en 1885, la apertura del puente de Brooklyn, hasta los motines obreros en favor de la jornada de ocho horas de trabajo y el proceso contra los anarquistas de Chicago.

Todo el mundo nuevo de América va desfilando por el calidoscopio de sus crónicas neoyorquinas, llenas de calor humano y de un colorido impresionista. Por supuesto, no podían faltar aquellas dedicadas a los grandes escritores de Estados Unidos, como Emerson, Whitman, Longfellow y otros.

La crónica sobre Emerson, escrita al ocurrir la muerte del pensador y poeta norteamericano en 1882, es una de las más inspiradas y revela la profunda identificación de Martí con las ideas del sabio de Concord. Emerson veía la obra de Dios en todo lo creado. También Martí, dotado de un sentido religioso, casi místico, contemplaba el mundo como una expresión de unidad trascendental.

Otra de las más brillantes crónicas de José Martí es la que escribió sobre el poeta Walt Whitman en 1887, publicada en periódicos de México y Buenos Aires. En esa época Whitman era casi desconocido en América Latina, y aun en Estados Unidos estaba prohibido su libro *Hojas de Yerba*, que llegaría a ser clásico dentro de la literatura norteamericana y del mundo.

Para Martí, Whitman es el gran intérprete poético del pueblo norteamericano, «este pueblo trabajador y satisfecho» que cree en la libertad como en una religión. Refiriéndose a su estilo poético, dice que «su ritmo está en las estrofas, ligadas en medio de aquel caos aparente de frases superpuestas y convulsas, por una sabia composición que distribuye en grandes grupos musicales las ideas». Luego añade que Whitman trata de «reflejar en palabras el ruido de las muchedumbres que se asientan, de las ciudades que trabajan y de los mares domados y de los ríos esclavos».

Otras figuras literarias de los Estados Unidos de fines del pasado siglo, como Longfellow, Bronson Alcott, Louisa May Alcott, Whittier y Nathaniel Hawthorne, desfilan también por las crónicas de José Martí y viajan así hasta el corazón del público hispanoamericano.

Hablando de Longfellow dice el escritor cubano: «El anduvo sereno, propagando paz, señalando belleza, que es modo de apaciguar, mirando ansiosamente el aire vago, puestos los ojos en las altas nubes y en los montes altos. Parecía un hombre que había domado un águila».

Washington y la Constitución

Al celebrarse el primer centenario de la Constitución en 1887, Martí escribió una crónica exaltando la figura de George Washington como héroe no sólo de la independencia norteamericana, sino como el estadista que salvó la unidad nacional y que hizo posible la aprobación de la Carta Política en la Convención Constituyente de Filadelfia.

Martí nos habla con admiración de que «el único que podía ser el tirano, rogaba, casi con lágrimas, que la nación se pusiera a tiempo en condiciones de no ser presa de tirano alguno».

Gracias a Washington, apunta José Martí, llegaron a juntarse en la Convención de Filadelfia los «representantes encargados de imaginar una nueva manera de gobierno, en que el pueblo quedase como uno», sin que los estados perdiesen su soberanía. Y gracias también a Washington «se salvó en la hora sublime en que dijo sus frases de padre, el proyecto de constitución que la furia de los convencionales tenía ya echado abajo».

Todo el artículo, de larga extensión como de ensayo, está escrito en un tono de evocación emocionada, mostrando su identificación esencial con el Padre de la Patria norteamericana. No es de extrañar, porque en ambas figuras había la misma devoción apasionada por la libertad e independencia de los pueblos de América.

Realizada la obra de la Constitución, le correspondió a Washington iniciar el gobierno republicano en Estados Unidos en abril de 1789. Martí nos dice en su artículo que Washington llevaba en su persona «como las dos pesas de la balanza de la justicia: el ímpetu que lucha y desconfía, y la prudencia que lo dirige y mantiene». Virtudes estas que explican su sentido de equilibrio democrático y que le permitieron conducir con eficacia y seguridad los primeros pasos de la nueva nación».

El Héroe

Toda esta labor literaria y periodística de José Martí en

que siempre adopta una actitud crítica hacia Estados Unidos, elogiando la grandeza de sus instituciones libres pero censurando al mismo tiempo el culto exagerado de los bienes materiales, va a tener una amplia repercusión en toda la América hispana. A Martí se le conoce primero como poeta y escritor que como héroe de la libertad de Cuba.

Ya en la etapa final de su estancia en Nueva York, el artista va cediendo terreno ante el héroe. Su personalidad, escindida anteriormente en una dramática lucha interna, llega a integrarse para la realización de su misión histórica. Finalmente, Martí sacrifica al artista, olvida sus prosas y sus versos y se entrega a su tarea apostólica. Aquella alma mística, nacida para la visión de la belleza moral, como Emerson, pero al mismo tiempo para el sacrificio heroico en la lucha por la libertad, alcanza en Nueva York la madurez de su personalidad y de su destino.

El pensador que supo hurgar en las teorías filosóficas y sociológicas de su época, el escritor que inauguró un nuevo estilo de expresión literaria en América, el periodista que divulgó los acontecimientos y personajes de la vida norteamericana finisecular, va a desembocar finalmente en el hombre de acción que organiza la lucha por la liberación de su patria y que muere en esa empresa.

¿Era posible que aquel poeta, aquel maestro de la cátedra y de la tribuna, aquel hombre de hablar elocuente y de sueños románticos, fuese también un hombre de acción?

No es de extrañar que los veteranos militares de la Guerra del 68 desconfiaran de José Martí como líder revolucionario. Sus artículos y discursos eran oscuros e incomprensibles para ellos. Por otra parte, Martí desconfía también de los militares, ya que en sus peregrinaciones por las tierras de América, ha visto cómo los cuarteles son semilleros de tiranías implacables.

Ocurre, pues, la inevitable fricción entre los jefes militares cubanos, acostumbrados al mando de los cuarteles, y aquel frágil escritor y tribuno, lleno de visiones teóricas, que sueña con una patria nueva, arraigada en la más pura base civil.

Si los jefes militares no comprendían bien a José Martí, en cambio sí lo sabían entender los tabaqueros de Tampa y Cayo Hueso, que dieron su más firme apoyo al delegado del Partido Revolucionario Cubano. Y así, con una amplia base popular entre los emigrados, Martí organiza la lucha por la libertad de su patria, que es también la lucha por la justicia y la libertad en todo el hemisferio americano.

Pero todo esto no era suficiente a su juicio, aunque de por sí constituía una hazaña de la inteligencia y del genio político. Había que dar un ejemplo que fuera convincente para todos, para aquellos que creían en él y para aquellos que desconfiaban, para los civiles y los militares, para el presente y el futuro de la Patria. Había que dar el ejemplo heroico, y Martí llega a la conclusión de que era necesario, conveniente y útil el sacrificio de su propia vida.

Los días que anteceden al 19 de mayo de 1895 son los más felices de su existencia, según hubo de consignar en su propio Diario. «Esta felicidad explica por qué los hombres se entregan al sacrificio».

Ya desde sus años del presidio político Martí había considerado que el sacrificio era una fuente de enseñanza moral. El sacrificio heroico representaba algo más, porque era una manera de crearle a la Patria una base profunda de convicciones ideológicas y de fe en sus dirigentes.

Fue al sacrificio con la alegría de un vencedor. Su obra de unidad y de creación estaba ya realizada. En Dos Ríos el escritor y renovador de la literatura hemisférica se convierte en un símbolo heroico, un símbolo de la libertad de Cuba y de América.

II. — IDEAS BASICAS *

Por vocación y por experiencia, Martí considera que la misión esencial del hombre es alcanzar su libertad. Esta es una atmósfera indispensable, un orden tan necesario como el de la naturaleza. «Los hombres han de vivir —dice Martí— en el

---

* Este ensayo obtuvo un premio en el concurso sobre el centenario de José Martí, La Habana, 1953.

goce pacífico, natural e inevitable de la libertad, como viven en el goce del aire y de la luz.»

Todo su edificio ideológico presenta una admirable unidad y está regido por el orden y la medida. Si bien hay en Martí una impetuosa sensibilidad de tendencia romántica, se halla sometida al imperio superior de la razón, que es, según afirmara, «la única autoridad legítima y definitiva para el establecimiento de la verdad». Martí repudia las actitudes dogmáticas, las pretensiones absolutistas y se dice animado de un espíritu de conciliación y de síntesis, que prevalece sobre las diversas influencias operantes en la resaca de su vigoroso pensamiento.

La filosofía social de Martí se articula alrededor de un concepto básico. Es la idea de la libertad. Como Hegel, pudiera haber dicho que en ella se encuentra «la ley más profunda de la política». Pero Martí va más allá y le confiere una fundamentación metafísica, al suscribir palabras como ésta: «El mejor modo de servir a Dios en la tierra es ser hombre libre y cuidar de que no se menoscabe la libertad». Hay, pues, un orden trascendental, algo más allá del mundo de las apariencias y de los fenómenos, y la manera más adecuada de acercarse a él consiste en vivir para la libertad. En la cima de los valores filosóficos del Apóstol coloquemos consecuentemente, estos dos conceptos: Dios y libertad; el uno, realidad metafísica, sustancia más allá de toda experiencia objetiva, y el otro, aspiración social y ética, por cuya conquista sólo nos será dable alcanzar una vida más decorosa y útil.

Si pudiese haber alguna duda sobre el carácter fundamental que Martí confiere a la idea de la libertad, constatemos la evidencia de este otro párrafo:

«La libertad —dice— es la religión definitiva. Y la poesía de la libertad el culto nuevo. Ella aquieta y hermosea lo presente, deduce e ilumina lo futuro y explica el propósito inefable y la seductora bondad del universo». Y en otra oportunidad proclama: «El mundo tiene dos campos: todos los que aborrecen la libertad, porque sólo la quieren para sí, están en uno; los que aman la libertad y la quieren para todos, están en otro».

En otra ocasión Martí explica, con una socrática virginidad de pensamiento, que: «Libertad es el derecho que todo hombre tiene a ser honrado y a hablar y a pensar sin hipocresía». Hay cierta ingenuidad, cierta sencillez de vocablos en la frase, pero ¡qué honda intuición filosófica! No le preocupa sólo el espacio civil de ese derecho, sino esencialmente su ámbito moral. Luchará Martí por la libertad, porque el mundo necesita que todos los hombres sean virtuosos y honrados. Al liberalismo de manga ancha, como instrumento de unos cuantos para la explotación de los demás, Martí opone esta interpretación de alto contenido ético. Libertad en función de derecho, pero también de responsabilidad. En definitiva, lo que él busca es mejorar al individuo, para garantizar en forma duradera el bienestar y la paz. Como Sócrates, coloca en la conducta del hombre su mejor esperanza y de ahí hace nacer toda una filosofía de la sociedad.

Hay un orden político donde la libertad puede desarrollarse con superior eficacia: es el régimen democrático. Ya en la propia organización del movimiento revolucionario, Martí, se preocupó sustancialmente de que los mayores núcleos populares contribuyeran a la obra redencionista, movilizando a los tabaqueros y clases medias en apoyo de la gestión emancipadora. Quería nuestro héroe que la República se hiciera con el concurso de todos, que naciera de abajo, desde las mismas raíces del pueblo. Y luego, «en los días buenos del trabajo después de la redención», como lo decía con frases emocionadas, aspiraba a que la Nación se rigiese por normas esencialmente democráticas: «O la República tiene por base el carácter entero de cada uno de sus hijos, el hábito de trabajar con sus manos y pensar por sí propio, el ejercicio íntegro de los demás, la pasión, en fin, por el decoro del hombre, o la República no vale una lágrima de nuestras mujeres ni una sola gota de sangre de nuestros bravos».

Fe en el hombre y teoría de la felicidad

Acaso el secreto mayor de la vigorosa personalidad y de la obra realizada por José Martí, se encuentra en su fe en el hombre. Sabe que hay en el ser humano un fondo generoso susceptible de desarrollo y liberación. Por eso, la felicidad es posible sobre la tierra, «y se la conquista —dice— con el ejercicio prudente de la razón, el conocimiento de la armonía del universo y la práctica constante de la generosidad».

Es éste uno de los párrafos del Apóstol que sintetizan con mayor nitidez su pensamiento, su concepto de la vida. Por un lado, la dirección racionalista de quien consideraba que a la verdad sólo podía llegarse por el camino de la inteligencia, no del dogma ni del absolutismo. Pero hay que tener en cuenta que Martí dice: «ejercicio prudente de la razón». Esto es, predica el equilibrio y la moderación, la virtud que aconsejaban los filósofos griegos de la Edada de Oro: el «meden agan». Martí sabe que la búsqueda de la verdad es difícil y que para llegar a ella debemos extremar las cautelas. La inteligencia abre los senderos que conducen hacia su conquista, pero nuestras ideas deben ser verificadas en la experiencia. Ese es el ejercicio prudente de la razón, no el empecinamiento ni la mera autoridad abstracta de las ideas. Una razón que baje al contacto de la realidad y que ponga al hombre en el camino del perfeccionamiento.

Luego Martí habla de la necesidad de conocer «la armonía del universo». Se le ve el parentesco ideológico con Emerson y se le descubre su religiosidad profunda. El hombre, para ser feliz, necesita percatarse de que hay por encima de él, una inteligencia superior que produce el ritmo maravilloso de la naturaleza.

Para Martí, el hombre —ser finito— ha de estar en relación profunda con la naturaleza, que es lo infinito y la raíz de la vida. «El hombre —dice en su magistral artículo sobre Emerson— no se halla completo, ni se revela a sí mismo, ni ve lo invisible, sino en su íntima relación con la Naturaleza. El Universo va en múltiples formas a dar en el hombre, como los radios al centro del círculo, y el hombre va con los múltiples actos de su voluntad, a obrar sobre el Universo, como radios que parten del centro.»

La Naturaleza, según el concepto de Martí, no sólo nos da la vida, sino también todos los elementos para perfeccionarla y para llegar a esa plenitud de desarrollo que constituye la verdadera felicidad. «La Naturaleza —expone también en el artículo sobre Emerson— se postra ante el hombre y le da sus diferencias, para que perfeccione su juicio; sus maravillas, para que avive su voluntad a imitarlas; sus exigencias, para que eduque su espíritu en el trabajo, en las contrariedades y en la virtud que las vence. La Naturaleza inspira, cura, consuela, fortalece y prepara para la virtud al hombre.»

Hay, pues, en la Naturaleza un orden trascendental que el hombre debe conocer para que la vida se revele en su profundo sentido. La religión de Martí es la de la armonía de la Naturaleza. «El hombre —dice— frente a la Naturaleza que cambia y pasa, siente en sí algo estable. Se siente a la par eternamente joven e inmemorablemente viejo. Conoce que sabe lo que sabe bien que no aprendió aquí: lo cual le revela vida anterior, en que adquirió esa ciencia que a ésta trajo. Y vuelve los ojos a un padre que no ve, pero de cuya presencia está seguro, y cuyo beso, que llena los ámbitos, y le viene en los aires nocturnos cargados de aromas, deja en su frente lumbre tal, que ve a su blanda palidez confusamente revelados el universo interior, donde está en breve todo el exterior, y el exterior, donde está el interior magnificado, y el temido y hermoso universo de la muerte.»

Hemos visto cómo el ejercicio prudente de la razón y el conocimiento de la armonía del Universo son indispensables para la conquista de la felicidad. Hemos descubierto, en esas direcciones, una avenida racionalista y otra religiosa en el pensamiento de José Martí. Nos falta ver finalmente el tercer sendero, que es el que el Apóstol define como «práctica constante de la generosidad». Aquí nos hallamos en el territorio ético, tan afín a nuestro héroe.

La práctica constante de la generosidad es una actitud de cooperación hacia el prójimo, de sacrificio de lo personal para promover el bien común. Generoso es el que actúa con nobleza de ánimo, el que da en vez de recibir, el que hace el bien sin esperar la recompensa. El hombre mezquino o egoísta no puede nunca alcanzar ese estado de contento consigo mismo que hace posible de felicidad.

Véase cómo en Martí la grandeza humana no es otra cosa que la capacidad para establecer relaciones cada vez más amplias y fecundas con las ideas, la naturaleza y los hombres. Es una realidad de triple dimensión, cuyo conocimiento profundo hace que el hombre desarrolle todas sus energías vitales y conquiste una vida de plenitud creadora y de fecundo servicio para la humanidad.

Amor y dolor

No podrá entenderse apropiadamente a José Martí, ni su sentido de la vida, sin tener en cuenta el contenido y la influencia de estos dos sentimientos básicos: amor y dolor. Sobre ellos gira la recia personalidad del Apóstol. El amor es para él como una sinfonía en que culmina lo mejor de la vida. El dolor purifica, como en la tragedia griega, y enseña a conocer a los hombres. Amor y dolor entran en la vida de José Martí cual corrientes contrarias que chocan y producen aquella maravillosa unidad y sabiduría de su existencia.

En una de sus admirables cartas a María Mantilla, escritas ya en el pórtico de su gran sacrificio por la libertad, Martí le dice: «No tengas nunca miedo a sufrir. Sufrir bien, por algo que lo merezca, da juventud y hermosura.» Martí sabe que el dolor es inevitable y que nos conduce a profundizar en el sentido de la vida. «Es bueno sufrir —le dice a Carmita Mantilla— para ver quien nos quiere y agradecerlo». Martí no se rebela contra el dolor, sino que va a su encuentro para incorporarlo a la vida como fuente de enseñanza y de ejemplaridad.

En Martí ocurre algo extraordinario. Se familiariza tanto con el sacrificio, que lo convierte en júbilo y alegría. Es un hombre que se acerca a la inmolación con una sonrisa alacre de triunfo. «¿Por qué —le escribe a su madre en aquella carta que Unamuno consideró como una de las más grandes y más poéticas creaciones que se puede leer en español— nací de usted con una vida que ama el sacrificio?» Esas palabras, de una sinceridad conmovedora, nos dan la clave del alma grandiosa de Martí. Ama, en efecto, el sacrificio. Se abraza al dolor, como a una novia, y le besa la frente. Se lanza en Dos Ríos a la muerte como quien va a una fiesta. Para él el dolor, en la acepción corriente, no existe. «La vida —escribe— no tiene dolores para el que entiende a tiempo su sentido.» Martí convierte el sufrimiento en ofrenda jubilosa, hace de la pena una vía de perfeccionamiento y redención.

Por otra parte, la vida no tiene sentido para Martí sino como empresa de amor. «Nada sirve —les dice a María y Carmita Mantilla— sino lo que merezca amor.» Es una suerte de simpatía humana, que le lleva a vivir los dolores ajenos y comprender la ley común de todos los corazones. Hay una palabra, que Martí emplea mucho y que da la clave de su concepción amorosa: la palabra ternura.

La ternura es, en efecto, aquel grado del amor en que predomina lo espiritual. Cuando Martí se refiere a la obra que deben realizar los maestros en los campos, señala que ha de ser una campaña de ternura. Es decir, no la difusión del mero conocimiento, sino esa sensibilidad hacia la alegría y el dolor, esa capacidad de comprender a los demás y de adentrarse en su alma profunda. Martí dice que en esta forma «se daría el ímpetu», se haría «una invasión dulce», despertando lo que de mejor hay en el hombre.

De hecho, su obra aglutinadora en la emigración fue eso: «una invasión dulce», una gran tarea de ternura. Conocía tan bien los mecanismos secretos del corazón humano, que producía una especie de encantamiento en quienes lo oían y lo trataban. Su hechizo espiritual resultaba maravilloso. Muchos que no lo entendían siquiera en su vuelo ideológico, lo seguían por la simpatía que irradiaba su personalidad. Certeramente asimilaba «a la ley de la política la ley del amor». Su obra política, como él la definió, era la de «abrir un cauce amoroso», por el cual tendrían que entrar después los que le siguieran.

Cuando se habla de la personalidad amorosa de José Martí, creo que debemos entenderla en tal sentido .Sintió también, por supuesto, el erotismo en toda su pasión y encantamiento; en su corazón había la huella de intensos idilios, pero a medida que avanza su vida hacia la realización de su destino, el amor va purificando sus esencias hasta convertirse en ese sentimiento de solidaridad humana integral, en esa profunda identificación del espíritu que él llamaba ternura.

Tengamos también en cuenta que el amor en Martí tiene una vigorosa categoría ética. «Amar —dice— no es más que un modo de crecer.» Esto es, una forma de ascensión y perfeccionamiento de la personalidad, una manera de desarrollar las raíces más generosas del hombre. Y en su concepción de lo amoroso, Martí proscribe terminantemente el odio. Esta es una forma de rebajarse innecesariamente. Contra la maldad él propone esta estrategia: «De la maldad que nos pueda salir al paso, no es necesario hablar. A la maldad se la castiga con dejar que se enseñe. La maldad es suicida.»

Honor y dignidad

Alimentado de las más puras esencias hispánicas, y con una fuerte raíz quijotesca, no es de extrañar que José Martí coloque la honra entre las virtudes fundamentales. Perder la honra es, para Martí, como perder la vida, porque es rebajar la personalidad a lo meramente instintivo que hay en ella, renunciando al reinado inefable de los bienes morales.

«Seamos honrados —dice Martí— cueste lo que cueste... Sólo las virtudes producen en los pueblos un bienestar constante y serio.» Martí desconfía de aquellos progresos que responden sólo a factores materiales. Sabe que son efímeros e incompletos. El verdadero progreso del hombre está en su conciencia, en el camino de la virtud y del perfeccionamiento individual. No es posible siquiera aislar la conducta privada de la pública. Una y otra han de concordar en el empeño de honrar a la patria.

Pero la honradez, en el sentido martiano, abarca un extenso territorio. Va más allá de la acepción de lo probo. Como siempre, Martí la pone al servicio de su idea básica, que es la de la libertad, eje de su concepto de la vida y de su obra política. Así es que «un hombre que oculta lo que piensa, o no se atreve a decir lo que piensa, no es un hombre honrado. Un hombre que obedece a un mal gobierno, sin trabajar para que el gobierno sea bueno, no es un hombre honrado. Un hombre que se conforma con obedecer a leyes injustas, y permite que pisen el país en que nació los hombres que se lo maltratan, no es un hombre honrado».

Martí predica la vida virtuosa, la política virtuosa. Con aquella su profunda visión de los hombres y de las leyes históricas, Martí se da cuenta de que las instituciones libres necesitan apoyarse en las virtudes éticas y cívicas del pueblo. Quiere que la república surja y se afirme en la ciudadanía. La superación de los pueblos no es tarea de hombres providenciales, sino esfuerzo conjunto de todos, triunfo del trabajo y de la virtud.

Influído por esa valoración ética de la vida y de la política, Martí considera la dignidad plena del hombre como la ley primera que debe respetarse en la república. Es decir, que Martí, fiel a su tradición noblemente liberal, quiere rodear a la persona del ámbito moral adecuado para que pueda desenvolver todas sus capacidades en provecho colectivo. Martí parte de la persona para llegar a lo social. No somete la persona al Estado, como en los totalitarismos modernos, sino que concibe la obra política cual una tarea que la ciudadanía realiza, en un ambiente respetuoso del derecho y en el cual el Estado se pone al servicio de la voluntad popular.

Martí quiere una república de ciudadanos, es decir, de hombres libres y dignos, no una república formada por rebaños que obedezcan ciegamente al amo de turno. Y sólo una ciudadanía adornada de aquellas virtudes morales recomendadas por el Apóstol, podría asumir con responsabilidad los deberes de establecer el régimen de sincera democracia que él quería para nuestra patria.

Belleza y arte

Para Martí no es concebible la vida sin un ideal de belleza. En su artículo sobre Emerson, expone: «¿Y el objeto de la vida? El objeto de la vida es la satisfacción del anhelo de perfecta hermosura, porque como toda virtud hace hermosos los lugares en que obra, así los lugares hermosos obran sobre la virtud.» De modo que la belleza aporta un ingrediente moral, un anhelo de perfeccionamiento en la conducta que hace mejores a los hombres. Martí identifica a la belleza con la verdad y la bondad, a la manera platónica. «Así —escribe— son una la verdad, que es la hermosura en el juicio; la bondad que es la hermosura en los afectos; y la mera belleza, que es la hermosura en el arte.»

Una y otra vez insiste Martí en la necesidad del cultivo de lo bello como elemento para la formación del carácter y la superación del hombre. «Así como una habitación espaciosa —dice el Apóstol— invita a la majestad, un objeto bello invita a la cultura. El alma tiene su aire: y lo echan de sí los objetos bellos.» La sensibilidad para la belleza eleva al hombre hacia la contemplación de los valores e impulsa la realización de grandes empresas. En definitiva, todo arte no es más que una tarea de domar la vida y revelarla en sus más exactas posibilidades creadoras.

El sentido de lo bello agudiza las facultades espirituales y nos pone en el camino del bien y de la verdad. «Los grandes creadores, según Martí, ven lo eterno en lo accidental», es decir, que son capaces de descubrir la trascendencia de la vida. Y en otra ocasión, escribe: «¿Qué es el arte, sino el modo más corto de llegar a la verdad, y de ponerla a la vez, de manera que perdure y centellee en las mentes y en los corazones?»

Crear la belleza no es, desde luego, tarea fácil. Supone en gran medida un esfuerzo heroico, una tensión del espíritu y de la voluntad que exige una suprema concentración de energías. «¿Con qué se escribe bien, en prosa o en verso, sino con la sangre? El que no la ha perdido, ni sabe escribir ni sabe leer». He aquí palabras que reflejan el sentido creador que Martí hace inseparable de la obra artística.

Copiar la naturaleza no basta. Ni expresar de modo objetivo lo que se ve. El artista tiene que recrear el mundo, ofreciendo, como Prometeo, una chispa de fuego a la humanidad. No importa que todo esté dicho ya, según Martí, porque las cosas, cada vez que son sinceras, son nuevas. La sinceridad es para nuestro orientador esa pasión de revelar lo propio, de decir la emoción original, el esfuerzo de cada uno de interpretar el mundo. El arte es empresa de descubrimiento, a través de la emoción; es el voluntarioso afán de combinar los elementos de la realidad en forma que queden patentes la belleza y la armonía del universo.

Y aplicando su concepción del arte a la poesía, Martí explica con palabras de profunda penetración, que «poesía no es, de seguro, lo que corre con el nombre, sino lo heroico y virgíneo de los sentimientos, puesto de modo que vaya sonando y lleve alas, o lo florido y sutil del alma humana, y de la tierra, y sus armonías y coloquios, o el concierto de mundos en que el hombre sublimado se anega y resplandece». Sólo un poeta de la alta condición de José Martí podía ofrecer una definición tan magistral y certera de ese maravilloso continente del arte.

El carácter

En definitiva, todos esos valores que entran en el sentido de la vida, elevando la personalidad, han de traducirse en conducta. Martí no es mero teórico que construye castillos de palabras. Para él las ideas significan un compromiso de realización. No cumplirlas es deshonrar las ideas y la propia vida.

Por eso Martí concede al carácter un valor supremo. Es precisamente esta arista la que nos ofrece una evidencia inequívoca de la grandeza del héroe cubano. En Martí los principios y la conducta son inseparables. No incurre en esa falsificación tan frecuente de prostituir, con los hechos, las más hermosas palabras. En su verbo fulge la belleza, pero en su vida también. Su prédica no es mero oficio de agitación, sino sangre de sus propias venas, dispuesta al holocausto.

El carácter revela al verdadero hombre. La inteligencia no, porque es un don casual de la naturaleza, al igual que en las hetairas la hermosura, y como en éstas, suele prestarse a oficios viles. En cambio, el carácter que es «don propio y medida del mérito», consiste en «el denuedo para obrar conforme a la virtud». He aquí que Martí, con su genial penetración, no se deja engañar. Predica y divulga un sentido de la vida, como el modo más apropiado para la superación del hombre, pero en definitiva todo lo condiciona a la conducta. No se deslumbra por los meros talentos ni por los brillos superficiales, que ocultan a veces almas de serpientes y de vándalos. Quiere la prueba del ideal, quiere la autenticidad en la vida y no la simple añagaza de los discursos.

Gran sagaz este hombre que «alzó el mundo» y que no quería otra gloria que la de «morir callado, junto al último peleador». Gran sagaz que vio en el fondo de los corazones con pupila zahorí. María Mantilla cuenta de sus ojos profundos. Ojos que sabían mirar dentro de las almas y leer en lo íntimo, para descubrir que «todos los pícaros son tontos y que los buenos son los que ganan a la larga».

Vio a mucho pícaro inteligente, empleando el talento en funciones mercenarias. El talento tiende frecuentemente a prostituirse, por entregas graduales y cada vez más cínicas. Por eso Martí, no se deja desorientar y pide para su empresa, y para la empresa de ser hombre, el carácter, que no es otra cosa que la voluntad puesta al servicio del bien y del mejoramiento de la humanidad. Mérito supremo el carácter, porque es el temple que permite realizar, sin vacilaciones ni miedos, el sentido de la vida.

Para Cuba quiere Martí hombres de carácter, no meros celestinos del espíritu, dispuestos a envilecerse en todos los burdeles. Hombres capaces de amar la libertad y de luchar por ella, porque el «que ve la libertad ofendida y no pelea por ella, o ayuda a los que la ofenden, no es hombre entero». Los mayores enemigos de Martí en la República son precisamente aquellos que lo han envuelto en un halo retórico de adoración, bajo un altar de hipocresía, y luego se han burlado de todos y cada uno de sus ideales.

Nada vale el talento sin la conducta. El verdadero talento, en definitiva, es el que pone la inteligencia al servicio del bien, el ideal en función de norma de vida, el que culmina en esa armonía de mente y corazón que es signo distintivo de los grandes caracteres.

Educación para la libertad

El sentido de la vida, que llega a perfilarse con tan nítidos caracteres en el pensamiento de José Martí, ha de tener su principal eficacia en la formación de la infancia. Martí confía sobre todo en los niños. Aun en los momentos de mayor dedicación a la actividad revolucionaria, Martí tiene tiempo para pensar en los niños y para escribirles, en un lenguaje de sabia pedagogía, las admirables páginas de *La Edad de Oro*.

Una parte importante y de la más fresca y pura de la literatura martiana está específicamente dirigida a los niños. Acaso la vocación más genuina de Martí era la de maestro, en su profundo y trascendental sentido, como orientador espiritual y delineador de un estilo de vida.

De hecho, Martí ejerció el magisterio durante una gran parte de su existencia y su obra política no fue otra cosa, en esencia, que un adoctrinamiento de conciencias para unir voluntades y abrirle cauces a la idea de la libertad.

Si era un gran educador por vocación innata —cierta vez confesó que después de la guerra se iría al monte a enseñar— tenía a su vez un concepto muy diáfano y profundo de aquellos valores que debían alcanzarse mediante la educación.

Martí se adelanta a su tiempo, como es frecuente en él, y concibe la educación no como un mero sistema de trasmisión de conocimientos, sino como un taller de preparación para la vida. Fijémonos en esta definición: «Educar es depositar en cada hombre toda la obra humana que le ha antecedido: es hacer a cada hombre resumen del mundo viviente, hasta el día en que vive; es ponerlo a nivel de su tiempo, para que flote sobre él, y no dejarlo debajo de su tiempo, con lo que no podrá salir a flote; es preparar al hombre para la vida.»

Convencido de esa necesidad de que las escuelas enseñen a vivir, Martí se muestra partidario de la educación científica. «Que se trueque de escolástico en científico —dice él— el espíritu de la educación; que los cursos de enseñanza pública sean preparados y graduados de manera que desde la enseñanza primaria, hasta la final y titular, la educación pública vaya desenvolviendo sin merma de los elementos espirituales, todos aquellos que se requieren para la aplicación inmediata de las fuerzas del hombre a las de la naturaleza.» Y luego añade que el elemento científico ha de ser como el hueso del sistema de educación pública.

Martí reacciona contra la enseñanza meramente literaria, no adaptada a los tiempos ni a la vida moderna. «Oh¿ Si a estas inteligencias nuestras —escribe— se las pusiese a nivel de su tiempo?» Y luego resume su punto de vista en esta forma sagaz: «Se abren campañas por la libertad política; debieran abrirse con mayor vigor por la libertad espiritual; por la acomodación del hombre a la tierra en que ha de vivir.»

Imbuído de este criterio, Martí aplaude cada vez que en un país de América se crea una escuela destinada a enseñar las artes del trabajo. Así en el caso de las Escuelas de Artes y Oficios, a las cuales dedica un interesante artículo, destacando su importancia, porque «quien quiera nación viva, ayude a establecer las cosas de su patria, de manera que cada hombre pueda labrarse, en un trabajo activo y aplicable, una situación personal independiente. Que cada hombre aprenda a hacer algo de lo que necesitan los demás».

Martí se pronuncia en reiteradas ocasiones contra la enseñanza meramente verbalista y teórica. Entiende que el trabajo manual es indispensable en las escuelas, porque no sólo proporciona ventajas físicas, mentales y morales, sino que ayuda a adquirir la disciplina del método, «contrapeso saludable en nuestras tierras de la vehemencia, inquietud y extravío en que nos tiene, con sus acicates de oro, la imaginación».

Martí concibe la escuela como un taller de trabajo, en el que la inteligencia se aplique directamente a la naturaleza, para descubrir sus misterios. Para los pueblos de América quisiera él una educación así orientada. «Detrás de cada escuela —propone Martí— un taller agrícola, a la lluvia y al sol, en donde cada estudiante sembrase su árbol», pues «de textos secos y meramente lineales, no nacen, no, las frutas de la vida.»

Otra preocupación de Martí es la de llevar la enseñanza a los campos, de modo que el campesino pueda convertirse en un ciudadano útil. Para realizar esta difícil misión pedagógica, el Apóstol cubano recomienda la creación de un cuerpo de maestros ambulantes, aplicados a la tarea de abrir campañas de ciencia y ternura. La idea de Martí no es la de convertir a los guajiros en sabios, sino la de lograr mediante las misiones ambulantes, que se despierte el apetito del saber, esto es, la curiosidad intelectual.

En el admirable artículo que Martí dedica a los maestros ambulantes, comienza por explicar lo que debe ser el alma de estos educadores. En Martí, el punto de vista pedagógico es el resultado de una concepción integral de la vida y de la peculiaridad histórica de nuestros pueblos. De ahí que conciba la educación como un instrumento efectivo de redención social. «Se pierde el tiempo —dice— en la enseñanza elemental literaria y se crean pueblos de aspiradores perniciosos y vacíos. El sol no es más necesario que el establecimiento de la enseñanza elemental científica.» Concordante con este criterio de que la educación se ajuste a las necesidades de su tiempo, Martí se pronuncia contra la enseñanza del griego y del latín en los colegios. «La educación —según Martí— tiene un deber ineludible para con el hombre: conformarle a su tiempo, sin desviarle de la grandiosa y final tendencia humana. Que el hombre viva en analogía con el universo y con su época: para lo cual no le sirven el latín y el griego.»

En definitiva, quiere Martí hacer de la educación un instrumento para la formación de hombres plenos, preparados a la vida de la libertad. Son las escuelas los talleres mejores de la ciudadanía. En ellas «se sazonan o se tuercen los hombres». En vez del patriotismo retórico, Martí postula el patriotismo de los kindergartens, esto es, la multiplicación de las escuelas, de modo que toda la ciudadanía pueda hacer en ellas el aprendizaje del hombre libre.

En la enseñanza, hay que atender sobre todo a su espíritu. No basta con la amplitud e higiene de las aulas, ni con la belleza de los textos, ni con la eficacia del maestro. No basta con la mera instrucción. Hay que transformar el sistema, ya que «la escuela es la raíz de la república».

El nuevo sistema que Martí propugna ha de cambiar bravamente la instrucción primaria de verbal en experimental, de retórica en científica, enseñando al niño, a la vez que el abecedario de las palabras, el abecedario de la naturaleza. La cuestión está en que las escuelas formen hombres en la plenitud de su desarrollo físico, intelectual y moral, hombres capaces de vivir noblemente y de reconstruir al mundo para una existencia mejor. Sólo así podría forjarse, desde sus raíces mismas, el espíritu nuevo de la república, sustentado en la grandeza moral de la ciudadanía.

Teoría del ciudadano

Para Martí, el fundamento de la república está en el ciudadano. Su concepción de la patria es vertical. No confía en clases determinadas, en grupos o partidos, ni concibe el Estado como un gran señor omnímodo. Sueña con una república nacida de abajo, engendrada por el pueblo y apoyada en las virtudes morales de la ciudadanía.

Ahora bien, no es fácil tarea la de integrar un pueblo de ciudadanos conscientes y responsables. «Las repúblicas —dice Martí— se hacen de hombres, que es en la tierra dificilísima y pocas veces lograda carrera.» Comprendió que para asegurar la libertad y soberanía del pueblo, era indispensable contar con una ciudadanía educada en los conceptos de independencia y propia dignidad. Porque un pueblo, según Martí, no es independiente cuando ha sacudido las cadenas de sus amos, sino cuando se ha arrancado de su ser los vicios de la vencida esclavitud.

Martí quiere evitar el peligro de una redención meramente teórica, sin base en los elementos reales del país. Se da cuenta de que sólo subsiste la libertad política cuando hay libertad espiritual, esto es, cuando el ciudadano ha logrado el nivel cívico y cultural que le permite cumplir a plenitud sus responsabilidades democráticas.

Ambiciona Martí una república de ciudadanos conscientes, dedicados con indomable empeño al servicio de la patria. Su teoría del ciudadano está centrada en una concepción de los deberes cívicos. Su idea de la libertad definida magistralmente como «el derecho que todo hombre tiene a ser honrado y a hablar y pensar sin hipocresía», requiere algo más que una organización jurídica de los derechos humanos; son indispensables la íntima fortaleza en la conciencia del ciudadano, la voluntad inquebrantable de responder con la conducta a los principios que informan el verdadero patriotismo.

La sociedad democrática

Todas las avenidas de la república de Martí parten del ciudadano y conducen a él. El ciudadano es el sujeto histórico en el cual cristaliza la idea de la libertad. Por eso, si no hay ciudadanos, no puede haber tampoco libertad. Al fallar esta ecuación, surge el fracaso de las repúblicas.

Enamorado de la libertad como norma de vida y como régimen de gobierno, mediante su plasmación en un sistema de verdadera democracia, Martí quiere apoyarla en el único fundamento estable y definitivo: el ciudadano. De ahí su obsesión por crear, más que leyes e instituciones, esa base moral tan fuerte como las rocas: el hombre libre.

Delineado con firmes trazos el perfil moral del ciudadano, no es de extrañar que Martí conceda a su vez gran importancia al trabajo, como elemento esencial para la salud de la república y la integración de la ciudadanía.

Martí ve en el trabajo el medio más eficaz para lograr el bienestar del país y la independencia personal de sus habitantes, de modo que no hayan de depender de la lotería del empleo público. «Un oficio o un arte —dice Martí— es sostén firmísimo, por cuanto afirma la independencia personal, de la dignidad pública.» Y añade: «Quien quiera nación viva, ayude a establecer las cosas de su patria, de manera que cada hombre pueda labrarse, en un trabajo activo y aplicable, una situación personal independiente».

El ciudadano de la república que quería Martí es, pues, un hombre que ama por encima de todo la libertad, que está dispuesto al servicio de la patria y al ejercicio responsable de los derechos políticos, y que se gana la vida con un trabajo decoroso. No quiere Martí hacer un héroe de cada hombre, sino esa cosa sencilla y difícil que es el ciudadano libre de una democracia.

Al añadir el trabajo honrado a las virtudes esenciales de la ciudadanía, Martí muestra su honda perspicacia, penetrada de la importancia del factor económico para la dicha, bienestar e independencia de los pueblos.

Su teoría del ciudadano ofrece, en suma, una concepción cabal y admirable de las virtudes que permiten a las repúblicas ser venturosas y libres.

Imagen de la República

Dibujemos un poco más la imagen de la república que nuestro Apóstol anhelaba. En la base de ella está bien claro que debía encontrarse la ciudadanía, firme pedestal del edificio de la libertad, sin el cual la república no podría sostenerse ni progresar en altos empeños constructivos.

De ahí que el régimen político debiera ser el producto de la voluntad soberana del pueblo. Martí no hace exclusiones clasistas ni de otra índole. «Todo lo de la patria —proclama Martí— es propiedad común y objeto libre e inalienable de la acción y del pensamiento de todo el que haya nacido en Cuba.» La república cubana habría de ser una concreción inequívoca de solidaridad nacional. No una república de partidos, grupos o clases, imponiéndose a la colectividad, sino la armonía del todo social, funcionando en un régimen de derecho.

El instrumento para sustanciar la soberana voluntad del pueblo sería, desde luego, el sufragio, que Martí concibe como uno de los deberes esenciales del ciudadano. Apunta que el voto debe ser obligatorio y secreto, para que refleje fielmente la voluntad pública.

En cuanto a la forma de gobierno, Martí propugna una democracia sin adulteraciones, dentro de formas combinadas de realismo e idealidad, que hiciesen posible el progreso de la Nación. Quiere Martí una república surgida del pueblo, capaz de proveer el bienestar económico, la igualdad de las razas, la educación amplia y sin abuso de lo literario, la honestidad en la Administración y en la vida pública.

Por otra parte, ya Martí había superado el concepto del Estado jeffersoniano. El mejor gobierno no era para él aquel que gobierna lo menos posible, sino el que se atiene a la identidad del país y procura hallar soluciones reales a sus problemas. Su concepto liberal está nutrido de esencias colectivas. «Lo social —llega a decir— está ya en lo político, en nuestra tierra como en todas partes; yo no tengo miedo porque la justicia y el peso de las cosas son remedios que no fallan.» Es así que ve en la riqueza exclusiva un síntoma de perturbación y recomienda que cada uno tenga un poco de ella y que se brinde trabajo amplio a las poblaciones.

Cree Martí que se debe repartir la tierra y levantar el nivel del pueblo y llevar a cabo toda una tarea de justicia económica y social. Su mirada de escrutador genial estaba ya al tanto de muchos de los problemas que preocupan al hombre de hoy.

Pero esa labor de redención popular no podría verificarse en modo alguno con consignas extranjeras, con fórmulas aplicables a realidades distintas de la nuestra. Entiende el Apóstol que en América se imita demasiado y que la salvación está en crear. «Los políticos nacionales —expone Martí— han de reemplazar a los políticos exóticos. Injértese en nuestras repúblicas el mundo, pero el tronco ha de ser el de nuestras repúblicas.»

En el aspecto económico y del comercio internacional, recomendó Martí una gestión de mucha cautela. «El pueblo que quiera ser libre —proclamó— sea libre en comercio. Hay que equilibrar el comercio para asegurar la libertad. El pueblo que quiere morir vende a un solo pueblo, y que quiere salvarse, vende a más de uno».

Martí quería, en suma, una república que sustituyese a la colonia no sólo en la forma, sino en el espíritu de las instituciones y de la conducta cívica. Acaso la mejor síntesis de lo que se proponía lograr el Apóstol se encuentra en la base cuarta del Partido Revolucionario Cubano, en la cual se afirma que el partido «no se propone perpetuar en la República cubana, con formas nuevas o con alteraciones más aparentes que esenciales, el espíritu autoritario y la composición burocrática de la colonia, sino fundar en el ejercicio franco y cordial de las capacidades legítimas del hombre, un pueblo nuevo y de sincera democracia, capaz de vencer, por el orden del trabajo real y el equilibrio de las fuerzas sociales, los peligros de la libertad repentina en una sociedad compuesta para la esclavitud».

Martí no ignora que los efectos del coloniaje han penetrado hasta lo profundo de la sociedad cubana. Por eso las reformas proyectadas no se quedan sólo en el aspecto político, sino que van a buscar un equilibrio de las fuerzas sociales y un orden económico, capaces de contribuir a la creación de un pueblo nuevo.

Imaginó Martí la república no como una mera cuestión de forma, en que al capitán general sucediese el caudillo republicano, sino como una renovación completa de las estructuras nacionales, que al eliminar la factura colonial en que se asfixiaba la Isla, permitiese una adecuada organización del país para la vida de la libertad. Sabía que no era empresa de un día, pero tenía el convencimiento de que nuestro pueblo podría alcanzar «la condición única de paz, que es aquella en que no hay un solo derecho mermado».

Americanismo

Conocedor profundo de la realidad americana, por sus frecuentes viajes y por el estudio íntimo de los pueblos del Hemisferio, Martí aprecia la unidad esencial de intereses y aspiraciones en nuestras repúblicas. Su lucha por la independencia de Cuba no le borra de la mente la visión de una política de sentido americano, que vinculase con propósitos históricos la vocación común de libertad de nuestros pueblos.

Martí penetra en la realidad americana, con sus complejos y variados problemas, con su diversidad de razas, economías y culturas. Estudia y trata de comprender cada una de esas manifestaciones de la vida histórica en el Nuevo Mundo. Se da cuenta de que si algo ha atrasado la solución de los problemas americanos es precisamente esa costumbre de mirar nuestra «ingenua realidad» con pupilas foráneas, ese hábito de trasplantar los sistemas europeos al seno de sociedades distintas. Por eso proclama en su artículo «Nuestra América», uno de los más penetrantes salidos de su pluma: «A lo que es, allí donde se gobierna, hay que atender para gobernar bien; y el buen gobernante en América no es el que sabe cómo se gobierna el alemán o el francés, sino el que sabe con qué elementos está hecho su país».

Contempla también Martí la existencia de dos factores continentales, cuyo equilibrio es indispensable para el encauzamiento de los destinos hemisféricos. De una parte, la que él llamó Nuestra América, formada por los pueblos indios y españoles; de otra parte la América del Norte, con su gran adelanto industrial y su tendencia expansionista. Martí advierte el peligro de un mal ajuste de las relaciones entre ambas Américas. Pero cree posible una política de entendimiento y comprensión sobre bases de justicia y de respeto recíproco, para llegar a «la unión tácita y urgente del alma continental».

Martí quiere, como Bolívar, la integración hemisférica, pero entendida como un concierto libre, igualitario y armónico, no al servicio de intereses parciales. Por ello, se le ve lleno de preocupaciones al reunirse la I Conferencia Internacional Americana, celebrada en Washington en 1889, y en la cual Martí creyó advertir síntomas hegemónicos por parte de la Cancillería del Norte. Por ello también libra memorables batallas en el Congreso Monetario de Washington, al defender los puntos de vista de las naciones latinoamericanas, actuando con el carácter de delegado de la República del Uruguay.

La propia guerra de la independencia de Cuba respondía, en la estrategia política de Martí, a una finalidad antillana americanista, según confesó a Henríquez y Carvajal en aquella hermosa carta considerada como su testamento político: «Las Antillas libres salvarán la independencia de nuestra América, y el honor ya dudoso y lastimado de la América inglesa, y acaso acelerarán y fijarán el equilibrio del mundo».

Martí tuvo una certera visión de los problemas americanos, no sólo en el orden político, sino también en los aspectos económico, cultural e histórico. Fue nuestro Apóstol el vidente de una América estrechamente unida para la realización de altos ideales, para la consagración de un sistema de vida afincado en la libertad, la justicia y el derecho.

Su americanismo está nutrido, como toda su obra política, de una fecunda y sabia combinación de los factores reales con los ideológicos. Por eso pudo adelantarse a su tiempo con una perspicacia tan honda, descubriendo las rutas históricas más ajustadas a los pueblos de América.

ENRIQUE JOSE VARONA: EL FILOSOFO *

Fue Enrique José Varona el vivo ejemplo de un hombre equipado con todos los poderes de la inteligencia, sereno, sin apuros ni desbordamientos, pero tenaz e imperturbable en la obra que se había propuesto: alzar las conciencias para el ejercicio responsable de la libertad.

En las raíces de Varona encontramos al filósofo, al hombre angustiado por todos los problemas del conocimiento y de la verdad, que hunde la proa de su inteligencia en las más complejas cuestiones. Regresa de ese viaje trascendental con una filosofía de la vida, con un programa de valores que desea aplicar a la dinámica social. Y se dedica entonces a una tarea de fecundación de conciencias que sólo tiene paralelo en Cuba con la realizada por aquel sembrador de almas que fue José de la Luz o con aquella otra luminosa y memorable del Apóstol. Enrique José Varona va a ser el filósofo y educador de los nuevos tiempos, de las postrimerías de la Colonia y el comienzo turbulento de la República.

No pudiéramos entender debidamente el mensaje de Enrique José Varona, si no tenemos en cuenta un hecho de la mayor importancia: el pensamiento del sabio camagüeyano no aspira a dilucidar problemas de orden metafísico, no pretende aclarar el misterio final del mundo. Ante el gran enigma, se detiene este hombre prudente y sagaz. En cambio, trata de ofrecer una filosofía de la vida, que sea un eficaz instrumento

---
* Este ensayo, premiado en el concurso sobre el centenario de Enrique José Varona, fue publicado en el libro homenaje al sabio cubano, La Habana, 1949.

para el progreso individual y social. Como ha expresado certeramente Will Durant, «la filosofía es el conocimiento armonizado para conseguir una vida armoniosa; es la autodisciplina que nos eleva a la serenidad y la libertad». En este sentido la concibió Varona, como empresa creadora y unificadora del espíritu, para hacer posible una existencia de nobleza humana y equilibrio interior.

No se detuvo Enrique José Varona en los temas metafísicos, pero sí indagó los problemas del conocimiento, nos dio un criterio para la pesquisa de la verdad y penetró en las regiones del alma, de la moral y de la política. En definitiva, todo ello va a ser como el manantial ideológico de que va a surtirse el educador de su pueblo, porque aquel hombre extraordinario no quería ni podía ser, dada la vocación de su vida, un mero detentador de cultura, sino el maestro luminoso que pone sus conocimientos y experiencias al servicio de la colectividad.

Su misión central y suprema fue si bien se mira, la del educador; quiere decir que no le bastaba con acumular los más ricos tesoros de la sabiduría humana y escalar altas cimas culturales, sino que ello era sólo un medio para servir a los demás, para alumbrar el camino de todos. Varona siente la necesidad de dar lo que recibe, de convertir sus hallazgos del conocimiento en bienes de disfrute colectivo. Estaba poseído del *eros pedagógico*, de la necesidad de realizar los valores no sólo en sí mismo, sino también en los demás. «Quien no sepa vivir en el amor hacia sus semejantes —ha escrito el gran pedagogo Kerschensteiner— puede considerarse fracasado de antemano como educador». Y si algo queda patente en la obra y el ejemplo de Enrique José Varona, es su noble y sostenida preocupación por difundir en la sociedad cubana, como semillas de fecundo renuevo, aquellos valores y modos de conducta que sirvieran para el disfrute de una existencia mejor.

Cuando Enrique José Varona dirige la reforma de la instrucción superior en Cuba o cuando señala a la Universidad, en trascendental discurso, cuáles son los fines esenciales que debe realizar, no hace más que aplicar sus seguras conclusiones filosóficas al campo de la educación, para que tales principios alcanzaran vigencia práctica. «La vida —había dicho Varona— es acción, no lección». Se hubiera considerado un fracasado, si sus ideas no hubiesen ido más allá de una mera formulación teórica. Por ello, el filósofo quiso completarse en el educador y, a ratos, en el político. Pero aun como político, no fue sino un esclarecido maestro de ciudadanos.

II

> «Lo más interesante no es la lucha del hombre con su destino exterior, sino la lucha del hombre con su vocación».
>
> JOSÉ ORTEGA GASSET.

ENTRE EL DEBER Y LA VOCACION

Sin intentar apenas hurgar en lo biográfico de Enrique José Varona, ya que no es tal nuestro propósito, sí conviene fijar en qué direcciones fundamentales se orienta su vida, para comprobar si este hombre de excepcionales condiciones fue fiel a su vocación, a sus aptitudes humanas más sobresalientes.

Vino al mundo Enrique José Varona en plena mitad del siglo pasado: en la primavera de 1849. Todavía la vieja ciudad de Puerto Príncipe, que le vio nacer, conservaba su más estricta fidelidad a la Metrópoli, pero muy pronto comenzarían a hervir las impaciencias cubanas de libertad y soberanía históricas. Durante la infancia de Varona, fueron formándose las chispas que iban a producir el gran estallido revolucionario de 1868. El joven estudioso e introvertido, que leía al Kempis y escribía aliñados versos al estilo de Anacreonte, fue sacudido en lo más hondo de su conciencia por aquel hecho. Muy temprano iba a presentársele un difícil conflicto íntimo, una lucha desgarradora entre el deber y la vocación.

La resolvió de primer momento a favor del mandato moral que lo llamaba al servicio de la Patria y se lanzó, como parte de la juventud cubana de aquella época, a los campos insurrectos. Don Quijote hizo su primera salida, frente a malandrines y fulleros, pero volvió de la refriega con el cuerpo enfermo y la voluntad herida.

No intentó una segunda aventura, porque aquella experiencia le hubo de demostrar que carecía de condiciones para los menesteres de la guerra y que por ahí no podría realizar el destino de su vida. La vocación profunda de su existencia va entonces a ganarle la batalla a las incitaciones de la obligación patriótica.

Se refugió en sus libros y estudios, preparándose convenientemente para librar los combates de la inteligencia. «Se le veía deambular —escribe Varela y Zequeira— por las desiertas calles de la ciudad, siempre atento a la lectura de un libro». Pudo adquirir así, siendo aún muy joven, una pasmosa erudición en los más diversos territorios del saber, desde las ciencias exactas hasta las conclusiones sintetizadoras de la filosofía.

¿Manifestaba Varona con esa actitud indiferencia hacia los menesteres patrióticos? ¿No era una manera de desertar de sus deberes de ciudadano, de las urgencias cubanas de liberación?

Enrique José Varona fue en esta ocasión, como en otras muchas, un hombre de cabal sinceridad para consigo mismo y para con la sociedad a la cual se debía. De haberse quedado en la manigua, hubiera frustrado el destino radical de su existencia, sin aportar en cambio ningún beneficio real a la causa de la independencia cubana, porque era totalmente inepto para el oficio de soldado.

Prefirió servir a su Patria en la forma que mejor se adaptaba a sus capacidades y vocación, a lo que había de ser la misión central de su vida: iluminar con la inteligencia los destinos del pueblo, preparar las conciencias para el advenimiento de la nueva etapa histórica. No desertó Varona de su deber, sino que lo cumplió en la medida que resultaba más útil y fecundo para la sociedad cubana.

«Lo más interesante —ha expuesto José Ortega y Gasset— no es la lucha del hombre con su destino exterior, sino la lucha del hombre con su vocación». Varona resolvió el conflicto con suprema autenticidad, escogiendo el campo de acción en que mayores servicios y tareas podía rendir. No falsificó su vida, sino que la dejó deslizarse por los cauces a que sus energías recónditas lo impulsaban, por aquellas vertientes engrosadas con el caudal de su luminosa inteligencia y de su ejemplaridad moral.

Fue esencialmente un laborioso obrero de la cultura. Ni quiso ni pretendió más. El mismo se definió en cierta ocasión como «un simple ciudadano consagrado a la causa de la cultura de Cuba, que es como podré ayudar a que nuestra patria viva en paz y sosiego y levante de día en día su nivel social». Nada importaba que las circunstancias ofreciesen un marco poco adecuado a ese menester ni que faltasen los estímulos para el esfuerzo creador. Varona se lanzó al combate radical a que su destino lo instaba inexorablemente. Su misión era difundir en derredor ondas de claridad, corrientes de inteligencia capaces de fecundar la conciencia nacional.

¿Cómo se prepara Varona para la empresa de cultura que ha de ser su vida? Es interesante advertir que no cuenta con grandes maestros que lo orienten en sus estudios, como fue el caso, por ejemplo, de los cubanos que asistieron a las aulas de *El Salvador*, iluminadas por la prédica trascendental de Luz y Caballero.

Varona recibe una enseñanza meramente literaria, de «mal trabados principios en el orden científico y de vagas nociones metafísicas», según él mismo consigna en su crítica al libro de Poey sobre *El Positivismo*. Su alma de adolescente se siente atraída hacia las musas y escribe versos, como la oda que dedica a la muerte de *El Lugareño*, y sus poemas anacreónticos, en que se dibuja una veta suavemente melancólica, de espíritu herido por el misterio del mundo, y sus *Paisajes Cubanos*, embargados de preocupación social. Sin embargo, no ha de detenerse en esas regiones de la fantasía lírica por mucho tiempo. La poesía en él es punto de partida, aventura de juventud, coloquio exaltado que no ha de convertirse en verdadero amor.

Pero ha de quedarle, como un enamoramiento definitivo y profundo, la pasión por la belleza literaria, el cuidado de las formas para que éstas reflejen fielmente el espíritu. Penetra con ardiente inquietud en el vasto caudal de las letras españolas y de los estudios clásicos; adquiere el difícil secreto de los grandes estilistas; afina la sensibilidad creadora; se hace a la sobriedad y el vigor. Lo literario no es rémora en la cultura de Enrique José Varona, sino sustancia vital que alimenta el espíritu y que lo impulsa hacia ambiciosas jornadas.

Punto de partida, no meta. La literatura no lo aprisiona, sino que le sirve de instrumento dócil y feliz. Se lanza Varona en seguida a más riesgosas y difíciles aventuras intelectuales. Le guían un seguro instinto, un anhelo radical de conocimientos y de claridad. Las fuerzas recónditas del ser lo empujan entonces hacia la conquista del escenario cultural de su época.

Solitario, en plena función de autodidacta, clava su mirada en el pasado intelectual de nuestro país y recoge sus mejores esencias. Puede decirse de Varona lo que se ha afirmado de Goethe: «Este hombre se ha sostenido con las rentas de todo lo pasado». Dichas rentas comprenden en gran medida la rica herencia ideológica del Padre Varela y de José de la Luz, atletas del pensamiento que pusieron a Cuba, con relieve muy firme, en el mapa de la cultura americana.

Si hay alguna influencia ostensible en el pensamiento de Enrique José Varona, ella es sin duda alguna la de aquellos filósofos cubanos que liberaron nuestra cultura de los moldes escolásticos. Por obra y gracia de su bravo esfuerzo intelectual, pasamos de la Edad Media a la modernidad, del ergotismo a la inteligencia crítica. Varona comprende su grandeza y se identifica con su mensaje, para proclamar que «su trascendente significación no fue otra que la de preparar, por una reforma moral sabiamente dirigida, la redención de todos nuestros oprimidos, la regeneración de Cuba».

Se convierte así en el orgulloso y perspicaz heredero de ese legado cultural, pero en vez de disfrutarlo cómodamente, Varona se da a la tarea de enriquecerlo, de vitalizarlo con nuevos y sustanciosos aportes. Lo vemos consagrado entonces, en plenitud de dedicación, a una empresa de perfiles titánicos, por el cúmulo de esfuerzos que implicaba: la de asimilar las corrientes filosóficas y culturales de la época, para hacerlas circular en nuestra Isla, para extraer de ellas lo que mejor sirviera a la formación de la conciencia nacional.

Enrique José Varona realiza la hazaña formidable de colocar nuestra cultura en pleno cauce de modernidad, completando la obra de Varela y de Luz. Aún imperaban en la enseñanza oficial moldes medioevales y el dogma reinaba, como monarca absoluto, sobre las ciencias. Varona derriba, con su poderosa prédica, los bastiones del absolutismo y difunde una nueva concepción del mundo, de la vida y de la sociedad. Es el pensador que pone las ideas cubanas al compás de las corrientes universales de la cultura. No creo que la influencia de Varona sea reducida y de pequeña proporción, como se ha llegado a afirmar. Entiendo, por lo contrario, que sus ideas han dejado una profunda huella en el proceso de la cultura cubana y que han contribuido a la realización de importantes transformaciones históricas.

Como filósofo, educador y político, según veremos inmediatamente, Varona realiza una constante tarea de adoctrinamiento y divulgación, que influye sobre la sociedad cubana para señalar los caminos mejores y hacer posible, en algunas ocasiones, el logro de fecundos adelantos colectivos. Por la vía de su entrañable vocación, Varona da cumplimiento a una misión de trascendente significación ciudadana.

III

¿EXISTE LO ABSOLUTO?

El Camagüey pastoril y aldeano resulta ya espacio pequeño para la empresa luminosa de su espíritu. Se traslada a La Habana, la capital cosmopolita y embrujadora que parece surgir del mar como un sueño y que tiene las antenas abiertas hacia el mundo.

Desde antes de la Paz del Zanjón ya Varona está instalado en la urbe soleada de San Cristóbal. Va a tener aquí un escenario más amplio y apropiado para su intensa faena intelectual. Completa el joven provinciano su lectura de los filósofos del siglo XIX y se sitúa sagazmente ante el panorama ideológico de su tiempo.

Al mismo tiempo, hace amistades con otros jóvenes cubanos que sienten también hondas inquietudes espirituales, como Esteban Borrero y Varela Zequeira. Establece con ellos un fecundo intercambio de ideas y de conocimientos. En 1877 José Antonio Cortina funda la *Revista de Cuba*, que va a ser un órgano prestigioso de los más altos empeños culturales. Enrique José Varona colabora en la publicación con asiduidad y se convierte en uno de sus redactores más acreditados y eficaces, al extremo de que al morir Cortina, se le encarga la dirección de la Revista, considerada como una de las primeras del Nuevo Mundo.

Desde esta tribuna, Varona tiene oportunidad, que no desperdicia, de señalar la desorientación y atraso que imperan en la sociedad colonial y, sobre todo, en el régimen oficial de enseñanza. Es muy ilustrativo al respecto, el magnífico artículo en que refuta las ideas expuestas por el profesor Teófilo Martínez Escobar, en la inauguración del curso universitario de 1879 a 1880.

Queda planteada de esta guisa una interesante polémica entre el absolutismo ideológico, preconizado por el profesor universitario, y los criterios liberales y renovadores que Enrique José Varona considera como los más propicios al desarrollo de la cultura cubana.

La tesis de Martínez Escobar se apoya en el postulado siguiente: «Lo infinito y lo absoluto son el centro de la armonía universal, el fundamento de su unidad y de sus interiores relaciones«. Varona somete a un claro análisis la proposición, demostrando su vaguedad e inconsistencia.

«¿Existe lo absoluto?», se pregunta, para hacer patente que «la mera unión de estos términos implica contradicción. La existencia supone ya la relatividad fundamental inherente a la realidad en sus dos fases. En el intelecto todo está dado en función de relaciones y en vano es querer escapar a este círculo de hierro; suprimid la relación, queda la nada».

Varona considera que el concepto de lo absoluto implica el sometimiento de las conciencias a un dogma infecundo. Toda existencia es relación entre el mundo externo de las cosas y el mundo individual del sujeto y no puede haber conocimiento que pretenda justificarse fuera de esta dualidad fundamental. La enseñanza que quiere refugiarse en una noción verbal, como su principio supremo, y que somete todo el edificio de la cultura a tan frágil base, no puede conducir más que al fanatismo y la ignorancia, como ocurría precisamente en la Universidad de La Habana, gobernada aún por el silogismo.

En vez de partir de un principio metafísico y subordinar a él los conocimientos particulares de las ciencias, Varona recomienda el método contrario. «Experimentando la juventud en los laboratorios —afirma el sabio cubano— y no ergotizando, aprenderá a dominar con sus propias armas a la naturaleza; observando e induciendo en la escuela de la vida y de la política, y no especulando con entidades imaginarias aprenderá a conocerse y conocer a sus semejantes, y por uno y otro camino llegará a determinar y prever el encadenamiento de los fenómenos, y cuando esta determinación y previsión le permitan modificarlos en su provecho, entonces se sentirá segura y descansará en la confianza de que posee ciencia, aunque no construya teorías».

Varona quería una cultura de proyecciones vitales, enraizada en la experiencia y no en el dogma, una cultura que subiera la escala del conocimiento partiendo de la realidad del hombre frente a la circunstancia. No cosa de magia, adivinación o milagro, sino quehacer laborioso de la inteligencia creadora.

IV

«La gran conquista filosófica de nuestro tiempo es la posesión del método».

E. J. VARONA.

EL METODO O LA VERDAD COMO RELACION

1880 es un año de extraordinaria significación en el proceso de la cultura cubana. Inicia entonces Enrique José Varona la primera serie de sus *Conferencias Filosóficas*, dedicadas a la *Lógica*, en cuyo pórtico el pensador camagüeyano escribe esta dedicatoria sencilla en que vibra el alma del educador: «A la juventud cubana, en cuyo corazón deseo fervorosamente que jamás se extinga el amor a la ciencia que conduce a la posesión de sí mismo y a la libertad».

La juventud cubana debiera consultar con frecuencia la *Lógica* de Varona, porque es un libro claro y luminoso, el documento más sagaz que se ha escrito en nuestro país para enseñar a pensar, para adiestrar en las técnicas que conducen al verdadero conocimiento.

Comienza Enrique José Varona por exponer ante el selecto auditorio que asistía a sus cursos un panorama crítico de las ideas filosóficas de la época. Analiza las corrientes trascendentales del pensamiento, los criterios empíricos y la filosofía crítica de Kant, del cual afirma que es «el pensador que ha llevado a cabo la revolución más completa de que tenemos noticias en el mundo filosófico». Señala la importancia de las escuelas fenomenalistas y viene en seguida a detenerse en los pensadores cubanos que, desde los principios del pasado siglo, difundieron enseñanzas del más alto valor doctrinal. A Félix Varela lo considera como el maestro que hizo posible que Cuba pasara «de las tinieblas de la escolástica, ya caduca, a la plena luz de la filosofía moderna». Y de José de la Luz y Caballero afirma que fue «el escritor de más vasta erudición filosófica, el pensador de ideas más profundas y originales con que se honra el Nuevo Mundo».

¿Cuál es el propósito fundamental de las Conferencias de Varona? No pretende, según él mismo confiesa, enseñar una filosofía, sino buscar el método más seguro para la pesquisa del conocimiento y la verificación de la verdad; la preocupación por el método constituye la meta central de sus investigaciones, porque «el espíritu humano podrá diversificar hasta lo infinito sus concepciones, pero en su modo de funcionar tiene que ser fundamentalmente idéntico». El método nos pondrá en el camino que conduce al hallazgo de la verdad.

Plantéase entonces Varona el problema del conocimiento. ¿Por qué busca el hombre la verdad? ¿Qué es la verdad? Sus lecciones de Lógica constituyen una respuesta muy certera y sagaz a estas inquietantes preguntas, que conmueven las esferas filosóficas desde los albores de la cultura helénica. Para Varona, la verdad no está en la sensación ni en la razón, en el objeto o en el sujeto aisladamente, es decir, ni en el materialismo ni en el idealismo.

El hombre busca la verdad ansiosamente, porque necesita de ella para adaptarse al mundo que le rodea y para conocerse a sí mismo. No es un ocio especulativo, sino un imperativo vital. Situado en un medio determinado, el sujeto recibe los estímulos externos, ante los cuales ha de reaccionar adecuadamente si no se resigna a perecer. El espíritu es el instrumento del cual nos valemos para representarnos al mundo externo. La verdad consiste en la relación correcta que se establece entre el sujeto y el objeto. «No hay —enuncia Varona— verdades materiales ni verdades racionales; toda verdad es ambas cosas a la vez o no es nada; el criterio no está en el empirismo ni en el idealismo, está en la verificación repetida de las construcciones ideales por su aplicación a los elementos materiales».

He aquí el fundamento más constante y profundo en que descansa el criterio filosófico de Enrique José Varona. La verdad es una relación, en que el espíritu actúa como instrumento y la experiencia como prueba definitiva. No hay conocimiento posible fuera de esta síntesis irreductible en que el mundo externo y el de la conciencia concurren al establecimiento de las condiciones que son indispensables para la certeza.

Entre las propiedades del conocimiento, se encuentran las de distinguir y asemejar. Mediante la primera, el yo se da cuenta de lo que es externo y diverso de él y percibe a su vez las diferencias entre los objetos físicos. La semejanza es el poder del espíritu de agrupar los hechos que guardan similitud ante la conciencia. De ahí que conocer un hecho, según postula Varona, «es distinguirlo de todos los hechos diferentes e identificarlo con todos los hechos semejantes». Vemos así cómo opera siempre la radical relatividad del espíritu.

Hay dos medios de conocer la verdad: por relación directa del sujeto con el objeto, o intuición, y por representación mental o inferencia. Todo aquello que ha ocurrido sin nuestra inmediata participación, lo conocemos por inferencia. Un olor peculiar, por ejemplo, nos lleva a la conclusión de que un mueble ha sido barnizado recientemente y nos representamos en el espíritu una verdad cuyo objeto no está presente.

La mayor parte de la *Lógica* de Varona se dedica al estudio de la inferencia mediata, en su forma inductiva. La inducción consiste, para el pensador camagüeyano, en concluir que lo verdadero en un caso particular, será verdadero en todos los casos que se asemejen al primero. Se trata de un proceso de generalización, que se hace posible en virtud de la evidencia que tenemos de la uniformidad de la naturaleza, o al menos de la serie de uniformidades que ella ofrece. La inducción es el gran camino que ha hecho posible el avance del conocimiento, al convertir en leyes las relaciones más constantes observadas en los fenómenos. Entre esas relaciones, figuran fundamentalmente las de causa, es decir, los antecedentes que entran en la aplicación y producción de los hechos de la naturaleza y del espíritu.

Formulada la ley inductiva, ésta ha de aplicarse después a los casos particulares y ha de verificarse por último en la experiencia, que da fe de su validez final. Varona dedica varios capítulos de su *Lógica* al estudio y explicación de los métodos experimentales del conocimiento: el de concordancia, el de diferencia, el doble método de concordancia y diferencia, el de variaciones concomitantes y el de los residuos. Considera también los errores y deficiencias a que puede llegarse por ese camino, señalando la confusión en las causas o la mezcla de los efectos, para concluir que el método científico surge de la combinación de los métodos inductivo y deductivo.

La conclusión fundamental de la *Lógica* de Varona radica, como puede advertirse, en la consideración del conocimiento como una síntesis o relación del mundo externo y la conciencia. El espíritu actúa entonces no como una entidad metafísica y trascendental, sino como un instrumento que reconstruye las experiencias y fija sus relaciones. En la primera fase del conocimiento, observa los hechos, descubre después las leyes a que obedecen, mediante un proceso de generalización, y por último las verifica o comprueba en la experiencia. De este modo, puede afirmar Varona que el espíritu comienza en la naturaleza y vuelve a la naturaleza.

Su escala del conocimiento no pretende perderse en los espacios celestes, sino facilitar la ascensión del espíritu sin perder el contacto con el suelo firme. La *Lógica* de Varona no se convierte en servil instrumento de ningún sistema filosófico, sea empírico o idealista; busca el método que haga posible la aproximación a la verdad, ya que no su conquista definitiva, y ofrece el resultado de sus investigaciones a la juventud cubana, para orientar sus pasos hacia una vida de libertad creadora.

V

> «El hombre es la medida de todo».
> PROTÁGORAS.

EL MUNDO DEL ESPIRITU

Las conferencias de *Lógica* fueron las más estrictamente filosóficas de las lecciones de Varona. Hay en ellas el examen y fijación de los principios en que se fundamenta todo su pensamiento, su teoría del mundo como síntesis radical del hombre y la realidad externa. La *Psicología*, que ya es un tratado científico, parte de esa concepción, a la cual ajusta su método de trabajo.

A una metafísica del alma estaba sucediendo, en la época en que Enrique José Varona explica sus cursos de Filosofía, una ciencia del alma. Es el momento en que la Psicología se emancipa de su vieja servidumbre y toma categoría de ciencia independiente, con sus técnicas propias de investigación.

Varona, al tanto de todas las corrientes contemporáneas de la cultura, se sitúa sagazmente en esa dirección. Atribuye a la Psicología el estudio de la experiencia inmediata del sujeto, aquélla que se verifica en la conciencia. No considera el espíritu como una entidad sobrenatural y divina, ni tampoco como un órgano específico, sino como una actividad en la cual se realiza el enlace entre los dos mundos de la realidad. El fenómeno psíquico es para Varona una sucesión de percepciones y representaciones, un flujo incesante de la conciencia ante los estímulos exteriores y las íntimas modificaciones del sujeto.

La experiencia que es asequible al hombre tiene dos formas de influir y actuar sobre él: de un modo inmediato, cuando opera en su propio organismo, y de manera mediata, cuando llega de fenómenos exteriores de que tiene conocimiento por medio de los sentidos. Es así que al estudiar los fenómenos psíquicos, hay que tener en cuenta no sólo su aspecto subjetivo, sino también los estímulos objetivos y concomitantes orgánicos que intervienen en la totalidad del acto del conocimiento.

Varona se pronuncia, por tanto, contra el uso exclusivo del método introspectivo o del método somático en el estudio de la ciencia psicológica. Cree necesario combinar los dos procedimientos para abarcar la realidad en una forma completa y descubrir las leyes que rigen las infinitas relaciones del sujeto con el objeto.

Fiel a esta concepción, Varona rechaza la antigua teoría atomística de las facultades mentales y considera el acto psíquico como una unidad, en la cual pueden observarse tres fases: relación de un objeto con un sujeto; modificaciones en el sujeto; y reacción de éste sobre el objeto. La distinción de estos tres momentos sólo es posible por un esfuerzo de abstracción, que facilita el estudio analítico de los fenómenos mentales, aunque en la realidad se confundan esas tres fases del conocer.

Podemos considerar una primera serie de fenómenos subjetivos, aquéllos que corresponden a la comunicación del objeto con el sujeto, relación que se establece a través de los sentidos. Esto lleva al estudio de las sensaciones, que ocupa una gran parte de la *Psicología* de Varona.

La combinación de sensaciones da origen a otro grupo de fenómenos de la conciencia: los de la percepción, que es el momento, según explica el sabio cubano, en que reaparece en la conciencia el elemento objetivo y referimos las modificaciones subjetivas a agentes exteriores a nuestro yo. El primer acto de nuestra mente ha tenido que ser una percepción, porque no hay conciencia sin la distinción plena del sujeto y del objeto.

Toda percepción va dejando un sedimento en nuestro espíritu y en determinadas ocasiones puede volver al campo de la conciencia o combinarse con otras, para producir los fenómenos de las imágenes o representación. Estamos aquí ante una de las más importantes manifestaciones de la actividad psíquica, que hace posible el maravilloso engranaje de las ideas, la reflexión y la memoria, lo que constituye el mundo luminoso de la inteligencia.

Conjuntamente con los anteriores, se producen los fenómenos de la sensibilidad, que incluyen, en forma de sentimientos y emociones, las respuestas del organismo ante la impresión placentera o dolorosa causada por los estímulos al proyectarse en la conciencia.

Sensibilidad, inteligencia y las tendencias innatas que operan en el fondo de cada ser van a traducirse, en definitiva, en acción del sujeto frente al objeto que lo solicita. «Tan diversas funciones —dice Varona— no son sino momentos correlativos de una actividad en ejercicio; todo viene a resolverse en una determinación interna que se traduce al exterior por un acto».

El estudio de estos fenómenos y de sus concomitantes orgánicos, a lo cual se aplica la *Psicología* de Varona, lleva al descubrimiento de sus características más importantes y a la formulación de las leyes que los rigen. Entre ellas, la fundamental es la del ser, que se expresa así: retener lo provechoso, repeler lo dañoso en cuanto es posible con el menor gasto de esfuerzo, de donde se derivan las leyes de herencia, adaptación y del menor esfuerzo. Aplicadas a los casos concretos de la sensibilidad, las ideas y la actuación, dan origen a las leyes especiales que estudia la *Psicología*.

Después de recorrer la actividad psíquica en toda su trayectoria, desde el estímulo que modifica el sujeto hasta la reacción de éste sobre el objeto que lo solicita, Varona se plantea, ya al final de su *Psicología*, el problema de la libertad moral. ¿Es la persona libre para determinarse? Varona considera que toda decisión de sujeto está precedida de un período de deliberación, de un conflicto de motivos, en el cual el más poderoso determina la acción. Pero lo difícil resulta conocer el motivo de más fuerza, porque ello depende del carácter del individuo, de sus hábitos y contextura moral.

La única manera de asegurar la libertad del hombre es enriqueciendo su conciencia, de modo que al determinarse, no actúe ciega y automáticamente, sino con conocimiento amplio de las consecuencias posibles de su conducta. He aquí el papel que corresponde desarrollar a la educación. «El hombre no es un autómata —expresa Varona— mas para no serlo, necesita cultivar tanto la inteligencia como el sentimiento. La educación es su verdadera redentora».

En definitiva, Varona llega a la conclusión de que el hombre no es libre, pero que se hace libre. Mediante el cumplimiento del mandato moral, mediante la integración del carácter, el hombre puede liberarse de las pasiones inferiores, para realizar un noble programa de vida, en beneficio de sí mismo y de la sociedad. La gran tarea de la educación consiste en liberar las conciencias. La Psicología no es, en última instancia, sino un instrumento científico al servicio de la educación.

VI

«Querer hacer lo que se debe hacer».
E. J. Varona.

MORAL Y SOCIEDAD

Al exponer sus lecciones de *Moral*, Varona emplea el método inductivo. Estudia los hechos de la colaboración humana en sociedad, cómo surgen y qué factores intervienen en ellos, para llegar a la conclusión de que los principios morales constituyen una consecuencia de la necesidad del hombre de convivir con sus semejantes.

La conciencia moral es así un resultado de la experiencia alcanzada por el hombre de que, mediante la cooperación inteligente y el ajuste social, puede realizar mejor los fines de la convivencia, lo cual lleva a Varona a la afirmación de que el hombre es moral porque es sociable, principio en el cual considera que descansa toda la ciencia y el arte de la ética.

Dedica Varona gran parte de su primera lección de *Moral* a demostrar que los actos morales no surgen sino cuando ya están avanzadas las formas de asociación, lo que le lleva a esta otra consideración: a medida que la asociación evoluciona y se completa, la moralidad progresa también. Desciende hasta los seres inferiores de la escala zoológica, para comprobar que ya en ellos se advierte alguna forma de cooperación, sobre todo en la unidad sexual y el cuidado de la prole. Pasando después a las sociedades humanas, advierte en la horda primitiva una conciencia social aún muy rudimentaria, que se manifiesta con mayor intensidad en los casos de peligro o a través de la unión temporal de los individuos de ambos sexos.

Pero a medida que se organizan estas sociedades primarias

ENTREGA DEL JUSTO DE LARA

El profesor José R. Hernández Figueroa, en nombre del jurado calificador, entrega a Ernesto Ardura, en un acto efectuado en los salones del Vedado Tennis Club, el diploma con motivo de haber obtenido el premio Justo de Lara (1954), por su artículo titulado «Oración en Silencio». En la foto aparecen también los miembros de la gerencia de «El Encanto», Joaquín Díaz del Villar y Dr. Humberto Solís, el presidente del Club de Leones Dr. Emilio Marill, el Dr. Roberto Fernández Hermo y el periodista Angel Gutiérrez.

FESTEJAN A ESCRITORES

Almuerzo en el restaurante de Río Cristal (20 de febrero de 1954) para festejar a Félix Lizaso y Ernesto Ardura con motivo de haber obtenido el premio al mejor ensayo sobre José Martí en el centenario del Apóstol. De izquierda a derecha aparecen: Raquel Cuesta de Hernández Travieso, Roberto Esquenazi Mayo, Carmen Esquenazi, Jorge L. Martí, Himilce Estévez, Raoúl Alfonso Gonsé, María Ortiz de Martí, Jorge Mañach, José María Chacón y Calvo, Eduardo F. Lens, Ernesto Ardura, Félix Lizaso, Adria Ardura, Leví Marrero, Enriqueta Comas de Marrero, los padres de Ardura (Ernesto y María), Adela Jaume, Zoila Corominas.

y semisalvajes, surgiendo la división de funciones y el poder político en la persona del jefe de la tribu, comienzan a aparecer los principios morales, las virtudes que son necesarias para la conservación y el bienestar del grupo. Los sentimientos altruistas van acrecentándose por la influencia de los diversos vínculos sociales: familia, ciudadanía, nacionalidad, religión, lengua, hasta llegar a las complejas estructuras morales de las modernas sociedades. Todo ello confirma la apreciación de Varona en el sentido de que la moral depende de la sociología y que ésta ha de ofrecer los principios fundamentales en que ha de descansar aquélla.

No basta, sin embargo, la mera asociación de personas para que surja el factor moral. Este aparece en el momento en que hay conflicto de intereses y sentimientos, obligando al sujeto a una decisión. Entonces, su conducta será moral si va en provecho de sus coasociados, e inmoral en el sentido contrario. Aquellos actos que no producen provecho ni daño tienen la característica de indiferentes y no entran en el territorio de la Moral.

Considera Varona que la moralidad es un impulso a la acción, mediante la vida emocional. Fundamenta, pues, su criterio ético en la convicción de que el hombre busca el bien atendiendo a su propia constitución biológica y psíquica, en la cual actúan tendencias y sentimientos que lo impulsan hacia la vida de cooperación y la simpatía por los semejantes.

Tres órdenes de factores influyen sobre la conducta humana, según Varona, para determinar su mayor o menor grado de eficacia ética: los biológicos, psicológicos y sociales.

En cuanto a los primeros, se manifiestan a través de la herencia y la variabilidad. La herencia es la ley más general y misteriosa del mundo orgánico, que hace posible la transmisión de los caracteres de los ascendientes a los descendientes, tanto en el orden físico como moral. El fenómeno de la variabilidad hace referencia a cómo influyen sobre la conducta humana los factores ambientales, tales como el clima, los alimentos y otros, determinando modificaciones en el criterio moral. Cada sociedad posee su código de ética, ajustado a su peculiaridad y condiciones.

En el orden psicológico, el acto moral se presenta como un sentimiento que llega a convertirse en norma reflexiva. Los sentimientos egoístas y altruistas combaten en la conciencia de todo hombre, para determinar su mayor o menor sensibilidad moral. Si la generosidad, la justicia, el amor y el respeto a la ley triunfan sobre las tendencias de mero utilitarismo, tendremos una afirmación de los valores éticos. Pero esta lucha no es sólo en el orden afectivo. La inteligencia interviene también para modificar el temperamento del individuo y contribuir a la formación de su carácter moral.

Concede Varona a la inteligencia una participación de orden fundamental en la integración del carácter, afirmando que «la acción que se ejerce enriqueciendo, fortaleciendo y ejercitando la inteligencia es a la larga la más permanente y decisiva». Comprende que es una tarea difícil la de dominar el sentimiento por la inteligencia, pero a esa labor deben dedicarse los nuevos educadores.

Quedan después los factores sociales de la conducta moral, estudio que le sirve a Varona para precisar cómo influye el medio en la formación del carácter. Entre esos factores, figura en primer lugar la educación, que es uno de los instrumentos mejores con que cuenta el hombre para hacer posible el adelanto colectivo. Toda sociedad, por el hecho de serlo, ejerce siempre una acción educativa involuntaria sobre los miembros que la integran, mediante un proceso de trasmisión de experiencias de las personas más preparadas y cultas a aquéllas todavía inmaduras. Pero hay además la educación de tipo sistematizado que se ofrece en la escuela. Ya entonces la sociedad no se fía al influjo general del medio sobre el individuo y procura ejercer una acción más directa y eficaz, especializando la tarea de la enseñanza. El hombre no posee, según Varona, ningún instrumento semejante de perfeccionamiento, pero la dificultad estriba en que la educación de los pueblos no se encuentra, por lo general, bien organizada, y en que la educación refleja e indirectamente anula a veces, con sus ejemplos disolventes, la gestión de la escuela.

Hay otros factores sociológicos que influyen asimismo en la constitución moral del individuo, tales como la opinión pública, las costumbres, la ley y la religión. Estos dos últimos asumen gran trascendencia para Varona, «ya que la ley expresa y el mandamiento religioso ejercen su autoridad sin rebozo, presentándose a la conciencia como imposición y produciendo el sentimiento y el concepto de obligación». El espíritu se siente entonces dominado por el mandato imperioso del deber.

En definitiva, Varona va a hacer descansar su moral inductiva y evolucionista en la ley de la solidaridad, que es la forma que adopta el principio de relatividad cuando se aplica al examen de la experiencia sociológica. El hombre llega a adquirir conciencia de su dependencia con respecto al cuerpo social, se da cuenta de los vínculos que lo obligan con sus semejantes, sacrifica los impulsos de mero egoísmo, para contribuir, con su buena conducta, al mejor desenvolvimiento de la colectividad. De aquí nace el criterio de las acciones morales. «La moralidad —según el testimonio de Varona— supone y busca un estado de equilibrio entre las dos entidades en presencia; no sacrifica el individuo a la sociedad, pues el primero va a buscar en la segunda el medio apto para permanecer, crecer y reproducirse; ni pospone la sociedad al individuo, pues reconoce que éste es una unidad del gran todo, para el cual subsiste y a cuya formación concurre».

La moral de Varona está toda impregnada de sentido sociológico, porque no concibe el perfeccionamiento ético más que en función y servicio del medio. No se saca la moral de su propia cabeza de filósofo, sino que la deriva de la realidad histórica y la fundamenta en leyes formuladas inductivamente.

Pocos preceptos éticos recomienda Varona, ya que es opuesto a toda dogmática espiritual. Se limita, pues, a señalar, como fundamentales, los siguientes: no dañar, cooperar, hacer el bien. Mediante ellos se perfecciona la solidaridad entre los individuos y las agrupaciones humanas. Los pueblos que exhiben mayores progresos en el orden material y espiritual son aquéllos que han logrado vencer los instintos de agresión, para fundar la vida en prácticas de activa y fecunda cooperación encaminadas a la obtención del bienestar colectivo.

Varona confía en el triunfo final de la solidaridad humana. Entiende que las voluntades deben ser equipadas para esa empresa, mediante la acción combinada de los legisladores y educadores, y que la fórmula de la liberación moral ha de ser ésta: querer hacer lo que se debe hacer.

VII

> «No sé si los hombres llegarán a ser libres, pero sí sé que hay que enseñarlos a ser».
>
> E. J. Varona.

EL EDUCADOR

Creo que la silueta del educador es la que define con mayor justicia la personalidad de Enrique José Varona. No hay afán más constante y esencial en su vida ni actividad que responda mejor a su vocación. Si acumuló vastos conocimientos filosóficos y llegó a forjarse una imagen del mundo y del hombre, si hubo de disciplinar su espíritu en el rigor de una intensa búsqueda de la verdad, fue como una manera de iluminar el camino de todos. Puso siempre el caudal de su sabiduría al servicio de la sociedad cubana, desde la tribuna, la cátedra, la revista y el libro. Actuó en todos los momentos como un maestro adoctrinador de la conciencia nacional.

Su magisterio no se ciñó, desde luego, al ámbito estrecho de un aula, sino que quiso llevar las semillas del saber a los núcleos más amplios de la población, utilizando para ello todos los medios de divulgación intelectual. Estaba persuadido de que la historia no era ya menester de unos cuantos hombres providenciales, sino empresa colectiva del pueblo, para la cual debía prepararse. «La idea que todos los labios repiten —proclama el Maestro— y que todos los corazones reciben es la que transforma el mundo».

Conocía Varona y confiaba en la enorme influencia social de la educación, pero además, tenía una concepción muy sagaz del espíritu que debía animarla. Cuando Varona flagela la enseñanza colonial, mostrando sus deficiencias y atrasos, lo hace con pleno conocimiento de causa. No sólo tiende a destruir, sino que sabe con la mayor precisión qué puede hacerse con las instituciones docentes de Cuba, qué fines y contenidos ha de alcanzar la reforma. Así lo habría de demostrar, al presentársele la oportunidad de reorganizar, como Secretario de Instrucción Pública en la primera Intervención, el régimen de la enseñanza oficial.

La teoría educacional de Varona está implícita básicamente en sus conferencias de *Lógica, Psicología* y *Moral*. Pero además, hay numerosos artículos y trabajos diversos en que da a conocer, de modo específico, los criterios que sustancian su concepto de la educación.

Concepto Social de la Educación

Fiel a su reiterado criterio de que la vida humana exige una adaptación inteligente al medio cósmico y social, Varona asigna a la educación la tarea de realizar ese ajuste en la forma más plena y eficaz. Educar es preparar para la vida, poner al alumno en posesión de aquellas experiencias que le capaciten para ser un hombre útil y un ciudadano consciente, para alcanzar los altos fines del progreso individual y colectivo.

Se rebela Varona contra toda sumisión de la enseñanza a criterios absolutistas y dogmáticos. Concibe la educación como una institución social por excelencia, que hace posible la trasmisión de experiencias de unos individuos a otros, para que la humanidad se renueve sin perder sus adquisiciones de cultura y saber. Es la antorcha que pasa de generación a generación, alumbrado cada vez círculos más amplios.

Cualesquiera que sean las diferencias y diversidad de intereses entre las personas y grupos que constituyen una colectividad, hay vínculos comunes entre ellos, «grandes principios de armonía que los juntan, los fortifican y los hacen capaces de vencer cuantos obstáculos les salgan al paso». Entiende Varona que precisa unificar las conciencias y que «ésta es la obra suprema que, en cada sociedad, tiende a realizar y debe realizar la educación».

Las escuelas son, por tanto, fuerzas de cohesión social que trasmiten aquellos principios y experiencias capaces de mantener la unidad de las agrupaciones humanas. No quiere ello decir que todos los hombres han de saber las mismas cosas ni que han de recibir idénticos conocimientos, sino que mediante la enseñanza, estarán en condiciones de desarrollar sus capacidades en la forma más beneficiosa para ellos mismos y la colectividad.

«Un hombre —dice Varona en su artículo «Concepto Social de la Educación»— puede saber más que otro hombre, puede saber bastante más, mucho más; pero si ambos han sido educados de modo que sepan desarrollar todas las fuerzas virtuales que poseen en calidad de hombres, la sociedad les ha dado cuanto está obligada a darles, y ellos, a su vez, están en aptitud de resarcir plenamente lo que de la sociedad han recibido».

Varona llega a la conclusión en este brillante trabajo de que la educación completa es la que forma hombres completos. Es decir, que la acción social de la escuela ha de traducirse en caracteres aptos para una vida de plenitud.

Educación del Carácter

Define el sabio cubano con la mayor claridad su pensamiento pedagógico en el discurso que pronunciara en la inauguración del curso académico de la Universidad de La Habana, en el año 1903. Es un documento terso y profundo, que debiera figurar como un magno programa de nuestro régimen docente.

Varona le asigna a la educación una finalidad eminentemente formativa. «Su más alta incumbencia —afirma— consiste en formar hombres cada vez más aptos para realizar la plena vida humana y más capaces de asegurar al país condiciones favorables al desarrollo armónico y continuado de sus elementos de bienestar, cultura y moralidad superior».

La educación adquiere en Varona un sentido vital, que aspira a influir de modo decisivo en la conducta del alumno. No le basta con trasladar conocimientos teóricos y verbales, sino que desea que las instituciones docentes de Cuba respondan a su misión esencial de formar hombres aptos para una vida de superación.

Se advierte en Varona, a través de su magnífico discurso de apertura del curso en la Universidad, que su máximo interés consiste en que las escuelas capaciten al ciudadano para una existencia responsable y digna. Constata que el niño y el adolescente son cada vez más libres, como una consecuencia del ascenso y perfeccionamiento de la sociedad democrática.

Pero ello exige a su vez un aumento del sentido del deber, para que la libertad no se malogre. «La tarea de la educación —señala Varona— tiene que ser, no puede ser otra, que plegar y sujetar los niños y los adolescentes a la disciplina necesaria para que se aclare y afirme en ellos el sentimiento de su dignidad y responsabilidad y se robustezcan los resortes de su ser moral». Toda la educación, desde la escuela de párvulos a la Universidad, ha de estar preparada para esa importante tarea.

No debe haber miedo, según el criterio de Varona, a que la libertad espiritual extravíe al alumno, siempre que se le proporcione al mismo tiempo un ámbito moral capaz de formar su personalidad para la vida de la cooperación y la solidaridad. Señala, por tanto, la importancia de que el estudiante se someta a las reglas de la institución docente y del cuerpo social, para llegar a lo que él denomina la libertad en la obediencia.

El primer paso para la formación del carácter moral en la juventud ha de consistir en la adhesión racional al imperio de las reglas establecidas. «Fuera de la disciplina —expresa el sabio cubano— no queda sino el desenfreno del individualismo egoísta, enemigo y destructor al cabo de sí mismo».

A su vez, el estudiante debe hacer el aprendizaje del hombre sociable, adquiriendo los hábitos de cooperación que facilitan el desarrollo y adelanto de una colectividad. El hombre moralmente útil no puede vivir aislado, no debe vivir aislado. De ahí que convenga al estudiante asociarse y reunirse para todos los fines lícitos de la cultura y el recreo. Así se realiza en las grandes universidades modernas, aunque en la de La Habana, a pesar de los valiosos consejos de Varona, no se le ha prestado gran atención a esta misión de la Universidad de promover la cooperación social. No extraña, por tanto, que sus graduados no sean, sino en una pequeña proporción, los ciudadanos ejemplares que debieran ser.

La educación ha de tender, por otra parte, al más pleno desenvolvimiento de la inteligencia individual; en vez del dogmatismo y la rutina de las viejas escuelas, es necesario que la enseñanza moderna prepare al alumno para pensar por sí mismo, «a fin de que el pensamiento sea guía para la vida».

Hombres educados en la libertad, la disciplina, la cooperación y el cultivo de la inteligencia serán, por su temple moral, ciudadanos singularmente útiles y valiosos, capaces de «engrandecer el alma y dignificar el carácter del pueblo cubano». No basta para Enrique José Varona una promoción de hombres cultos, sino de hombres integralmente dotados para ser ejemplo y emulación de la sociedad. Es ésta la fundamental tarea que debe realizar la educación nacional.

El discurso de apertura del curso universitario de 1903 es un documento admirable, por la certera orientación que lo inspira y por el dominio que revela de las cuestiones fundamentales que integran el contenido de la filosofía de la educación.

Exámenes, Método y Programa

Pero al mismo tiempo que cambiar el espíritu de la educación, había que renovar las formas de la enseñanza, los métodos pedagógicos anticuados que habíamos heredado del régimen colonial. Así, por ejemplo, en el caso de los exámenes, que se celebraban con carácter público y que tenían una importancia mayor que la propia adquisición de conocimientos. «El examen —escribe Varona— pesa sobre toda la enseñanza como una obsesión, perturbándola, deformándola y desmoralizándola».

Con su sagacidad característica, Varona se encarga de explicar que no se aprende para contestar, sino para saber, dándose el caso de que hay muchos que no pueden contestar y saben, mientras que hay otros que pueden contestar y no saben.

La única manera de percatarse de lo que otra persona sabe es ver cómo aplica sus conocimientos. Los exámenes apenas sirven para esto; por lo que entiende Varona, que en vez de este sistema torturante para el alumno, era mejor que los maestros e inspectores midiesen las reales condiciones del educando a través del trabajo cotidiano en el aula.

Los inspectores escolares son, para Enrique José Varona, los maestros de los maestros, inspiradores de la labor docente y testigos de sus resultados, «los verdaderos jueces de la aptitud y el mérito de los maestros y del aprovechamiento de los educandos».

En cuanto al método del aprendizaje, Varona se opone a

todo lo que signifique enseñanza memorística y rutinaria, entendiendo la educación como empresa de inteligencia y experimentación, no pasiva repetición de conceptos. En su artículo titulado «El Dr. Johnson en la Universidad», publicado en la *Revista Cubana*, Varona formula una severa crítica contra el sistema libresco y verbalista de la enseñanza. «Aquí se estudia de todo —expone— y a fondo casi no se sabe nada. Escribimos de historia sin documentos, de política sin estadísticas, de antropología sin haber cubicado jamás ni haber visto quizá un goniómetro».

Frente a ese absurdo de la rutina imperando como suprema ley, Varona aboga por una enseñanza auxiliada por el laboratorio y la investigación, que actúe sobre las realidades de la vida y no sobre fantasías dialécticas. Sólo experimentando puede llegarse a contar con los elementos para la reconstrucción mental del mundo y del hombre, es decir, para el avance de las ciencias y el progreso general.

En lo que se refiere al programa, Varona se identifica con las corrientes pedagógicas más modernas, manifestándose a favor de la libertad de enseñanza. Entiende que no hay ninguna materia del conocimiento que se preste a una división rígida en partes proporcionales y que el programa es enemigo jurado de toda libertad y de todo interés.

El origen del mal está en que se estudia para examinarse, convirtiendo lo accesorio en fundamental. El resultado de una educación tan absurdamente establecida es que el alumno sólo aprende nociones verbales y memorísticas, palabras que luego se olvidan con la mayor facilidad, porque no responden a un objeto real.

Estas críticas de Varona contra el examen y los métodos trasnochados de enseñanza tienen aún plena validez, pues en muchos de nuestros centros docentes persisten las viejas prácticas que adulteran e invalidan el contenido de la empresa educativa.

Todavía estamos en gran medida bajo la influencia omnímoda del programa, los exámenes y los métodos verbalísticos del aprendizaje. Todavía son actuales y atinentes aquellas certeras palabras del Maestro: «He pensado que nuestra enseñanza debe dejar de ser verbal y retórica, para convertirse en objetiva y científica. A Cuba le bastan dos o tres literatos; no puede pasarse sin algunos centenares de ingenieros. He pensado que a nuestros escolares convenía leer menos y observar más, comparar más, meditar más; en una palabra, interrogar más a la naturaleza que al maestro.»

Concepto del Maestro

Para Varona, el maestro no es el mero divulgador de conocimientos, sino un guía del niño y de la sociedad. El mejor maestro, como el mejor guía, será aquél que haya explorado más y que haya descubierto más amplios horizontes.

Entiende Varona que el maestro se forma sustancialmente en el aula y que no basta con que conozca el programa. Lo que debe saber muy bien es cómo enseñar las pocas materias fundamentales en que descansa la preparación del niño y del adolescente para la vida.

El maestro requiere, para que su tarea sea más eficaz, contar con pocos alumnos y que no se le remueva del lugar donde enseña, porque la primera condición de una enseñanza valiosa consiste en conocer bien al alumno y cuanto se halle en contacto con él.

El magisterio debe ser una dedicación integral, no una ocupación transitoria para ganarse la vida. «He pensado —escribe Varona al explicar sus planes de reforma docente— que nuestros profesores debían ser solamente profesores y serlo en el sentido moderno: hombres dedicados a enseñar cómo se aprende, cómo se consulta, cómo se investiga; hombres que provoquen y ayuden el trabajo del estudiante; no hombres que den recetas y fórmulas al que quiera aprender, en el menor tiempo, la menor cantidad de ciencia, con tal de que sea la más aparatosa. Hoy, un colegio, un instituto, una universidad, deben ser talleres donde se trabaja, no teatro donde se declama».

Sin embargo, todavía nuestras escuelas, institutos y universidades suelen ser teatro donde se declama, y no talleres de esforzada labor, del mismo modo que los profesores acostumbran atender a tantas ocupaciones, que olvidan e inferiorizan la honrosa y digna del educador.

PROBLEMAS DEL NIÑO

Varona quiere el mayor respeto para la niñez y, al mismo tiempo, la más cuidadosa atención a sus problemas. En el artículo titulado «Juegos de la Infancia», que aparece en la forma de una carta enviada por el filósofo a su sobrina, Sra. Ezequiela Lerma de Prats, advierte la dificultad de hacer del niño un hombre. Señala que la gran ocupación del niño, a la que se entregan todas las fuerzas inconscientes de su organismo, es la de crecer, para lo cual no sólo se requieren una completa nutrición y respiración abundante, sino el ejercicio que ayude al crecimiento de los óganos. Los juegos constituyen, por tanto, parte fundamental en la vida del niño.

Es indispensable que la infancia tenga oportunidad de emplear sus energías en los más variados juegos y actividades. La función de los padres ha de reducirse, en este aspecto, a observar y vigilar los juegos infantiles, para procurar de modo indirecto que practiquen aquéllos que sean más favorables desde el punto de vista higiénico, al poner en ejercicio mayor número de órganos y vigorizar los más débiles.

Entiende Varona que «nos mata la precocidad» y que la salvación está en prolongar la infancia, prestándoles el mayor cuidado a los ejercicios físicos y a la educación moral del niño.

Se pronuncia asimismo contra el exceso de autoridad de los padres y quiere que la educación haga al niño sentirse dueño de sí, para que desenvuelva sus propios impulsos. Los educadores de hoy no podrían añadir una sola línea a este certero postulado pedagógico.

Como que la función social del niño es hacerse hombre, hombre completo en lo físico y espiritual, hay que dar tiempo al desarrollo. De ahí que a Varona le preocupe sobremanera el trabajo prematuro en la infancia. «El trabajo de los niños —escribe el filósofo— es la verdadera maldición de los pueblos modernos y a la par, la mancha más negra de la civilización actual». Hacia los principios de la República, como una consecuencia de los desastres del régimen colonial, una cuarta parte de la población infantil se veía obligada a contribuir con su trabajo a la subsistencia de sus respectivas familias. Contra ello, Varona no advierte más que esta solución: aumento del bienestar general del país y cumplimiento de la ley que impone la asistencia obligatoria a clases. Había que salvar, en sus mismas raíces, la vitalidad de la Nación.

Otra cuestión que preocupa a Varona es la educación de las niñas, pues entiende que éstas deben tener acceso a una instrucción secundaria y superior adaptada a sus condiciones y peculiaridades. No es partidario de que reciban los mismos conocimientos que el hombre, sino aquéllos que puedan serles más útiles, de acuerdo con las tareas y funciones que han de realizar en la sociedad. En su artículo titulado «Las Niñas en la Segunda Enseñanza», y en su conferencia sobre «La Educación de la Mujer», Varona expone aquellos principios y direcciones pedagógicas que, a su juicio, deben entrar en la preparación de la mentalidad femenina.

LA REFORMA DOCENTE DE VARONA

Uno de los empeños más altamente constructivos realizados en Cuba, a través de su historia, es la reforma educacional llevada a cabo por Enrique José Varona, al actuar de Secretario de Instrucción Pública durante el primer gobierno interventor.

El gobierno del general Leonardo Wood, que rindió muy notables servicios a Cuba, dividió sus actividades en dos direcciones básicas: educación y salubridad. En ambos aspectos realizó una obra civilizadora de alta significación nacional.

Correspondió a Enrique José Varona la extraordinaria responsabilidad de dirigir y orientar la gestión educativa de aquella administración. El resultado de esa labor, para la cual contó con colaboradores cubanos y norteamericanos, puede constatarse por los datos siguientes:

Al cesar el régimen colonial en Cuba, había un índice de analfabetismo ascendente a las dos terceras partes de la población total de la Isla. Sólo 34,579 niños asistían a las escuelas públicas, en un país de millón y medio de habitantes. Para las atenciones docentes, contábamos con 800 maestros. El presupuesto destinado a instrucción pública se elevaba a la irrisoria cifra de $182,000.

Dos años después de haberse iniciado la gestión de Enrique José Varona como Secretario de Instrucción Pública, los alumnos que asistían a las escuelas del Estado llegaron a la cifra de 172,273, es decir, cinco veces más que durante las postrimerías de la Colonia, para la enseñanza de los cuales el Gobierno disponía de 3,613 maestros. El promedio de asistencia a clases era del 71,60 % de los alumnos matriculados. Todo ello elevó los gastos educacionales del Estado a poco menos de tres millones de pesos anuales, cifra realmente astronómica comparada con la que el régimen colonial dedicaba a ese menester.

Pero no se limitó Varona a extender cuantitativamente el radio de la enseñanza primaria por todo el país, sino que trató a su vez de mejorar su calidad técnica. Abriéronse seis escuelas normales de verano para la preparación del magisterio y se ofrecieron cursos pedagógicos en poblaciones importantes de la Nación. Coincidió con ello la visita a la Universidad de Harvard, respondiendo a la invitación de este prestigioso centro cultural, de más de mil maestros cubanos, que disfrutaron de cursos especiales de verano sobre materias docentes.

En el orden de la enseñanza superior, Varona acometió asimismo una honda labor transformadora. Reformó el plan de estudios de la Universidad, abriendo nuevas carreras con la finalidad de ensanchar los horizontes culturales del pueblo cubano y preparar los hombres de ciencias que necesitaba el país. Creó dos escuelas dedicadas a los altos estudios especulativos: la de Filosofía y Letras y la de Ciencias, así como nueve escuelas más para la enseñanza profesional: las de Pedagogía; de Ingenieros, Electricistas y Arquitectos; de Agronomía, de Medicina, de Farmacia, de Cirugía Dental, de Derecho Civil, de Derecho Público y Notariado.

Al mismo tiempo, para que la reforma alcanzase también a los métodos de enseñanza, renovó y amplió el material científico de la Universidad, dotándola de laboratorios de que antes carecía. Trató asimismo de vincular al profesor a la cátedra y de suprimir el anticuado sistema de conferencias de clase.

La reorganización incluyó, como era insoslayable, la segunda enseñanza. Estableció Varona un nuevo plan de estudios para los institutos, modificó el sistema de los exámenes y trató de cambiar por completo la forma de la enseñanza, de modo que ésta fuera objetiva y experimental, para que el alumno, en vez de limitarse a leer y oír, aprendiera a trabajar e investigar personalmente.

Se le ha criticado a Varona que suprimiera del plan de estudios de los institutos la enseñanza del griego y del latín. Hay en esa actitud una gran incomprensión hacia el sentido social de la reforma docente implantada por el pensador cubano, quien pretendía que la educación respondiese a las necesidades nacionales, en el preciso instante en que el pueblo comenzaba a disfrutar de un régimen de libertad. Una enseñanza meramente literaria y formal nada podría ayudar a tan importante y urgente finalidad.

A las objeciones formuladas, respondió Varona que «la enseñanza clásica preferida a la enseñanza científica significa la imitación preferida a la observación directa. Los problemas que tenemos delante son vitales; no es con la imaginación y el buen gusto con los que se abordan victoriosamente, sino con el cálculo, la previsión, el manejo de los instrumentos, la aplicación de las máquinas y la consulta de las tablas estadísticas».

Otro empeño de Varona fue el de suprimir los programas en las asignaturas de la segunda enseñanza, por cuanto tendían a convertir la tarea docente en una función mecánica. Quería que el profesor disfrutase de la mayor libertad en la explicación de sus materias.

Como puede advertirse, la finalidad fundamental de esta reforma, que se extendió también a las escuelas secundarias especiales, era la de dotar al pueblo cubano de los conocimientos teóricos y técnicos indispensables para el progreso social y la explotación, mediante el trabajo, de la riqueza insular. Cuba necesitaba ingenieros y hombres de ciencias, más que literatos. Y para que el país pudiese avanzar en el proceso civilizador, las escuelas e instituciones debían ponerse al servicio de Cuba. Ese es el espíritu de la reforma docente de Varona.

VIII

POLÍTICA Y NACIÓN

> «Si hay redención para el mal que impera sobre el mundo, está en la libertad que hace dignos, y por tanto superiores al dolor, a los hombres y los pueblos».
>
> E. J. Varona.

A pesar de que Enrique José Varona no fue lo que pudiera llamarse un temperamento político, pues su reino no era el de los partidos, sino el de las ideas, mantuvo una gran preocupación por los problemas de Cuba e intervino constantemente, con actuaciones del más brillante y valioso carácter, en la defensa de los derechos y aspiraciones esenciales de la nacionalidad.

No fue Varona un político al uso, sino un patriota que llevaba a Cuba, como una bandera de ideales, en lo más hondo de su corazón. Si le faltó el control de las asambleas y el manejo de hombres, le sobraron en cambio pensamientos y orientaciones para iluminar el camino de su pueblo y señalar, con el sentido más responsable, las rutas a seguir.

Al revisar los escritos políticos de Varona, no se advierte en ellos nada de cálculo sectario o de estrategia para ganar votos. Son documentos henchidos de sustancia ideológica, penetrados de la angustia cubana, profundamente certeros en el enfoque y sabrosamente galanos en el estilo. Un hombre que concurría al terreno del deber, pero que en vez de recrearse en el griterío y la demagogia, trataba de alzar el debate al plano de las más nobles preocupaciones doctrinales. Ni aun en los menesteres más rudos de la polémica y de la militancia por nuestra libertad, dejó de conservar aquella elegancia superior del espíritu, aquel dominio de sí mismo que le daba el aspecto de una serenidad radical e imperturbable.

Varona no tenía, como José Martí, temperamento de apóstol. Su función era la de arrojar luz y preparar las conciencias para el ejercicio responsable de la ciudadanía. Estaba llamado a continuar la senda de Luz y Caballero, y llegó a ser el exponente más cabal de la cultura cubana del pasado siglo, rematando una gloriosa tradición intelectual y abriendo los horizontes de los nuevos tiempos.

En el prólogo de su libro *De la Colonia a la República*, editado en 1919, Varona escribió: «Cuarenta años hace que empecé a tratar en público las materias que se relacionan con el desenvolvimiento de nuestro pueblo». Todavía viviría catorce años más, vigilante siempre del destino nacional. Es decir, más de media centuria bregando por Cuba, ocupándose de sus problemas fundamentales para indicar las vías mejores del adelanto público y del progreso espiritual.

Estado, Sociedad y Derecho

Durante esa larga trayectoria cívica, Varona se mostró siempre un celoso defensor del sistema democrático, para el cual quería preparar adecuadamente a la ciudadanía. Concebía el Estado como órgano encargado de realizar la justicia, de acuerdo con Platón. Para Varona, la función verdadera del Estado era la constitución del derecho.

¿Para qué y por qué existe el Estado? Varona se encarga de explicarlo con estas certeras palabras: «Para dar forma y cuerpo y vida a esta idea superior de la igualdad de los asociados como seres activos, a cuya acción no deben poner trabas artificiales; como inteligencias, libres para inquirir en todas direcciones la verdad; como entes morales, cuya dignidad no debe rebajarse ni menoscabarse con ningún privilegio de exclusión, se ha constituído el Estado, que en su aspecto jurídico mantiene la justicia y en su aspecto político el derecho».

Varona sustenta ampliamente la concepción del Estado como órgano de derecho, es decir como instrumento de la sociedad democrática, frente al criterio del Estado absolutista y dictatorial, al servicio del privilegio y la violencia.

Entiende, por tanto, que la función del gobernante ha de consistir en aplicar y hacer cumplir la ley, a la cual define, siguiendo a Aristóteles, como «una inteligencia sin pasiones». Quiero ello decir que la acción del Estado no ha de motivarse en factores emocionales o ideas dogmáticas, sino en elementos racionales libremente discernidos, para facilitar el bienestar y la justicia en las relaciones sociales. El Estado es el gran órgano de la igualdad de todos los seres ante el derecho, y los gober-

Elena Mederos.

nantes son los encargados de hacerlo funcionar en provecho de la colectividad, sin privilegios ni exclusivismos sectarios.

Examen del Régimen Colonial

En diversas ocasiones enjuició Varona el estado de Cuba durante el régimen de la Colonia. Sus conclusiones fueron del más severo carácter. Varona sostenía el radical fracaso de España como nación colonizadora y en dos conferencias pronunciadas en el Steinway Hall, de Nueva York, adujo los numerosos argumentos sociológicos en que apoyaba su apreciación.

El caso de Cuba era sólo un capítulo de esa historia de errores y de horrores, el último capítulo de una empresa de arrojo y audacia, pero huérfana del más elemental sentido político. España no supo organizar ni la economía, ni la cultura, ni el transporte de sus colonias y no llegó a comprender las aspiraciones de libertad y justicia de los pueblos americanos. El resultado tenía que ser el completo desplome del sistema colonial.

La situación específica de Cuba está expuesta en la forma más elocuente en el manifiesto que redactara Varona, en nombre del Partido Revolucionario Cubano y que circuló entre todos los pueblos hispanoamericanos con el título de *Cuba contra España*.

El documento comienza con unas palabras que tienen toda la enérgica brevedad de un salmo bíblico: «La guerra es una triste necesidad». Pero no por capricho de los cubanos, sino porque después de haber agotado «todos los medios humanos de persuasión para recabar de un opresor injusto el remedio de sus males», no había otra manera de defender el derecho de un pueblo frente a la agresión permanente de un régimen tiránico.

La elocuencia del manifiesto es impresionante, por la sobriedad y exactitud de sus juicios. «Ninguna metrópoli —añade— ha sido más dura, ha vejado con más tenacidad, ha explotado con menos previsión y más codicia. Ninguna nación ha sido más prudente, más sufrida, más avisada, más perseverante en su propósito de pedir su derecho, apelando a las lecciones de la experiencia y de la sabiduría política».

Varona destaca ante la opinión de los pueblos hermanos de América las razones de Cuba para lanzarse a la guerra de liberación. Señala cómo se ha privado al cubano del derecho electoral, mediante leyes amañadas, ya que sólo el tres por ciento del total de habitantes puede concurrir a las urnas. Tampoco el criollo tiene acceso, sino sólo en una ridícula proporción, a los cargos electivos. Está excluído asímismo de los puestos burocráticos. «Todo el poder reside en el gobierno de Madrid —declara el manifiesto— y sus delegados en la colonia; y para dar a su despotismo un ligero barniz de régimen representativo, ha sabido con sus leyes fabricarse mayorías complacientes en los cargos pseudoelectivos».

Junto a la explotación política, la existencia de un original sistema de depredación mercantil, fiscal y burocrática. Varona explica cómo la deuda pública ha llegado a alcanzar la cifra de $ 295,707,264, cantidad que se ha gastado o malversado sin que ni un solo céntimo de esos caudales haya sido empleado en la construcción de un kilómetro de carretera o ferrocarril, ni para levantar un asilo o una escuela. El cuarenta por ciento del presupuesto de Cuba está dedicado al pago de los intereses y amortización de la deuda. Otro treinta y seis por ciento se destina a la defensa militar, por lo que las necesidades fundamentales del país se hallan completamente desamparadas por el régimen colonial.

¡Triste y valerosa denuncia la de ese manifiesto redactado por el insigne Enrique José Varona! El régimen de abusos y exacción tenía su complemento en el abondono de la educación y de la cultura, al extremo de que un setenta y seis por ciento de la población no sabía leer ni escribir y el Estado no sostenía ni una sola biblioteca pública.

No creo que exista documento más ilustrativo para enterarse de la pesadilla de la Colonia, que este magistral manifiesto, donde sin retórica alguna, sino con la precisión y el vigor de una pieza histórica, se expone el angustioso drama del pueblo cubano.

La solución no podía ser otra que la lucha a muerte por conquistar la libertad y el derecho, «por sacar triunfante un principio eterno, sin el cual peligran las sociedades más robustas en apariencia, el de la justicia».

Barbarie y Civilización

Un agudo examen de la sociedad colonial, esta vez con más sentido sociológico que político, aparece en el ensayo de Enrique José Varona sobre «El Bandolerismo», publicado en la *Revista Cubana*. Parte nuestro filósofo de la tesis, también sostenida en sus conferencias sobre Moral, de que la cooperación para los fines lícitos es el objeto de una sociedad bien constituída. Cuando se da el hecho de que la cooperación se concierta para fines ilegítimos, como en el caso del bandolerismo, persistiendo durante largo tiempo, ello es un indicio de regresión y atraso sociales.

Entiende Varona que el bandolerismo no constituye un fenómeno aislado, sino un resultado de las condiciones históricas y ambientales de la colectividad en que se desenvuelve. Cree ver su origen en el largo predominio de la violencia que ha caracterizado el régimen colonial, así como en la institución de la esclavitud, que «no amamanta sino tiranos» y en la acción desmoralizadora de los gobernantes.

No cree Varona que la violencia sea una solución a esta enfermedad social, producto de causas históricas, pues no puede el Estado, con sus medios de represión, sustituirse a cada individuo, en su conciencia. «El bandolerismo —concluye— no retrocede ante la fuerza, sino ante la civilización. Y en Cuba lo que avanza es la barbarie».

Ideales Históricos

En un discurso pronunciado en *La Caridad* del Cerro sobre *Los Cubanos en Cuba*, Enrique José Varona analiza con gran perspicacia el desenvolvimiento histórico de nuestro país, partiendo de su tesis de que las sociedades son organismos en evolución, en que actúan factores de diverso y complejo carácter. Se detiene a considerar el mecanismo de las clases e intereses contrapuestos, que crean constantes conflictos y luchas, para llegar a la conclusión de que «el funcionamiento regular de un cuerpo social se efectúa por el concierto y concordia de las distintas actividades sociales». La fuerza superior que subordina a las otras dispersas y antagónicas es un ideal común.

El primer ideal de la sociedad cubana fue el desarrollo de la riqueza insular, en los albores del pasado siglo. Posee a los pobladores la fiebre del oro, según Varona. La sociedad está dividida en castas, campean los privilegios y monopolios, reina la esclavitud. Hay un sentimiento predominante: el del miedo. El esclavo teme al amo y el amo al esclavo; el criollo teme al español y el español al criollo; el pueblo teme al gobierno y el gobierno al pueblo.

¿Cómo se produce el tránsito a un nuevo período histórico? Los gérmenes provienen de un grupo de hombres que llegaron a alcanzar el privilegio de la cultura. Eran unos pocos, pero «todo lo removieron: intereses, costumbres, prácticas industriales, preocupaciones, sentimientos e ideas». Surgió entonces el ideal de la patria, la aspiración de alcanzar idea de justicia y dignidad que electrizó a su pueblo y que ennobleció e hizo amable su causa ante la conciencia de los otros pueblos».

La obra a realizar era de proporciones gigantescas y debía ir dirigida a reconstruir la riqueza, educar a la población, convertir en ciudadanos a los colonos de ayer. Para acometer el vasto y formidable empeño, se requería del concurso de todas las inteligencias y capacidades, en un ambiente de paz, tolerancia y respeto al derecho.

En septiembre de 1906, escribió Varona que «en vez de la paz, tenemos la guerra; en vez de respetar la ley, la pisoteamos; en vez de la tolerancia, el odio, los dicterios y los rifles asestados por manos cubanas contra pechos cubanos». Surgió entonces la primera gran crisis republicana que condujo a la intervención de los Estados Unidos en nuestros asuntos internos. Al analizar la situación nacional en aquellos difíciles momentos, Varona llegaba a la conclusión de que habíamos malgastado el tiempo en querellas políticas, mientras que los capitales extranjeros se habían adueñado de nuestra organización económica. Era la continuación del régimen de factoría. El desvalimiento económico del cubano constituía el talón de Aquiles de la República.

Por ello, no se cansó Varona de recomendar que, en vez de

estimular las querellas políticas, nos diéramos a la tarea de robustecer la vitalidad económica nacional y vincular los factores sociales. «Poca política y mucho trabajo —postulaba Varona— mucha cultura y la suma mayor de respeto y cordialidad en las relaciones sociales, éste, a mi juicio, debía ser nuestro programa».

Por poca política no entendía Varona despreocuparse de los asuntos vitales de la colectividad, sino evitar los choques y fricciones violentos que pudieran perturbar la paz y entorpecer el progreso social y económico. En un artículo de hondo contenido patriótico y de visión muy penetrante, titulado «¿Abriremos los Ojos?», señalaba nuestro insigne pensador que la causa más propiciatoria de la inestabilidad que presenta la sociedad cubana, ha de buscarse en su estructura económica, en virtud de que el criollo perdió su control sobre los instrumentos de riqueza durante las guerras de independencia. La solución no podía ser otra que devolver paulatinamente al nativo la preponderancia económica en su país y fijar la población campesina a la tierra. Pero esta tarea no era dable acometerla en un estado de anarquía, de hostilidad ciudadana y de constante agitación.

La lucha fiera de las facciones había llevado al pueblo cubano a un estado convulsivo, casi epiléptico. En ese forcejeo intrascendente, se perdían nuestras mejores fuerzas y, mientras tanto, no concurríamos a librar la gran batalla que el interés histórico de Cuba demandaba: asentar la nacionalidad en la soberanía económica, en la vinculación a la tierra y el trabajo, en el adelanto intelectual y moral. El virus político y la obra de los agitadores eran los enemigos mayores con que tropezaba el desenvolvimiento de la República.

Fue entonces preocupación central de Enrique José Varona llegar a la constitución de una gran fuerza cívica de reserva, que propendiera a la unidad nacional y al establecimiento de un orden efectivo de paz y derecho en el país, base para emprender la gran obra económico-social que requerían nuestras necesidades. Con ese espíritu fue creado el Partido Conservador, al cual Varona sirvió de orientador y guía en sus primeras etapas.

Es de gran interés examinar el grupo de circulares que Enrique José Varona, en nombre del comité ejecutivo del partido, dirigió a los miembros de la organización. Todas ellas tienen un alto sentido de educación política. En vez de alentar el espíritu de agresividad frente a las otras agrupaciones, Varona exhortaba a una actitud respetuosa y pacífica, ya que el sosiego es el primer requisito para el normal desenvolvimiento del pueblo cubano. Recomendaba el mayor cuidado en la selección de los candidatos, para que éstos fueran los mejores fiadores de los compromisos doctrinales adquiridos por el partido con la opinión pública, rechazaba toda violencia y llamaba al cumplimiento de la Constitución y de la Ley. «En reclamar la vida del derecho, en defenderla, hemos de ser infatigables» —aseguraba el filósofo en funciones de político— y añadía: «Esta conducta es al cabo la única patriótica, porque los males públicos sólo se exacerban cuando se les busca ilusoriamente remedio apelando a la violencia».

Una de esas circulares redactadas por Varona, que debieran servir de permanente lección a los políticos cubanos, va dirigida a demandar el mayor respeto para el ejercicio del sufragio, velando por su pureza y por el fiel acatamiento a la voluntad depositada en las urnas. Este es uno de los medios de demostrar el amor a la patria y el respeto a la ley, única garantía, según Varona, de la estabilidad de las colectividades humanas.

En la última de esas circulares, se pone de manifiesto el sano idealismo democrático del maestro cubano. Acababa de ganar el partido que ayudara a fundar Enrique José Varona el gobierno de la República. El mismo había sido electo Vicepresidente de la Nación. Pero nada de ello envaneció ni hizo perder la cabeza a aquel hombre extraordinario. Un minuto después de la victoria, estaba ya embargado por la enorme responsabilidad de la tarea a acometer y prevenía a los integrantes de la organización contra el peligro de considerar los puestos del servicio público como botín de guerra para su distribución entre los vencedores.

El gobernante no sólo ha de atender a una función política, sino también administrativa. Y para cumplir eficazmente esta última, era necesario escoger un personal suficientemente idóneo, por encima de toda consideración sectaria. Varona señalaba que existía una Ley del Servicio Civil y que debía cumplirse, como la mejor garantía de la aptitud y moralidad de los funcionarios.

Muchos disintieron, como es de suponer, de esa patriótica, conducta de Enrique José Varona, y el gran idealista, que veía ya quebrantarse los principios por los cuales había luchado con el más noble empeño, prefirió presentar la renuncia a la presidencia del comité ejecutivo y de la junta nacional del partido. No era un político de comité de barrio ni de compensaciones burocráticas, y por lo tanto, no podía transigir con los que, alcanzada la victoria, querían reeditar los mismos procedimientos contra los cuales habían combatido anteriormente.

El gobierno que Enrique José Varona contribuyera a instaurar no siguió las limpias orientaciones por él señaladas. Varona fue alejándose cada vez más de la vida política, un tanto desengañado y escéptico. Mantúvose, sin embargo, fiel a los principios que siempre había defendido; cada vez que tuvo ocasión de levantar su voz, lo hizo para señalar la conveniencia de que el pueblo cubano se encaminara hacia la conquista de la independencia económica y el ejercicio de aquellas virtudes cívicas que son indispensables para el funcionamiento de la democracia.

Al hacer su ingreso en la Academia Nacional de Artes y Letras, en enero de 1915, Varona mostró su gran pesadumbre por el sesgo de los acontecimientos nacionales e internacionales. «Cuba republicana —afirmó entonces— parece hermana gemela de Cuba colonial» y señaló cómo seguían imperando los mismos vicios y concupiscencias de las épocas anteriores. Para que fueran más sombrías y dramáticas las circunstancias, el mundo se debatía en una guerra feroz de nacionalismos, en que el derecho sucumbía bajo el peso terrible de la violencia.

No adoptó, sin embargo, una posición derrotista. Como la escultura de la victoria de Samotracia, que presidía su mesa de trabajo, quería tener fe en el futuro, quería ir a su encuentro con las alas desplegadas de la inteligencia y el ideal. En sus últimos años no estuvo ya solo, sino que lo acompañaron las nuevas generaciones de jóvenes cubanos, abrazados como él, a una causa de renovación y con los cuales combatió contra los personeros de la tiranía que detentaba el poder.

Volvió Enrique José Varona como en sus años mozos, a la

brega por la libertad de su pueblo. Con sus ochenta gloriosos años, fue una luz que encendió las tinieblas de un triste período histórico y que hizo despertar los más hondos fervores de la juventud. Cuando la muerte desgarró a aquella ancianidad venerable, el viejo ilustre era como una encarnación sublime de la patria, una reliquia de las grandes virtudes pasadas y una firme lección de perseverancia en el esfuerzo, de reciedumbre en el deber.

IX

«La facultad artística es algo muy distinto del don de predicación».

E. J. Varona.

LITERATURA Y ESTILO

Espíritu dotado de una riqueza excepcional, de una curiosidad inagotable por todas las manifestaciones de la inteligencia y de la cultura, Varona estuvo siempre al tanto, desde su mirador insomne, de cuanto ocurría en el mundo de las letras nacionales y extranjeras. Su formación humanística de la juventud le había ayudado a adquirir una sensibilidad muy honda y aguzada para percibir los valores literarios. Es así que, alternando con sus tareas de pensador y político, mantuvo una constante atención sobre las obras que se publicaban, sobre las nuevas tendencias del arte, sobre todo aquello que hacía vibrar su conciencia con una nota de belleza y poesía.

Esta modalidad de su espíritu se revela preferentemente en el artículo corto y, a veces, en el ensayo o en la conferencia. Se aparta entonces del rigor del pensamiento, de la lógica severa que domina en sus escritos filosóficos, para dejar que el alma se recree en el espectáculo de la belleza y que el estilo se le inunde de una honda emoción.

Sus artículos cortos, reunidos en los tomos denominados

Desde mi Belvedere y *Violetas y Ortigas,* muestran una frescura y donaire exquisitos en la expresión, una dolorida sustancia de humanidad, una fuerza imaginativa que esplende en la imagen y la metáfora, cual joyel del espíritu. Ahí está el gran escritor dueño plenamente de sus instrumentos de creación literaria. El estilo es sobrio, no se abre en turgencias románticas, sino que dice lo más y mejor con la magistral economía de los clásicos. Pero a veces, dentro de la contención de la frase que quiere embridar el vuelo del pensamiento, penetra como lluvia de primavera, la tersa y fina imaginería del poeta, para comunicarle a su prosa una gracia inefable. Va, pues el estilo en alas de un lirismo recóndito, que alimenta el proceso de creación bajo el freno poderoso del artista, que vigila la armonía y el equilibrio.

Tiene Varona lo que ha llamado Eugenio D'Ors estilo de forja, es decir, un estilo construído laboriosamente, trabajado y pulido como el escultor labra la piedra, con la angustia infinita de captar la belleza y someterla al espíritu. No es un estilo fundido de complacencias y facilidades, que hace concesión a las frases y giros, sino un doloroso y hondo quehacer que logra al fin arrancar los grandes movimientos del alma para que vibren en la sinfonía maravillosa de la palabra.

En su discurso de ingreso en la Academia de Artes y Letras, Varona explica que el papel del artista, como había dicho sagazmente Romain Rolland, es crear el sol cuando no lo hay. Le corresponde, pues, una misión creadora, no una tarea de servidumbre y de imitación. El artista ha de buscar ansiosamente la belleza y la luz, para hacer que el fanal de su creación sirva de estrella orientadora en el viaje azaroso y dramático de la humanidad.

No ha de mirar hacia atrás el artista, sino para aprender cómo se hace algo superior, cómo se puede mejorar el hombre y alcanzar una vida más hermosa y feliz. El artista ha de estar inmerso en el presente, presto a escuchar sus latidos, sus ansias, dolores y esperanzas. «El día que fluye, que se escapa, ése es —exclama Varona— el que hay que vivir artistas; porque ése es el que hay que hacer vivir de un modo mejor, superior, a la multitud indiferente, que debéis enseñar a sentir, comprender, a idealizar».

No es el arte menester de evasión o de cenáculo, sino gran

empresa creadora que ha de proyectarse sobre la plaza pública, que ha de interpretar las pasiones de los hombres y de los pueblos, que ha de traducir la ilusión y el ensueño de las corrientes que mueven e impulsan la inspiración del artista están en lo profundo del corazón humano. De esta leche se han alimentado las más vigorosas criaturas del espíritu.

Ved el caso ilustrador de Cervantes y *El Quijote*. ¿En qué consiste la gloria mayor de esta joya de la literatura española? En que sus raíces están en las entrañas del pueblo hispano, en que es «el producto más genuino de toda la elaboración mental de un pueblo, en un momento singularmente fecundo de su historia». Su grandeza le viene de la perspicacia con que el artista captó los relieves más permanentes y característicos del alma de un pueblo y les dio vida en símbolos magistrales, para deleite imperecedero de la humanidad.

Observad el caso dramático del poeta anónimo de Polonia. ¿Por qué fue amado y exaltado por su pueblo? Porque en sus poesías, hay «la narración vigorosa de los dolores y las ignominias de la servidumbre, la expresión fulminante de las pasiones que fermentan en el pecho del esclavo, el eco lúgubre y sonoro de las blasfemias infinitas que ahogan sus labios amordazados por el temor; de modo que fuesen hierro candente, siempre a la mano para aplicarse a las almas enervadas».

Y asimismo ocurre con Shakespeare, Dante, Goethe, Ibsen, Tolstoi, todos los genios de la literatura. Dejaron que el río de la vida fluyera por sus obras magistrales, penetraron en los misterios del alma y en las pasiones volcánicas de los hombres y pueblos, recrearon el mundo con mitos extraídos de la propia realidad. Vieron lo interior y profundo para ponerlo ante los ojos maravillados del lector. Cumplieron con su misión de iluminar las tinieblas.

Así fue el estilo de Enrique José Varona: una onda de luz irradiando constantemente en la vida nacional, para guiar los destinos del pueblo. Su literatura no es frío manejo de palabras inútiles, sino obra de servicio, tarea radiante de creación. En sus briosos ensayos, en los elogios que, como hermosas biografías sintéticas, dedica a cubanos ilustres, en los artículos breves que recogen los latidos y avatares de la vida que le rodea, siempre observaremos cómo el espíritu y la forma se abrazan en apretada intimidad, para descubrir ante el lector la significación y el misterio del mundo.

Tuvo Varona, como uno de sus mayores merecimientos, el don poderoso del artista, la facultad de mirar en lo entrañable y de sorprender los secretos ritmos del corazón humano. En su estilo encontramos, como él mismo expresara de las grandes obras literarias, «el humus fecundo que sirve de matriz a la renovación perenne de la vida». Estilo que crea y se recrea en la inmensa maravilla del hombre y en la perfecta armonía del mundo.

X

GUION FINAL: DE LO HONDO A LO ALTO

Luchador incansable y tenaz contra el absolutismo, en sus diversas formas, la obra de Enrique José Varona se nos revela de conjunto, como una empresa colosal encaminada a asegurar la libertad del pueblo cubano. Otros la buscarán en la manigua heroica, mediante el denuedo del brazo que combate contra el despotismo; Varona luchó por la libertad en el íntimo reducto de las conciencias, iluminando desde adentro el destino histórico de la Nación.

En cierta ocasión, afirmó proféticamente que «en la fundación de la libertad, todos han de ser fundadores. Es un verbo que ha de subir de lo hondo a lo alto». Así quiso Varona que se realizara la obra de la fundación nacional, arraigándola en el espíritu del pueblo mediante la difusión de los principios que asegurarían su conquista definitiva y permanente. No se disfruta de la libertad por dádiva o concesión, ni florece bien tan preciado en la ignorancia. El hombre ha de hacerse libre, si quiere ser libre. Ha de ir de lo hondo a lo alto, de las raíces hasta la copa maravillosa en que el espíritu señorea sin coacción.

De lo hondo a lo alto subió su escala del conocimiento. Contempló la realidad en su doble fase, como una fecunda interacción entre el mundo de las cosas y el mundo de la conciencia. No concibió verdad posible ni conocimiento valedero fuera de esta síntesis radical. Lo que Varona trató de trasmitir fundamentalmente a la juventud cubana fue un método de pensar, un modo de acercarse con alguna certeza a la verdad, que no puede venir por los caminos del dogma, sino del examen serio y cauteloso de todos los factores que intervienen en la realidad.

Es por esa circunstancia que hemos considerado la *Lógica* de Varona como el punto de partida y la base fundamental de su pensamiento. El filósofo nos pone en el secreto de su concepción del mundo y nos explica su teoría del conocimiento. Si hay algo definitivo en la obra de Varona, es su magistral lección acerca de la verdad. Idealistas y materialistas podrán combatir su tesis y negarla apasionadamente, pero siempre nos quedará la evidencia de que la única certidumbre a que podemos llegar es aquélla que el sujeto conoce y verifica en la experiencia.

La *Psicología* de Varona es de menos importancia, con ser de mayor extensión. El espíritu es para el pensador cubano una actividad aplicada al conocimiento de las experiencias inmediatas y mediatas del sujeto. Despoja, pues, a la Psicología de toda sustentación metafísica, para convertirla en una ciencia del alma, que utiliza métodos introspectivos y experimentales para el establecimiento de sus principios y conclusiones.

Y en la *Moral* está también patente su tesis contraria a todo absolutismo ideológico. Hace nacer los principios éticos de la propia evolución de la sociedad. El hombre es moral, porque es sociable, porque ha aprendido por experiencia personal e histórica, que hacer el bien y practicar la cooperación son formas de asegurarse una existencia más alta y feliz. El desarrollo de las instituciones sociales y de la educación son factores inseparables del progreso moral de la sociedad. La solidaridad es el gran instrumento para la salvación y el adelanto de las agrupaciones humanas.

Pero no le basta a Enrique José Varona con dar a conocer, a través de una rigurosa tarea de exposición, las hondas y firmes convicciones en que descansa el edificio admirable de su pensamiento. Quiere convertir la lección magisterial en vida y acción, en alimento que nutra e inspire la conducta de la juventud cubana. De ahí que Varona concurra al campo de la educación y de la política para traducir los preceptos orientadores en sustancia plasmadora del alma nacional. Como educador, Enrique José Varona realiza una hermosa y brillante tarea, no sólo por el alcance de su reforma docente, sino por el espíritu que quiso comunicarle a la empresa escolar. Sorprende la gran clarividencia del pensamiento de Varona en materia pedagógica. Tengo para mí, que su discurso de apertura del curso universitario de 1903 es el documento más medular, certero y profundo que se haya escrito en Cuba acerca de la educación.

Varona expone un programa a realizar por nuestras instituciones de enseñanza, desde la Universidad hasta la última escuela rural. La misión docente será siempre la misma, en cualquiera de sus etapas: formar hombres equipados integralmente para la vida de libertad, es decir, hombres que no sólo posean conocimientos y técnicas científicas, sino que estén en condiciones, por sus virtudes y carácter de contribuir al progreso y la superación de la sociedad.

La escuela democrática ha de forjar ciudadanos que sean garantía y firme sostén de la República, hombres capaces de promover el bien común, de asumir las grandes responsabilidades directoras, de encaminar al país a la prosperidad y al engrandecimiento material y moral. La escuela ha de ser savia y raíz de los más altos ideales colectivos.

Para que ello se realizara, había que poner la educación al compás de los tiempos y de las necesidades nacionales, renovando las estructuras docentes en su espíritu y fines, así como en sus métodos y organización. Cuando el filósofo se hace cargo de la Secretaría de Instrucción Pública, en momentos de iniciación nacional, sus ideas comienzan a tener vigtncia práctica, a convertirse en principios rectores de una nueva etapa histórica.

Varona lleva el espíritu democrático a la escuela. Organiza la educación como una empresa del pueblo, prepara maestros, renueva planes de estudios, derriba los fuertes bastiones del absolutismo y del dogma, insufla en el régimen docente un poderoso calor de vida nueva, de ciencia y de libertad. Al influjo de aquella vasta obra de fundación, adelanta la conciencia pública para el cumplimiento de las complejas y difíciles responsabilidades del gobierno propio.

Y luego, como político, no pierde su condición de maestro y guía de su pueblo. Señala los mejores caminos para la consolidación de la República, advierte los peligros y dificultades, ensaya en todo momento el patriotismo. No hay sectarismo que le aprisione, no hay bandería que le haga abandonar su tarea de orientación, su magisterio de las conciencias.

Quien fue caballero andante contra el absolutismo en el terreno de la filosofía y de la educación, no podía ser en el campo de la política otra cosa que un fiel demócrata, convencido de la grandeza y virtualidad del régimen, pero atento en todo momento a sus enormes responsabilidades. Varona concibió la política como una manera de preparar al pueblo, de educarlo en el ejercicio de los derechos cívicos, de hacer que la libertad emergiera de lo hondo o lo alto. Y cada vez que las desviaciones y claudicaciones torcían el rumbo, Varona daba la voz de alerta, se alzaba en las tribunas con verbo clamante, ponía en los periódicos la nota aleccionadora y vibrante de su mensaje civil.

Y cuando ya viejo, todo parecía fallarle, cuando la República misma se asomaba al abismo, se abrazó a la juventud como una última esperanza y murió en la esperanza de la juventud.

MANUEL SANGUILY: EL ESTADISTA PRECURSOR *

En este curso dedicado a La Ilustración Cubana, estamos tratando de recoger las grandes huellas creadoras de los hombres que forjaron la sustancia de nuestra historia y de nuestra cultura. Se ha podido constatar aquí, siguiendo el hilo de las disertaciones, cómo el proceso cultural de nuestro pueblo es una lenta y laboriosa gestación de ideas y actuaciones que van a producir, como resultado, la integración de una conciencia nacional y la fijación de los ideales de vida de nuestra sociedad.

Cuando este proceso se inicia, en las postrimerías del siglo XVIII, Cuba era apenas un cuerpo físico, interesado sólo en el desarrollo de sus grandes riquezas naturales, a cuyo fomento el gobierno metropolitano ponía trabas absurdas y antieconómicas. No había educación popular ni elementos apreciables de civilización. Contra esa realidad elemental y oscura, —toda ignorancia está envuelta en tinieblas— se realizó la obra de lo que en este curso hemos denominado *ilustración cubana*, que fue una triple empresa de orden político, económico y cultural, para hacer posible, en el forcejeo dramático de una centuria de afanes y de luchas, de inmolaciones y esperanzas, el gran logro de forjar una nación libre.

Ninguna nación lo es propiamente si no responde a una voluntad histórica, a una vocación incoercible de libertad. El pueblo cubano ha demostrado, en su gesta de heroísmos y esfuerzos, en la aventura de sus ideales regados con sangre, que contaba con todas las condiciones para alcanzar la soberanía y

---

* Conferencia ofrecida en la Sociedad Económica de Amigos del País, marzo de 1949, como parte de un ciclo sobre «La Ilustración Cubana».

para disfrutar de ella con grandeza y responsabilidad. Creo que es ésta una lección insuperable que ofrece nuestro pasado y que nos brinda estímulos edificantes para afianzar, con conquistas seguras y perdurables, el legado patriótico de los fundadores.

Me ha tocado a mí en suerte ser el expositor de las doctrinas, principios y conducta de uno de esos hombres que asisten a los primeros vagidos de la conciencia nacional que acompaña sus fervorosas y útiles rebeldías y que va a tener el privilegio de encarnar, ya en la República, los grandes ideales de los promotores de nuestra independencia. Tal es el destino singular y glorioso de Manuel Sanguily, que como Enrique José Varona, está adherido a las raíces de nuestra historia, y vinculado a su vez al quehacer y la responsabilidad de las generaciones nuevas, llamadas a vencer en plena República, los residuos todavía poderosos del coloniaje.

Permitidme que al exponer mi interpretación de Manuel Sanguily, me salga un tanto de los cánones usuales y que, sacrificando el detalle biográfico, vaya a detenerme en lo que considero su esencial significación dentro del proceso de la cultura cubana. Quiero medir en Sanguily el ingente servicio de su obra y cómo ella representa la voluntad creadora de un pueblo que trata de afirmar su perfil histórico en el proceso del acontecer americano.

Mirándolo aisladamente, en la eminencia de su talento y el vigor aleccionador de su palabra, Manuel Sanguily ostenta cualidades que lo colocan entre los próceres más destacados de nuestra cultura. Conocéis su perspicacia crítica, la sagacidad de sus juicios históricos, su reciedumbre de polemista y su incansable y fecunda actividad intelectual. Pero busquemos en Sanguily lo que nos da la medida exacta de su grandeza, que no está en la hazaña meramente intelectual, sino en la hazaña histórica de interpretar los anhelos y conveniencias de su pueblo, para ser un cabal exponente de la conciencia nacional.

La influencia de Luz y Caballero

Sus primeros pasos en la vida fueron guiados por un maestro que, por la eficacia de su mensaje, iba a ser el maestro de toda una generación y el gran libertador espiritual del pueblo cubano. Luz y Caballero dio a beber a sus discípulos aquellos alimentos ideológicos que despertaron nuestra personalidad histórica para la lucha por la libertad.

Del padre Varela se había dicho que nos enseñó a pensar. Pero Luz se propuso realizar algo todavía más efectivo: hacer hombres, ciudadanos libres que supieran conducir su vida de acuerdo con las normas dictadas por la inteligencia y el deber. Actitud ética y pragmática que produjo los más beneficiosos frutos al desarrollo de la conciencia cubana.

«Nos proponemos fundar —dijo Luz— una escuela de virtudes, de pensamientos y de acciones; no de expectantes y eruditos, sino de activos y pensadores». En estas sencillas palabras está expuesto el profundo contenido de su empresa: los problemas de Cuba exigían, para su solución, que el pensamiento y la conducta fuesen de la mano, indisolublemente unidos, en una tarea de ilustración y libertad. Las meras teorizaciones nada lograrían si no iban acompañadas de la firme ejecutoria, de la entereza más plena en el cumplimiento del deber. Por ello, porque el país necesitaba fundamentalmente de ciudadanos, Luz y Caballero dedicó sus mejores energías a la causa de la enseñanza, que era una manera de adiestrar en la militancia del ideal.

Si como filósofo vino a parar en educador, por los reclamos del servicio patrio, como educador no se separó de sus principios filosóficos, sólidamente integrados en largas jornadas de estudio e investigación. Llevó, pues, a la enseñanza, por una parte, su preocupación por la personalidad del alumno, por la formación del carácter, que iba a traducirse en un glorioso magisterio de ética y civismo. Y como que «para todo se necesita ciencia y conciencia», dio a su enseñanza un acento experimental, que permitiese a los alumnos hacer el aprendizaje de las cosas, adquirir el método científico en la pesquisa de la verdad.

Educador de intuición genial, que recuerda a Pestalozzi, puso a circular en la mitad del siglo pasado principios pedagógicos que adquieren hoy la más plena vigencia. Pero hizo, sobre todo, una tarea memorable: la de preparar la conciencia cubana, todavía adormilada por las simplezas del ergotismo, para las faenas de la inteligencia crítica, para su hallazgo de la libertad.

Aquella tarea de formar hombres activos y pensadores, que aparentemente no ofrecía peligros para el régimen expoliador de la Colonia, vino a resultar la más útil de las faenas revolucionarias. Siembra fecunda para la patria cubana fue la realizada en las aulas de *El Salvador*, porque aquel maestro esclarecido no sólo modeló el estilo de vida y conducta de una generación, sino que delineó las normas que debían asegurar la conquista y permanencia de una sociedad libre. No es de extrañar que, a su muerte, se le llamara por los defensores del régimen colonial, «el gran perturbador y enemigo del dominio español en las Antillas».

En efecto, ya desde entonces había en Cuba un nuevo espíritu y una nueva voluntad de plenitud histórica.

Del aula a la manigua

En las aulas de *El Salvador*, animadas de un aire puro y libre y solemnes en la ocasión de las pláticas de Don Pepe, muchos alumnos asimilaban las enseñanzas del maestro y fortalecían su alma para la brega de la existencia.

Entre aquella muchachada se distinguía ya por su inteligencia y por su carácter Manuel Sanguily, que tenía la palabra fácil y recia la voluntad de superación. Llegó a ser persona de la mayor confianza de Don Pepe: *El Salvador* fue para Sanguily su propia casa y allí puede decirse que formó su espíritu para lanzarse, muy joven aún, a la empresa del deber patrio y de la responsabilidad creadora.

Fueron muchos los alumnos de *El Salvador* que, al surgir la clarinada revolucionaria de 1868, se incorporaron rápidamente a la gesta emancipadora, probando con ello que habían sabido asimilar las prédicas de civismo del dulce y apostólico Don Pepe. La sociedad cubana estaba ya madura para sus aventuras de libertad. Fracasadas las gestiones reformistas, era evidente que no cabía esperar rectificaciones del régimen colonial y que sólo la violencia lograría conquistar el derecho de nuestro pueblo a una vida mejor.

El Grito de Yara alzó la conciencia nacional a un plano de enérgica beligerancia. Pudo advertirse así que la voluntad criolla no era frívola ni acomodaticia, sino capaz de las más altas tensiones de sacrificio y heroísmo, de esfuerzo y de lucha, por alcanzar sus ideales históricos. Con esa recia voluntad primigenia, Cuba estaba dando elocuentes muestras de su capacidad para desenvolverse como sociedad libre e independiente, sin requerir de tutelas extrañas y esquilmadoras.

Manuel Sanguily se incorporó a la Revolución en enero de 1869. Tenía justamente 21 años; era un muchacho todavía, en la edad rosada de los idilios y de los coloquios románticos bajo el claro de luna. Pero los coloquios de Manuel Sanguily fueron con la patria, en los campos de batalla donde se combatía por la libertad.

Aparte de las múltiples acciones en que intervino como soldado de la Revolución, Sanguily se distinguió notablemente en la Guerra Grande por sus gestiones políticas, encaminadas a lograr la unificación de los esfuerzos revolucionarios en las tres zonas sublevadas de Las Villas, Camagüey y Oriente. Encargado de esa tarea por la Asamblea de Representantes del Centro, Sanguily la desempeñó con la mayor eficacia, llegando a culminar en el acuerdo que hizo posible la reunión de la Asamblea de Guáimaro, donde fue proclamada y organizada constitucionalmente la República de Cuba.

Es importante subrayar que esa tarea unificadora tuvo un hondo sentido democrático, porque permitió sentar las bases civiles e ideológicas del movimiento, impidiendo el absolutismo que comenzaba a manifestarse dentro de las filas de la propia Revolución. Actuando al lado de Ignacio Agramonte, cuyas ideas alcanzaron un clamoroso triunfo en la Asamblea de Guáimaro, Manuel Sanguily rindió útiles servicios a la naciente República y demostró poseer una diáfana concepción de los principios en que debía apoyarse la nacionalidad.

El espíritu separatista

El Pacto del Zanjón vino a cerrar una de las etapas más fecundas y trascendentes de la historia nacional. Aparentemente fracasado el movimiento revolucionario, se convino en una paz de transacción, pero aquella tregua llevaba ya implícito el reconocimiento de algunos de los derechos reclamados por el pueblo cubano. «Lo poco que somos ahora —afirmó Manuel

Sanguily—, lo más que pudiéramos ser mañana, todo lo debemos a aquel poderoso impulso inicial, a los que padecieron y murieron en aquella década fulgurante, pronunciando como el de una madre, el nombre bendecido de Cuba».

España no tuvo más remedio que conceder libertades políticas, a cuyo amparo surgió la propaganda del Partido Liberal Autonomista, y reconocer la libre condición de los esclavos que habían luchado por la independencia. Pero sobre todo, la Guerra de los Diez Años —como ha expuesto sagazmente Félix Lizaso— «fue la conquista del decoro, base primera de todo respeto». Y añade el insigne ensayista: «Ganaron los cubanos la personalidad, la consideración de hombres capaces de conquistarla. Ganaron una beligerancia política que hasta entonces nunca habían merecido ni hubieran merecido después, sin esa larga y magnánima década, cara a cara con la muerte».

El separatismo había realizado una siembra grandiosa en la conciencia nacional, preparando el terreno para la libertad definitiva. La obra del autonomismo y las tímidas concesiones de España posteriores al Zanjón son una consecuencia de aquella gesta gloriosa, en que un pueblo se hizo grande por el esfuerzo, el sacrificio y el heroísmo.

Cumplidos sus deberes para con la patria, Manuel Sanguily se trasladó a los Estados Unidos, donde residió algunos meses, y después a Madrid, para terminar sus estudios de leyes, en los que hubo de graduarse con calificación de sobresaliente en junio de 1879.

De regreso a Cuba a fines del citado año, hubo de instalarse en La Habana, desempeñando diversos cargos para ganar la subsistencia, bien como auxiliar de bufete, ya que no quería ejercer la abogacía por cuenta propia para no tener que prestar juramento de fidelidad a España, bien como profesor y periodista.

De esa época data una fecunda actividad intelectual por parte de Manuel Sanguily. Las revistas *Cuba* y *Cubana* acogieron sus ensayos históricos y críticos, entre los cuales se encuentra su magnífica biografía de José de la Luz y Caballero, que despertó muchos elogios y polémicas.

Enrique José Varona, refiriéndose a este trabajo de Sanguily, escribió lo siguiente: «Hermoso esfuerzo y consolador espectáculo: sobre todo en estos días de postración y escepticismo. Bien se comprende que un espíritu como el de Sanguily convierta sus miradas a ese período brillante, y entresaque del grupo luminoso uno de los más nobles, de los más puros, de los más grandes, se le acerque con amor y reverencia, lo estudie sin pasión y lo exalte al cabo con plena justicia, como ejemplo insigne». También Rafael Montoro acogió la biografía escrita por Sanguily con palabras de merecida alabanza. «El libro del señor Sanguily —dijo— siendo un excelente trabajo crítico, es al mismo tiempo, obra de apóstol. Pocas veces se ha escrito un libro con tanta y tan invencible tristeza».

Era la tristeza de Cuba la que emergía de aquellas páginas conmovidas, la tristeza de un pueblo que quería ser libre y que estaba asfixiado en las redes del despotismo, la dulce tristeza del maestro excepcional que en las aulas de *El Salvador* forjaba conciencias para la libertad y cuyo ejemplo iba a tener consagración imperecedera en la obra de Manuel Sanguily.

Había que traer a las nuevas generaciones el vivo ejemplo de los que colocaron, en la tierra cubana, los primeros gérmenes de la libertad. La biografía de Luz y Caballero no era sólo la obra amorosa del discípulo, sino también el testimonio del patriota, ansioso de difundir los principios y modos de conducta más propicios al logro de la nacionalidad.

Mientras tanto, en las tribunas estallaba con frecuencia la inflamada oratoria de Manuel Sanguily. Cada vez que una oportunidad se lo permitía, el veterano de la Guerra de los Diez Años levantaba su palabra de oro —como justamente la calificara José Martí— para enjuiciar los problemas políticos de Cuba y romper lanzas, con tenacidad de Quijote enamorado de su ideal, por el cese del coloniaje y por la independencia de nuestro pueblo.

A nueve años del Zanjón, en enero de 1887, Manual Sanguily concurre al Círculo Liberal de Matanzas, para pronunciar un discurso en que enjuicia los *elementos y caracteres de la política en Cuba*. Su palabra sincera no se detiene en arrumacos ni zalamerías. «La situación actual —proclama— es en la apariencia, en la nomenclatura, una situación liberal, un modo de ser constitucional, en que la isla de Cuba se denomina provincia española, pero en realidad no es más que una colonia militar y mercantil; y además, la situación actual coarta el libre ejercicio de la palabra».

Manuel Sanguily sostiene en ese discurso la radical incompatibilidad de aspiraciones e intereses entre Cuba y España. Frente a la tesis asimilista, plantea que «la Isla de Cuba es una entidad real, un verdadero Estado, una personalidad distinta y particular, que reúne todas las condiciones para la vida independiente».

El dualismo era radical y sólo superable por métodos revoluicionarios, pues «no es posible —afirmaba Sanguily— sin estragos y violencias, sin iras y desastres, sin porfiadas luchas, crear la libertad y el derecho como bienes comunes, en el seno de una sociedad construída sobre la jerarquía y el privilegio, la ignorancia y la superstición».

La conciencia separatista, que Sanguily había robustecido con sus discursos de hondo acento doctrinal y revolucionario, estaba madurando para una nueva y decisiva acción liberadora. En 1891, los emigrados de Tampa adoptan las históricas resoluciones que conducen a la fundación del Partido Revolucionario Cubano y ya desde entonces la obra del separatismo cuenta con un instrumento político adecuado y con una definida orientación programática, que responde a los más altos ideales democráticos de nuestro pueblo.

Manuel Sanguily fue, como no podía dejar de ser, un colaborador eficaz y constante en la labor del partido creado por el genio organizador de José Martí. Su prédica de muchos años estaba inspirada en los mismos principios que ahora tenían concreción en las bases del Partido Revolucionario Cubano, cuyos objetivos fundamentales eran lograr la independencia nacional y «fundar, en el ejercicio franco y cordial de las capacidades legítimas del hombre, un pueblo nuevo y de sincera democracia, capaz de vencer, por el orden del trabajo real y el equilibrio de las fuerzas sociales, los peligros de la libertad repentina en una sociedad compuesta para la esclavitud».

Mientras las demás tendencias políticas que actuaban en la vida nacional desconfiaban de la capacidad del pueblo cubano para el gobierno independiente y se limitaban, por tanto, a solicitar tímidas reformas, el movimiento separatista, vertebrado para la acción en el Partido Revolucionario, sostenía las altas virtudes de nuestra ciudadanía y se apresuraba a demostrarlas con la organización de un vigoroso esfuerzo para alcanzar la libertad mediante una guerra justa.

Estos cubanos tenían toda la razón de la historia, aunque haya todavía mentes ofuscadas que traten de rebajar y empequeñecer la obra del separatismo. Es así que pocos meses después de la muerte de Martí, en discurso pronunciado el 10 de octubre de 1895, en el Chickering Hall de Nueva York, Manuel Sanguily proclama la grandeza del Apóstol cubano, consistente, por encima de todo, dice, «en que tuvo confianza en el pueblo cubano y fe inextinguible en sus destinos superiores». Y añade: «Él fue quien por derecho propio, por fuero de su excelsa originalidad en nuestra historia contemporánea, estuvo en el extremo opuesto, en el punto de oposición y de contraste, respecto a políticos de nuestro país, durante estos últimos años de la paz armada. Ha sido su negación más absoluta y justificada, y el pueblo cubano acaba de darle la razón; el mundo civilizado, la América libre, particularmente, se la dan también, como la conciencia moral, como la humana dignidad, ante la mísera dependencia y dura explotación de Cuba, se la daban de antemano».

El espíritu separatista, que Manuel Sanguily había considerado como el más genuino y poderoso impulso del alma nacional, iba a alcanzar definitiva consagración histórica en la obra del partido fundado por Martí y en la independencia próxima.

El constituyente luminoso

Aquella larga gesta política que condujo a la emancipación cubana había servido, entre otras cosas, para madurar el pensamiento democrático de hombres como Manuel Sanguily, Enrique José Varona, Juan Gualberto Gómez y otros que tuvieron la misión de echar los cimientos de la República. Por especiales razones de sensibilidad, cultura y vocación de estadista, Sanguily estuvo a la vanguardia de la nueva responsabilidad creadora, con una visión muy amplia y profunda de la problemática nacional y de las soluciones que harían posible un fecundo adelanto colectivo.

La tarea era de grandes dificultades, por tratarse de una sociedad joven e inexperta, pero ante los obstáculos solía crecerse el ardor combativo de Sanguily. Si fuéramos a buscar una consigna central que nos revelase, en visión de conjunto, el sentido de la empresa política del gran tribuno, yo no dudaría en escoger esta sentencia luminosa: «La República es y debe ser la forma definitiva y perfecta de la sociedad cubana, y la República, o nada representa o es la rectificación cabal y necesaria del espíritu y el régimen colonial». Ahí está Sanguily en una sola pieza, entregándonos el secreto de su memorable obra de fundación.

Fue en la Asamblea Constituyente de 1901 donde el estadista tuvo ocasión de exponer los principios que debían afianzar, después del glorioso esfuerzo revolucionario, una nacionalidad libre. Con diáfana concepción democrática, comprendió Sanguily que la República no podía ser obra exclusiva de las minorías que poseen la riqueza y la cultura, sino empresa fecunda de pueblo, en que se pusiesen a funcionar todos los elementos y factores de la vida nacional. Se manifestó, por tanto, frente al criterio de los constituyentistas que querían restringir el derecho del sufragio, por el voto universal para todos los cubanos varones y mayores de edad. Confiaba, como Martí, en las virtudes y capacidades de su pueblo. «Yo creo —proclamaba en discurso ante la Convención— que hemos llegado nosotros a un grado de cultura tal, que pueden ser también nuestras las conquistas del derecho en otras partes efectuadas». Y reforzaba sus argumentos explicando que el obrero cubano es tan inteligente como el de cualquier otro país del mundo civilizado y que la aristocracia no valía más, por ningún concepto, que el pueblo que no sabía leer y escribir.

Pocos meses después, en otra sesión de la Convención Constituyente, Sanguily hubo de sostener el criterio, muy abonado por la experiencia republicana posterior, de que «en el sufragio universal lo temible no es el pueblo, sino la clase que dirige al pueblo».

Pero al mismo tiempo que animado por hondas razones democráticas, ese criterio respondía a una concepción muy certera de la realidad social de nuestro país, en donde los extranjeros con derecho al voto igualaban casi la cifra de los cubanos que sabían leer y escribir, por lo que restringir el sufragio equivalía a poner nuestro destino político en manos de fuerzas extrañas a la nacionalidad, o en otras palabras, perpetuar el coloniaje contra el cual los cubanos habían librado dos cruentas guerras.

Aspiraba Sanguily a sentar las bases de una república realmente soberana y libre, para lo cual había que incorporar al pueblo a las responsabilidades políticas y neutralizar las influencias de los factores residuales de la Colonia, con suficiente poder todavía para forzar decisiones en el terreno de la política y de la economía.

Concebía la Ley Constitucional, de tal modo, como el instrumento capaz de crear un orden de derecho y de democracia en nuestro país, que impidiera el predominio de castas o grupos y que abriera la patria al disfrute de todos los ciudadanos. Quería que la República naciera y viviera del sufragio ordenado y legítimo de la comunidad y no de la voluntad tornadiza de un amo o a merced de las asonadas militares.

Sólo en esta forma podía garantizarse una paz estable, en que surgiese el ambiente necesario para el desarrollo del trabajo, para el progreso civilizador y la unidad nacional.

Con certera visión de estadista, se opuso Sanguily en la Constituyente a los criterios de quienes desconfiaban de nuestro pueblo y sentían temores y dudas cada vez que se trataba de incorporar principios avanzados al texto de la Ley Fundamental. Recordó a los delegados que «uno de los rasgos que constituyen lo esencial de una constitución es su poder educativo», es decir, que aparte de su validez legal, los preceptos de la Carta Magna son como lecciones permanentes brindadas al pueblo, que llegan a operar sobre el alma colectiva y formar los estados de conciencia favorables a su mejor cumplimiento y aplicación.

La Carta Magna no era sólo un código legal, sino también un programa de acción ciudadana a cumplir, un medio de «iluminar la conciencia del pueblo» y realizar una misión profundamente educadora. Acaso no se hayan expresado en la Convención Constituyente de 1901 juicios tan certeros y trascendentales como los que envuelven estas afirmaciones luminosas de Manuel Sanguily. Porque, en esencia, la democracia no es otra cosa que un régimen de educación pública, en que la primera función de los gobernantes consiste en procurar el adelanto moral e intelectual de la ciudadanía.

Ese idealismo democrático de ancha y segura visión de que

Sanguily dio muestras en la Convención Constituyente, va a combinarse con un sentido realista de las condiciones en que surgía la República cubana. Es así que, al plantearse el delicado problema de la Enmienda Platt, Sanguily realiza desesperados esfuerzos, conjuntamente con otros ilustres miembros de la Asamblea, para impedir la cláusula impuesta por los Estados Unidos, pero al convencerse de que se trataba de algo inevitable, Sanguily se decide por su aceptación, explicando que «votaba la Enmienda, porque por sus términos creía favorecer la constitución de la República de Cuba y de la personalidad cubana, que de otro modo desaparecerían por completo, y sobre todo porque se trataba de una imposición de los Estados Unidos contra la cual toda resistencia sería definitivamente funesta para las aspiraciones de los cubanos».

Otros serían los medios y oportunidades para luchar contra la injerencia extranjera, como después va a demostrar, y allá en el hondón de su conciencia tendría la certidumbre de que la inteligencia y las virtudes del pueblo cubano, ejemplarizadas en la experiencia de la República, serían los mejores instrumentos con que superar el bochorno de la tutela establecida por el poderoso y vecino país.

Defensa de la tierra y de la economía

Sentadas las bases políticas del nuevo Estado mediante una ley constitucional que hacía emanar la soberanía del pueblo, que consagraba los derechos individuales y las libertades públicas, que buscaba un gobierno de equilibrio nacional a través de la armonía de los poderes, la República estaba en condiciones de realizar sus primeros ensayos para afianzar las conquistas alcanzadas por el esfuerzo separatista de media centuria.

Surgió la República como la culminación de un tenaz empeño histórico y supo ser fiel, en sus instantes de fundación, a los altos principios en que hubo de apoyarse la brega emancipadora. Puede decirse que la Constitución de 1901 recogió el espíritu de la obra revolucionaria, plasmando sus consignas centrales en normas de derecho positivo. El Código Fundamental fue un compromiso inteligente y sagaz entre el idealismo democrático de los fundadores de la Patria y las condiciones internacionales que presidieron el nacimiento del nuevo Estado.

Cumplida esta labor primigenia, Manuel Sanguily se percató, con profundo enfoque de estadista, que la soberanía nacional y la consolidación de nuestra independencia, había que lograrlas no sólo en el plano político, sino también en el terreno económico y social. Al proyectarse en tal forma, dio muestra de una honda agudeza y se adelantó a la formulación de problemas que gravitaron después sombríamente sobre la República.

Esta nueva etapa de la ejecutoria ciudadana de Manuel Sanguily va a sustanciarse con sus proyectos e intervenciones como senador de la República, cargo que desempeñó con eficacia y brillantez excepcionales.

Cabe recordar, al efecto, su iniciativa presentada al Senado el 3 de marzo de 1903, encaminada a proteger la tierra cubana e impedir su enajenación a extranjeros, en lo cual veía un nuevo peligro de coloniaje. Al explicar su moción, consignaba Sanguily que «no pasa día sin que se sepa de enajenaciones de tierra cubana que se cuentan por cientos y aun miles de acres. Zonas del Cauto, en extensión extraordinaria, han pasado a poder de los extraños. Muy recientemente se ha publicado la noticia de que un conocido hacendado acaba de traspasar a un comprador americano propiedades valiosas ubicadas en Holguín, hasta la cifra de setenta y cinco mil acres». Trató Sanguily de impedir la fuga de nuestra tierra con su proyecto de ley, que contenía previsoras y patrióticas medidas, mas el Senado ni siquiera llegó a considerarlo.

Las concentraciones de tierras en poder de compañías extranjeras dieron origen al latifundio, favoreciendo a su vez una economía de tipo monocultor, que ha tenido en constante agonía a nuestro pueblo. No era, pues, Manuel Sanguily un «idealista poco práctico», como entonces se le denominara, sino un patriota de muy firmes convicciones cubanas. Treinta y siete años más tarde, la Asamblea Constituyente de 1940, recogiendo una dramática experiencia histórica, venía a darle toda la razón al ilustre patricio, al proscribir el latifundio y limitar restrictivamente la adquisición y posesión de la tierra por personas y compañías extranjeras, disponiendo además la adopción de medidas que tiendan a revertir la tierra al cubano.

Y en ocasión de discutirse en el Senado el proyecto del primer tratado de reciprocidad con los Estados Unidos, Sanguily tuvo ocasión de insistir en sus puntos de vista sobre la necesidad de defender la independencia económica del país como uno de los elementos indispensable para afianzar la soberanía política.

Aquel proyecto de tratado, que en definitiva fue aprobado, mereció amplias y justificadas censuras por parte de Manuel Sanguily. Lejos de inspirarse en fines de verdadera reciprocidad, según demostró el senador y prócer cubano, servía para conceder a los Estados Unidos beneficios muy superiores a los que nuestra República recibía.

Opinaba Sanguily justamente que, al tener Cuba que aceptar un tratado de esa clase, se convertía de hecho en una colonia mercantil, y los Estados Unidos en su metrópoli, del mismo modo que lo había sido antes España, con lo cual nuestra situación no había cambiado en lo fundamental.

Pero además de ello, los precarios beneficios concedidos a Cuba ni siquiera serían en provecho de nuestro pueblo, sino que irían a engrosar las arcas de determinados trusts azucareros, con mucha influencia en las esferas políticas del Partido Republicano, que entonces gobernaba en Norteamérica.

Advertía Sanguily la necesidad de combatir esos peligrosos monopolios, «que pervierten la esencia misma de la democracia», y que actuaban con poderío amenazador tanto en Cuba como en los Estados Unidos, sometiendo a los gobiernos a sus dictados perturbadores. «No os desentendáis —decía Sanguily— de que esas combinaciones de capitales que se llaman *trusts* no existen ni podrían existir por la mera explotación de las industrias; sino que por fuerza han de vivir y sólo viven en razón de los privilegios que obtienen, por lo que de propia necesidad tienen que explotar al Estado, ajustándolo a su influencia y poderío corruptor».

El Tratado de Reciprocidad, tal como estaba redactado, era en efecto un instrumento al servicio de la política de monopolios, que se practicaba con tanto éxito en los Estados Unidos y que invadía también el territorio cubano, creándole graves problemas a la nacionalidad.

Al votar contra dicho tratado, no adoptaba Sanguily una posición meramente romántica, sino que se pronunciaba con honda sagacidad contra la política de privilegios que implicaba y encubría un convenio de falsa reciprocidad. En vez de favorecer los monopolios, Sanguily creía que lo conveniente a nuestra patria era una política de libertad económica, en que se fomentara el mayor número de actividades agrícolas e industriales y se concurriese a todos los mercados para la venta de los productos. La existencia de una gran cantidad de agricultores y pequeños propietarios era para Sanguily la mejor garantía de nuestra soberanía política y de la superación del coloniaje, que constantemente amenazaba los destinos de nuestro pueblo.

Haría falta sin embargo, el transcurso de varias décadas para que tanto en Cuba como en los Estados Unidos se comprendiese el grave peligro que representan las maniobras ilícitas del capital asociado en monopolios y *trusts*; la revolución hecha por Roosevelt en el vecino país y la que se produjo en Cuba en 1933 respondían, entre otras instancias, a la necesidad de liberar la economía de esas trabas financieras en que se ahogaba la democracia.

El canciller-estadista

A la hora de las responsabilidades ejecutivas, Manuel Sanguily supo también cumplir con su deber y prestarle a la República altos y ejemplares servicios. Al ser designado Secretario de Estado en el año de 1910, en el gobierno del general José Miguel Gómez, Manuel Sanguily demostró que no era sólo un parlamentario brillante, de sagacidad y elocuencia poco comunes, sino también un hombre capaz de enfrentarse con decisión a los difíciles problemas de la gobernación del país. Sus rebeldías no eran las del demagogo, sino las del líder consciente de la misión a realizar y apto para llevar a cumplimiento los ideales de su pueblo y de su época.

Delineó una política al aceptar dicho cargo y fue fiel a ella en todo momento, sorteando enormes y complejas dificultades. Según explicó en el banquete-homenaje que le ofrecieron sus amigos en el teatro Politeama, a los pocos días de ser nombrado Secretario de Estado, proponíase desenvolver una gestión que afirmara y robusteciese la soberanía nacional, la cual debía tener su más firme apoyo en «la grandeza moral del pueblo cubano».

Frente a la amenaza de intromisión extranjera y de la división interna, que era una continuación del régimen de castas de la Colonia, Sanguily postulaba la necesidad de «cultivar las indispensables virtudes de la paz», como medio de asegurar la prosperidad moral y material. Consideraba que los cubanos podían estar separados por diversos puntos de vista, de acuerdo con su filiación y criterios políticos, pero que debían permanecer siempre identificados en la empresa de afirmar las instituciones y de amparar la independencia nacional.

Señaló así la conveniencia de que todos se ajustaran al cumplimiento de la Constitución y de la Ley, como la mejor garantía de la paz pública y de la normalidad republicana, que existiese un cabal respeto para la libertad de expresión, pues entendía Sanguily que «la condición acaso más esencial de los gobiernos democráticos es el desembarazado ejercicio de la libertad de pensamiento y de la palabra en todas sus formas». Al mismo tiempo, era indispensable acatar la libre voluntad del pueblo, en el ejercicio del derecho electoral, y en nombre del propio Presidente de la República condenó los propósitos reeleccionistas y de falsificación del sufragio.

Pocas veces un hombre de gobierno ha hablado con tan sincera preocupación democrática y tan exacto conocimiento de los problemas cubanos y de sus necesidades más apremiantes. Pero no fueron aquéllas meras promesas formuladas desde una alta posición para complacer al pueblo, sino consignas a las cuales ajustó estrictamente su ejecutoria de gobernante, demostrando la mayor enteraza en su cumplimiento.

No faltarían otros graves problemas a Manuel Sanguily en el desempeño de sus funciones de gobernante. Los amagos del intervencionismo eran entonces muy frecuentes y surgían cada vez que se presentaba algún problema interno de gravedad y trascendencia. Así ocurrió con la rebeldía racista, que provocó la amenaza, por parte del gobierno de los Estados Unidos de desembarcar tropas en nuestro territorio, eventualidad que fue conjurada gracias a la actuación responsable de Manuel Sanguily, quien alegó los derechos de Cuba a resolver sus problemas internos y ofreció garantías para las vidas y haciendas de los extranjeros residentes en nuestro país.

Durante su actuación como Canciller, tuvo oportunidad de exponer ante el propio Secretario de Estado norteamericano cuáles debían ser los fundamentos de las relaciones entre los pueblos de América y especialmente entre Cuba y los Estados Unidos. Concebía el americanismo —según explicó— como un orden de derecho y de moral internacional, y no como una «ilegítima y desdorosa suzeranía, que consistiese en continua, arbitraria y perturbadora intromisión de un gobierno extraño en la vida íntima y normal de naciones soberanas».

Sus palabras eran una valerosa protesta contra la política del «destino manifiesto» y del «big stick» que venía practicando la Cancillería de los Estados Unidos y una apelación al buen americanismo, aquel que debía apoyarse en un trato de efectiva reciprocidad en derechos y deberes entre todos los pueblos del Continente. «En todos los órdenes de la vida os necesitamos —decía Sanguily— como por múltiples motivos de diversa índole nos necesitáis también vosotros, por lo que deben consistir nuestros comunes propósitos en la mutua utilidad por la prestación y el cambio de servicios recíprocos y equivalentes».

El credo democrático de Manuel Sanguily, que hemos visto surgir y desenvolverse paralelamente a los esfuerzos por crear y consolidar la Nación, culmina en su profunda y certera visión del americanismo, que es una anticipación a las doctrinas jurídicas hoy imperantes en las relaciones hemisféricas.

Ilustración popular

Quien mostró tan zahorí visión para enfocar los problemas de Cuba y evidenció tan altas condiciones de estadista, no podía estar ajeno al hecho de que el adelanto de nuestro pueblo no habría de alcanzarse sólo con medidas de poder, sino que era indispensable robustecer la conciencia nacional y realizar una vasta obra educadora para apoyar sobre bases firmes la libertad.

Fue así que Sanguily desarrolló un luminoso magisterio cultural a lo largo de toda su vida. Ya hemos visto cómo sus discursos, en el período comprendido del Zanjón a Baire, contribuyeron en gran medida a orientar al pueblo cubano hacia las soluciones fundamentales que requería nuestra sociedad, demostrando una gran perspicacia histórica en sus juicios e interpretaciones.

Pero al mismo tiempo que realizaba esa labor, no descuidó Sanguily de otros empeños culturales, en el campo de la crítica, de la literatura y de la investigación histórica, para todo lo cual le sirvió de vehículo su magnífica revista *Hojas Literarias*, fundada en 1893 y que mantuvo hasta poco antes de dar comienzo la última y decisiva aventura de los cubanos por su independencia. En *Hojas Literarias*, Sanguily difundió los hechos culturales de más relieve en la evolución de las letras contemporáneas, publicó comentarios y críticas sobre libros de autores nacionales, iluminó aspectos oscuros o poco conocidos de nuestro proceso cultural e histórico. Fue una obra certera y eficaz de ilustración cubana.

Al fundarse la República, Manuel Sanguily tuvo a su cargo uno de los discursos de la velada con que inauguró sus sesiones el Ateneo y Círculo de La Habana, el 4 de noviembre de 1902, en el Teatro Nacional. Ello le dio oportunidad para exponer su convicción de que la República debía proponerse, como uno de sus principales empeños, el de acometer una vigorosa tarea de cultura y educación.

«Como después de la primera gran guerra —afirmó el elocuente tribuno y escritor— apenas disipadas las humaredas del postrer incendio, hemos colgado otra vez el fusil ennegrecido y glorioso, para proseguir la interminable tarea de reparación y mejoramiento, empuñando el arado que fertiliza la tierra y la pluma que fertiliza las almas, para que el arado arranque sus riquezas a la tierra y la pluma devuelva sus resplandores a las almas». Entendía Sanguily y así lo expresó aquella noche que en el cultivo de los campos y el cultivo de las inteligencias tenían los cubanos el mejor vehículo para consolidar la obra emancipadora y obtener el respeto de los poderosos. Había que desplegar las virtudes de la paz, las que hacen grandes a los pueblos, del mismo modo que antes habíamos sabido mostrar las virtudes y capacidades para conducir una guerra justa y de liberación.

En el programa que Sanguily esbozaba al patriotismo de la nueva etapa, señalaba estos aspectos: amor al orden, juiciosa sumisión a las leyes, desarrollo progresivo de nuestras riquezas naturales, esplendor de las instituciones de enseñanza y beneficencia, extensión de la cultura pública y creciente prosperidad general.

Lección y ejemplo

Fue un útil y fervoroso adalid del pueblo cubano en las más difíciles y complejas circunstancias. Penetró en lo profundo de nuestra realidad histórica, para advertir que la solución a los problemas criollos requería de un doble concurso de voluntad e inteligencia, de acción e ideal. Activo y pensador, como quería Luz y Caballero, supo desde muy joven que la patria no se conquistaría por la súplica ni las meras concesiones de la Metrópoli, sino por el corajudo esfuerzo del pueblo, que debía demostrar sus condiciones y virtudes para el disfrute de la libertad.

Llegó a ser uno de los más constantes forjadores de la conciencia cubana, apoyándola en lo que él denominara el espíritu separatista, que era el espíritu de la soberanía integral, de la incorporación del pueblo a las responsabilidades de la política, de la realización de la justicia y la eliminación del coloniaje.

A la hora de fundarse la República, tuvo una concepción muy clara de la obra a realizar, que no podía intentarse con sentido clasista o de castas, sino con diáfana inspiración democrática. El problema central de la República era poner a funcionar aquella patria con todos y para todos que había delineado el genio político de José Martí, vincular los factores sociales, todavía dispersos y caóticos, para la empresa del adelanto común, asegurar la libertad definitiva en la realidad de las instituciones y, sobre todo, en la conciencia ilustrada del pueblo.

Fue Manuel Sanguily un militante dramático, que no se cansó de luchar durante una vida consagrada por completo al servicio de la Patria. Rebelde, vigoroso y polémico en su actitud externa, era en lo íntimo un hombre de sensibilidad muy fina, de tierna contextura espiritual, un lírico que llevaba a Cuba en lo hondo de su corazón.

2. ¡CUBA LIBRE!

EL 68: A PUNTO DE SER INDEPENDIENTE

Cuba estuvo a punto de alcanzar su independencia política durante los primeros años que siguieron al inicio de la Revolución de 1868. Ello se debió no tanto a los triunfos militares de los cubanos —algunos de los cuales fueron importantes, pero en ningún modo decisivos— como a las gestiones diplomáticas desenvueltas en Estados Unidos por José Morales Lemus, el primer Embajador de Cuba Libre en el exterior.

Uno de los primeros actos del ilustre patriota Carlos Manuel de Céspedes, al ser designado Presidente de la República en Armas por la Asamblea de Guáimaro, que unificó a todas las fuerzas cubanas combatientes por la libertad, fue el de nombrar a José Morales Lemus para que representara al gobierno revolucionario en Estados Unidos, como Enviado Extraordinario y Ministro Plenipotenciario.

Nacido en Gibara, de una familia de origen canario de la más modesta condición, Morales Lemus logró superarse mediante el estudio y el esfuerzo intenso, llegando a ser uno de los abogados más distinguidos de aquella época en Cuba. Fue uno de los dirigentes del Partido Reformista, y escogido en 1866 por los electores de Remedios para representar a Cuba en la Junta de Información en Madrid.

Su estancia en España pronto le convenció de que era imposible conseguir reformas políticas y económicas efectivas dentro del sistema colonial, y que la única solución para Cuba estaba en la independencia. En efecto, las gestiones de los patriotas cubanos en la Junta de Información no tuvieron éxito, lo cual fue uno de los factores determinantes del estallido revolucionario del 10 de Octubre.

El arribo a Nueva York de José Morales Lemus, en febrero de 1869, vino a coincidir con un nuevo gobierno en Estados Unidos. En marzo de ese año, el héroe victorioso de la Guerra Civil, Ulyses S. Grant, tomó posesión de la presidencia de la República, con el propósito de unificar al país y curar las heridas de la larga y cruenta lucha. Transcurridos ya unos seis meses del comienzo de la Revolución en Cuba, la nueva Administración en Washington brindaba motivos de grandes esperanzas a los emigrados cubanos.

Morales Lemus viajó de Nueva York a Washington para entrevistarse con el presidente Grant, a los pocos días de que éste tomara posesión, según refiere Enrique Piñeyro en su excelente estudio histórico-biográfico sobre «Morales Lemus y la Revolución de Cuba». Después de escuchar la exposición de Morales Lemus sobre la situación en que se hallaba la isla y el progreso de la lucha armada, afírmase que Grant pronunció estas alentadoras palabras: «Sosténganse ustedes un poco de tiempo, y llegarán a obtener aun más de lo que esperan». Para Morales Lemus y para los cubanos del exilio, la frase escueta y misteriosa del presidente Grant fue recibida como una promesa de ayuda y colaboración.

Pero los cubanos tenían otros motivos para sentirse optimistas, ya que había sido designado secretario de Guerra el general John Rawlins, amigo de la causa independentista y persona muy influyente con el presidente Grant.

Por otra parte, la Cámara de Representantes de Estados Unidos acordó en abril de 1869 (en votación de 98 contra 24) ofrecer su apoyo al presidente Grant para cuando creyese oportuno «reconocer la soberanía e independencia de la República de Cuba». Tal acuerdo reflejaba la simpatía que la causa revolucionaria cubana había llegado a alcanzar en la opinión pública de Estados Unidos. Algunos de los principales periódicos también abogaban por prestar ayuda a la Revolución. Y en esos mismos días tres naciones latinoamericanas: Perú, Chile y Bolivia, habían reconocido la beligerancia de los cubanos.

En ese ambiente promisorio, Morales Lemus inició sus gestiones con una visita (25 de junio de 1869) al nuevo Secretario de Estado, Hamilton Fish. Después de presentarle los documentos que lo acreditaban como representante oficial del gobierno de Cuba, Morales Lemus brindó una amplia explicación de los motivos que habían producido la Revolución, y las aspiraciones del pueblo cubano a establecer una República libre e independiente. Morales Lemus, en conclusión, solicitó de Hamilton Fish que Estados Unidos reconociera la beligerancia de la lucha que se libraba en la isla contra el régimen colonial.

Hamilton Fish soslayó en seguida el asunto de la beligerancia, asegurando en cambio a Morales Lemus que Washington iniciaría una gestión diplomática en España, ofreciendo sus buenos oficios para mediar en el conflicto sobre las bases siguientes:

«1. — España reconocerá la independencia de Cuba.

2. — Cuba pagará a España, en la forma y plazos que se acuerden, una suma equivalente al completo y definitivo abandono por parte de la segunda, de todos los derechos sobre la isla, incluyendo propiedades públicas de toda especie. Si Cuba no pudiere pagar la suma al contado de una vez, los plazos futuros, y sus intereses, se asegurarán en los productos de las aduanas, conforme al convenio que acuerden las partes.

3. — La abolición de la esclavitud en la isla de Cuba.

4. — Un armisticio durante las negociaciones.»

El Secretario de Estado invitó a Morales Lemus para que suscribiera un documento en que se le reconocía como «agente autorizado del Partido Revolucionario de la isla de Cuba» y en que se fijaba la suma de 100 millones como la cantidad máxima que Cuba pagaría a España por concepto de indemnización.

En realidad, el plan de Hamilton Fish parecía muy conveniente a los intereses cubanos, ya que trataba de obtener por vía diplomática —ahorrando vidas y daños a la riqueza nacional— la independencia de la isla y la abolición de la esclavitud.

Morales Lemus accedió a respaldar, en nombre del gobierno revolucionario de Cuba, las gestiones de Hamilton Fish, aunque tenía muchas dudas sobre la actitud que habría de asumir la cancillería de Madrid. Consigna Enrique Piñeyro que «la seguridad con que hablaba el Secretario de Estado; la espontaneidad que demostraba en favor de Cuba, como objeto de la negociación cuyo éxito no ponía en duda; su confianza, que parecía apoyada en datos y noticias particulares venidas de Madrid...; y las promesas positivas, que sin embarazo hacía, llenaron de esperanza al representante de Cuba; y como era natural, al fin cedió: garantizó con su firma su adhesión».

Para llevar a cabo la difícil gestión diplomática, el Secretario de Estado designó al general Daniel E. Sickles, con el carácter de Embajador Plenipotenciario ante el gobierno de Madrid. Sickles, quien había perdido una de sus piernas en la batalla de Gettysburg, era un hombre de gran reputación y experiencia, adquirida en diversas misiones diplomáticas.

Sus gestiones en Madrid se iniciaron en un ambiente de cordialidad y optimismo. España estaba regida por un gobierno provisional republicano, en el cual figuraban líderes de avanzadas ideas liberales. Unos días después de su arribo a Madrid, Sickles fue recibido (el 31 de agosto) por el general Juan Prim, presidente del Consejo de Ministros. Prim le expuso su opinión favorable a la gestión de Estados Unidos, pero con la condición de que los cubanos depusieran primero sus armas. Prometió que elevaría el asunto a la consideración del Consejo.

La estrategia seguida por el gobierno de Madrid fue la de dar largas a la gestión de buenos oficios de Estados Unidos, sin rechazarla de plano. Finalmente, ante la insistencia de Sickles, el primer ministro le hizo saber que el plan acordado por Madrid discrepaba del de Washington, ya que requería la previa entrega de las armas por los cubanos y la posterior celebración de un plebiscito.

El Secretario de Estado Hamilton Fish, quien todavía mostraba una actitud firme en el asunto de Cuba, sostuvo una entrevista con Morales Lemus, a fin de coordinar la acción a seguir. De acuerdo ambos, Fish envió instrucciones precisas a Sickles, para que insistiese en las bases originales presentadas por Estados Unidos, ya que no podía aceptarse la propuesta de Madrid requiriendo que los cubanos depusieran primero sus armas, ni tampoco era posible celebrar elecciones, «a causa de la desorganización del país, del terror que lo domina y la violencia e insubordinación de los voluntarios».

Esta actitud más enérgica de Washington fue rechazada por el gobierno de Madrid, que siguió su táctica de prolongar indefinidamente las negociaciones, tratando de ganar tiempo para obtener el apoyo de países amigos de Europa. Al discutirse el asunto en una reunión del gobierno en Washington, el general Rawlins hizo una defensa de la causa de Cuba y pidió que se aceptase la beligerancia de la Revolución, si no se llegaba pronto a un acuerdo en Madrid. Esto obligó a Hamilton Fish a enviar nuevas instrucciones a su embajador, para que retirara las ofertas, si no eran aceptadas el primero de octubre, con la amenaza implícita de que sería reconocida entonces la beligerancia de los cubanos.

En realidad, ya se había redactado la proclama por la cual el presidente Grant reconocería la beligerancia de la revolución en Cuba, lo cual hubiera permitido ofrecer la ayuda necesaria para poner término a la dominación española en la isla.

Ocurrió entonces un acontecimiento que fue fatal para la causa de la independencia de Cuba: la muerte del general Rawlins, defensor enérgico de la libertad e independencia de nuestra isla. Hamilton Fish, ya con entera libertad para decidir por su cuenta la política sobre Cuba, cambió completamente su posición. Considerando, con un criterio oportunista, que era más prudente evitar un conflicto con España, dejó que muriese su oferta de mediación, sin cumplir su promesa de reconocer, en tal caso, la beligerancia de la Revolución dirigida por Carlos Manuel de Céspedes.

La proclama del presidente Grant, que iba a promulgarse el 30 de septiembre, se quedó sin firmar, y la actitud del gobierno de Washington cambió radicalmente, llegando en algunos casos a denigrar y perseguir a los cubanos que luchaban por la independencia.

Esto produjo una gran depresión de ánimo en Morales Lemus, quien había confiado en la buena fe de Hamilton Fish. El diplomático cubano enfermó y murió poco después, en junio de 1970. A lo largo de su difícil misión en Washington, Morales Lemus demostró gran sagacidad y sentido del deber, y un intenso amor a Cuba. Como dijera con justicia el profesor Carlos Ripoll, en la velada conmemorativa del centenario de la muerte de Morales Lemus, efectuada en Nueva York en 1970: «Nadie que muere trabajando por la libertad de su país es, en realidad un fracasado, porque la obligación primera es servirlo, y si las circunstancias históricas no le permiten ver el triunfo de su empeño, en nada reduce mérito el no ver colmadas las esperanzas. Fracasado es sólo aquel que no sabe ser hombre».

Con la muerte de Morales Lemus y el cambio de política del

gobierno norteamericano, desaparecían las mejores esperanzas para hallar solución, por vía diplomática, a la guerra que libraban los cubanos por su independencia. Pero no faltaron otras gestiones encaminadas al mismo propósito, algunas de ellas propiciadas por los factores más liberales del gobierno español. Una de ellas fue la encomendada al cubano Nicolás Azcárate, quien se trasladó a Nueva York para entrevistarse con los representantes de la Revolución. Esa tarea estaba asignada entonces a José Manuel Mestre y José Antonio Echeverría. El plan de Azcárate consistía en ofrecer a los revolucionarios cubanos un gobierno autonómico. Como era de esperar, la propuesta fracasó.

La misma suerte cupo a la gestión encomendada al español Miguel Jorro, quien se había destacado por sus artículos en la prensa de Madrid en favor de la libertad de Cuba. Jorro hizo contacto en Nueva York con Mestre y Echeverría, llegándose a acordar un plan para la independencia de Cuba. Pero el asesinato del primer ministro Prim, quien al parecer había propiciado estas gestiones, dio al traste con la negociación.

En la América aLtina se plantearon asimismo iniciativas encaminadas a propiciar la libertad de Cuba. De hecho diez naciones latinoamericanas —Bolivia, Brasil, Colombia, Chile, El Salvador, Guatemala, Honduras, México, Perú y Venezuela— llegaron a reconocer la beligerancia cubana. Pero no fue posible coordinar una acción hemisférica para prestar ayuda efectiva al triunfo de la independencia.

Sin apoyo exterior, la Ilíada de los patriotas cubanos por eliminar el régimen colonial e instaurar una República libre y democrática, habría de prolongarse, con algunos intervalos de paz, hasta fines del pasado siglo. Pero la gesta del 68 inició un camino, marcó un rumbo de libertad que guiaría el destino histórico de nuestro pueblo.

El Miami Herald. — 10 de octubre de 1983

LA GESTA DEL 95: SU ALCANCE NACIONAL E INTERNACIONAL

El 24 de Febrero de 1895 es una fecha que convida a la meditación y que puede brindarnos no sólo bellos e inspirados recuerdos, sino también enseñanzas dramáticas. Fue aquel día una radiante alborada para el sueño cubano de una patria libre, pero también la culminación de un bravo esfuerzo de inteligencia, capacidad y unidad patriótica.

El 24 de febrero no llegó como un milagro, caído del cielo de la Historia —la Historia tiene su cielo, pero hay que ascender con esfuerzo titánico para alcanzarlo— sino que fue el resultado de una siembra y un laboreo muy fecundos. El alma de aquella empresa memorable fue como sabemos, un hombre luminoso, de talento extraordinario, de una profunda imaginación creadora, que dibujó en el cielo de Cuba una estrella —nuestra linda estrella solitaria— de libertad, y que se alzó sobre los obstáculos, sobre los descreídos y los temerosos para alcanzarla, por medio de una hermosa tarea de unificación y de un intenso fervor patriótico.

En la primavera de 1892 se crea en Tampa y Cayo Hueso, que eran entonces como el Miami del exilio cubano de hoy, el Partido Revolucionario Cubano, y se designa al hombre luminoso, a José Martí, Delegado del Partido. Esto fue como el primer fulgor que anunciaba la alborada del 24 de febrero de 1895.

Comienza entonces José Martí su formidable tarea de aglutinación. Unido el exilio en un empeño de libertad, Martí parte en seguida para Santo Domingo, a fin de conferenciar con Máximo Gómez, el veterano de la Guerra de los Diez Años, cuya experiencia y capacidad militar eran la mejor garantía para la organización de un serio esfuerzo revolucionario. Después viaja a Jamaica, para asegurarse la colaboración de otros líderes cubanos. Al año siguiente —1893— Martí se entrevista en Costa Rica con el general Antonio Maceo y con otros veteranos del 68. Su esfuerzo unificador va alcanzando una vasta proyección tanto en el aspecto civil como castrense. Esa unión de los «pinos nuevos», representados por Martí, con los aguerridos líderes militares de la lucha anterior, selló una alianza poderosa, que permitió estrenar el 24 de febrero de 1895 como una empresa sólida y firme, de hondas raíces, para la liberación de Cuba.

Un año después, a comienzos de 1896, la Revolución había llegado a adquirir tal vigor —a pesar de la muerte del hombre luminoso que la concibió e hizo posible— que el gobierno de los Estados Unidos decidió ofrecer sus buenos oficios para buscar una solución al problema de la guerra en Cuba, que se había extendido a toda la isla. Se inicia entonces un movimiento diplomático de amplio alcance, en el cual participan no sólo España y los Estados Unidos, sino la mayor parte de las cancillerías de Europa. La revolución cubana se había proyectado sobre el mundo.

La oferta de buenos oficios fue formulada inicialmente por Richard Olney, Secretario de Estado de los Estados Unidos —en el gabinete del presidente Grover Cleveland— al embajador de España en Washington, Dupuy de Lome, pero al no prestar atención la cancillería española a la iniciativa, el Secretario de Estado Olney decidió enviar —abril de 1896— una nota diplomática al gobierno de Madrid, presidido por Cánovas del Castillo.

Orestes Ferrara, en su muy documentado libro *The Last Spanish War*, afirma que «la Nota norteamericana marcó el primer paso de intervención de los Estados Unidos en la cuestión de Cuba». En aquellos momentos, quizá la gestión norteamericana humiera podido encontrar una solución pacífica al problema cubano pero la reacción de España fue no sólo rechazar la Nota, sino iniciar una gestión diplomática en las cancillerías de Europa, con el propósito de lograr su apoyo para el caso de que E.U.A. decidiera intervenir de modo más directo en el asunto de Cuba.

Con tal fin, el ministro de Relaciones Exteriores de España, Carlos O'Donnell, Duque de Tetuán, redactó el llamado Memorándum de 1896, en el cual se explicaba el problema de la guerra de Cuba desde el punto de vista del gobierno español, y que se circuló a todas las cancillerías de Europa. En tal momento, Alemania, Austria e Italia formaban la llamada Triple Alianza; Francia y Rusia integraban la Alianza Dual; en tanto que Inglaterra permanecía en una posición independiente.

El Memorándum tuvo al principio una buena aceptación por la mayor parte de esas cancillerías, lo que hizo que los Estados Unidos abandonaran por entonces su gestión de buenos oficios, pero algunos meses después se hizo evidente que el apoyo de las Grandes Potencias europeas a España era sólo retórico.

En septiembre de 1897, el nuevo gobierno del presidente McKinley propuso a España sus buenos oficios para hallar una solución a la guerra de Cuba, que adquiría cada vez más fuerza y que preocupaba grandemente a los Estados Unidos. El Partido Republicano, que había triunfado en los comicios, tenía en su programa la libertad de Cuba; y la prensa, el Congreso y el pueblo norteamericano demandaban una rápida acción en tal sentido. Sin embargo, España, decidida a emplear hasta el «último hombre y el último centavo», volvió a rechazar la oferta de Washington.

EXPLOSION DEL MAINE

En la calma de una noche tropical, el 15 de febrero de 1898, una tremenda detonación estremeció la bahía de La Habana, dejando a la ciudad temblorosa e insomne. La explosión, ocurrida en el acorazado «Maine», de la Marina de Guerra de Estados Unidos —acorazado enviado en vista de la caótica situación de la isla— resonó no sólo aquella noche en toda la extensión de la urbe habanera, sino que seguiría retumbando e influyendo en la historia contemporánea.

Aquel estampido de fuego y metralla dentro del buque norteamericano fue el preludio de tres acontecimientos trascendentales con que se inauguró este siglo: la liquidación del imperio español en América, el inicio de la etapa expansionista de

Estados Unidos más allá de sus fronteras marítimas y la independencia de Cuba. Asimismo, cambió el curso histórico para Puerto Rico y Filipinas.

Aún se desconoce el origen de la explosión del «Maine», que causó la muerte de 266 marinos norteamericanos. ¿Fue un deliberado acto de guerra de España contra Estados Unidos? ¿O sencillamente un hecho fortuito, uno de esos imponderables que suelen decidir el destino colectivo? España siempre se ha declarado inocente de este posible acto de provocación. Torcuato Luna de Tena, director del diario ABC, de Madrid, escribía recientemente: «¡Pobre escuadra española, hundida en los fondos marinos frente a Santiago de Cuba, tras el escabroso y sucio invento de la voladura del Maine!» ¿Por qué invento? Fue sin duda escabroso, y podría haber sido criminal, como lo fue con la muerte de tantos hombres que no habían disparado un solo tiro. Pero es ir demasiado lejos atribuirle el carácter de una patraña, a un costo tan alto de vidas, como un pretexto para la guerra. No, Sr. Luca de Tena, aquello fue horrible y trágico, pero posiblemente nada mezquino ni preconcebido, ni mucho menos «sucio invento». Respetemos la dignidad de la Historia y de los países que participaron en aquel episodio trascendente y conmovedor.

En realidad, el entonces Presidente de Estados Unidos era partidario de una solución negociada del problema de Cuba. Y en su afán por hallar vías pacíficas que condujeran al fin de la guerra entre cubanos y españoles, el presidente McKinley llegó hasta sugerir una oferta de compra a España. Pero en aquellos momentos, el gobierno de Madrid era oídos sordos a toda propuesta negociadora. La España oficial no quería renunciar a su hermosa isla del Caribe, tan codiciada siempre —ayer como hoy— por potencias europeas.

La explosión del «Maine» y la consiguiente campaña que realizó la prensa norteamericana, favorable desde mucho antes a la causa de la independencia de Cuba, obligaron al presidente McKinley a dirigirse al Congreso, el 11 de abril de 1898, en solicitud de autorización para intervenir militarmente en Cuba. Era lo menos que deseaba el cauteloso mandatario. Pero las circunstancias habían hecho esa decisión ineludible. En su mensaje al Congreso, McKinley consignaba: «En nombre de la humanidad, en nombre de la civilización, en defensa de los

intereses norteamericanos en peligro, que nos da el derecho y el deber de hablar y actuar, la guerra de Cuba debe terminar».
Fijémonos en que McKinley proponía una actuación en cierto modo neutral, es decir, no en alianza con los revolucionarios cubanos.

LA RESOLUCION CONJUNTA

En sólo una semana, el Congreso de Estados Unidos accedió a la solicitud del Presidente. Después de distintas mociones aprobadas por el Senado y la Cámara, que diferían en varios puntos, una comisión mixta de ambos cuerpos legislativos llegó a un acuerdo que permitió aprobar, el 18 de abril, la llamada Resolución Conjunta. En el primer artículo de la misma se declaraba que «El pueblo de la isla de Cuba es y de derecho debe ser libre e independiente». En la conferencia entre Senado y Cámara, a insistencia del presidente McKinley, se omitió la segunda parte del artículo, defendida por el Senado, que reconocía al gobierno insurgente cubano como «el verdadero y legal gobierno de la isla». McKinley había anunciado que vetaría la Resolución Conjunta, si contenía esta segunda parte.

Además de exigir al gobierno de España que renunciara en forma inmediata a su autoridad y gobierno en la isla de Cuba, y de autorizar al Presidente para utilizar las fuerzas militares y navales de la nación, llamando también a servicio activo a la milicia de los estados, la Resolución contenía otro artículo que fue gestionado por el senador Henry M. Teller, de Colorado, actuando al parecer de acuerdo con la Junta Cubana de Nueva York, cuyo asesor legal era el abogado norteamericano Horatio S. Rubens. Ese artículo se considera reiterativo o complementario del primero, y declara que «Estados Unidos no tiene deseo ni intención de ejercer soberanía, jurisdicción o dominio sobre la isla de Cuba, excepto para su pacificación, y afirma su determinación, cuando ésta se haya conseguido, de dejar el gobierno y dominio de la isla a su pueblo.»

Según la opinión de los principales historiadores que han investigado este asunto, la llamada enmienda Teller fue el resultado de un intenso cabildeo de la Junta Cubana de Nueva York, presidida por Tomás Estrada Palma, para que la Resolución Conjunta reconociera el pleno derecho de los cubanos a su independencia, en forma inequívoca. Sin embargo, el reconocimiento de esa independencia no tuvo un carácter inmediato, ya que Estados Unidos previamente se comprometía a una tarea de pacificación de la isla.

Algunos historiadores apuntan que la Junta Cubana de Nueva York concertó un préstamo en diciembre de 1897, por valor de $ 37.500.000 dólares, con el propósito de gestionar en Estados Unidos la independencia de Cuba. La operación fue financiada por un grupo de banqueros de Nueva York, bajo la dirección de Samuel M. Janney, con la garantía de bonos emitidos para ser pagados por la futura República de Cuba. Todo esto fue publicado en varios periódicos neoyorquinos y aparece en dos autorizados libros: la «Historia de Cuba en sus Relaciones con Estados Unidos y España», del profesor cubano Herminio Portell Vilá, y en «The U. S. in Cuba (1898-1902)», del profesor David F. Healy, de la universidad de Wisconsin.

No estaban equivocados los cubanos al depositar sus más altas esperanzas en la Resolución Conjunta. En el difícil y complejo proceso que siguió a la rendición de España y la Intervención de Estados Unidos, la Resolución Conjunta fue el instrumento más eficaz con que contaron los cubanos para que se reconociera en la práctica el derecho del pueblo a su independencia y soberanía. La Resolución Conjunta abrió el camino a la República cuatro años después.

COMO NACIO LA REPUBLICA CUBANA

A la vuelta del siglo y en poco más de tres años, flotaron tres diferentes banderas, como símbolos de soberanía nacional, sobre el colonial edificio de piedra del Palacio de Gobierno, en la Plaza de Armas de La Habana.

La bandera española bajó de su mástil, donde había ondeado por varios siglos, el primero de enero de 1899, ascendiendo en su lugar la de las franjas y las estrellas —entonces 45— de Estados Unidos de América, y ésta a su vez descendió el 20 de mayo de 1902, para dar lugar a la bandera cubana de la estrella solitaria.

En ese trienio de profundo cambio histórico no sólo surgió la República cubana, sino que Estados Unidos comenzó a estructurar su política hacia la América Latina y el Caribe, basándola en la Doctrina Monroe, pero con otros aditamentos que se ajustaban a su expansión política, económica y comercial.

Después del cese de la guerra con España y al establecerse el gobierno militar norteamericano en Cuba, fue ganando terreno en el Congreso, la Prensa y la opinión pública de Estados Unidos cierta tendencia a la anexión de la isla, a pesar de los términos precisos de la Resolución Conjunta (enmienda Teller) aprobada por el Congreso de Washington en 1898, y que garantizaba la independencia de Cuba.

Muchos consideraban que el pueblo cubano no estaba preparado aún para el ejercicio de la soberanía y del gobierno democrático, por su alto nivel de analfabetismo —dos terceras partes de la población según el Censo de 1900— y porque los latinos pertenecían a una «raza decadente», como había afirmado el general Ludlow, comandante militar de La Habana en la primera fase de la intervención.

El gobierno del presidente McKinley vacilaba sobre el camino a seguir, en tanto que el gobernador de Cuba, general Brooke, y sus comandantes militares en las diversas regiones de la isla, recomendaban medidas a veces antagónicas. En su mayor parte, abogaban por un gobierno militar interventor por largo tiempo, que preparase el terreno para una posterior anexión.

En el verano de 1899 el abogado neoyorkino Elihu Root recibió una llamada telefónica de la Casa Blanca, en la cual se le notificaba que el presidente McKinley quería designarlo su Secretario de Guerra. «Pero esto es absurdo», respondió Root. «Yo no sé nada de guerra. Yo no sé nada del Ejército». El funcionario que hablaba desde la Casa Blanca, pidió permiso para consultar, y al regresar al teléfono, dijo lo siguiente: «El presidente McKinley me encarga que le comunique que no está buscando a alguien que sea experto en asuntos militares; lo que él necesita es un abogado que dirija el gobierno de las islas españolas, y usted es el abogado que él ha escogido». (La conversación fue descrita por el propio Elihu Root años después).

En efecto, el gobierno militar de las islas estaba bajo la directa supervisión de la Secretaría de Guerra. De modo que al tomar posesión Elihu Root del cargo el primero de agosto de 1899, iba a ser responsable directo de la política sobre Cuba.

El flamante Secretario de Guerra, cuya misión era buscar los caminos de la paz, pasó los primeros meses de su gestión escuchando opiniones de funcionarios, congresistas y militares, así como tratando de conocer la actitud de los líderes del pueblo cubano.

Pronto se convenció Elihu Root de que lo más acertado y conveniente a los intereses de los dos países y de la paz en el Caribe era el retiro, cuanto antes, de las fuerzas norteamericanas de Cuba y la designación de un gobierno propio por parte de los cubanos. Fue así que aceptó el plan esbozado por el general James H. Wilson, comandante de la zona de Matanzas., y que consistía en la celebración de una Asamblea Constituyente, como primer paso hacia la formación de un gobierno independiente; la evacuación de las tropas norteamericanas, y la negociación de un tratado económico entre Cuba y Estados Unidos. Aunque poco recordado, el general Wilson fue quizá el personaje norteamericano que contempló con mayor visión histórica la cuestión de Cuba y el Caribe. Su plan, combatido por las fuerzas poderosas que trataban de prolongar la ocupación militar de la isla, hizo posible la instauración en breve plazo de la República.

Ya en diciembre de 1899, al emitir el informe anual de la Secretaría de Guerra, Elihu Root consignaba que «el control que estamos ejerciendo en fideicomiso del pueblo cubano, no debe continuar y no continuara más allá del tiempo necesario para establecer un gobierno que represente al pueblo de Cuba y que pueda mantener el orden y cumplir las obligaciones internacionales».

Las declaraciones de Elihu Root, que reiteraban en forma categórica lo dispuesto por la Resolución Conjunta, fueron recibidas en Cuba con gran alegría y despejaron el ambiente de inquietud existente con motivo de los intentos de impedir la plasmación de una República libre, ideal por el cual había combatido el pueblo cubano durante más de medio siglo.

En septiembre de 1900 se eligieron los delegados a la Asamblea Constituyente, que comenzó sus tareas dos meses más tarde. Los miembros de la Convención —elegidos por regiones y con un total de 31— llevaron a cabo con plena libertad, bajo la presidencia del distinguido patriota y estadista Domingo Méndez Capote, su tarea de redactar la Ley Fundamental de la nueva República, estructurada en un marco de instituciones democráticas, amplias libertades y equilibrio de poderes.

Sin embargo, la Convención tropezó con el escollo de que se le obligara a incorporar, como apéndice a la Constitución, el texto de la llamada Enmienda Platt, aprobada por el Congreso de Estados Unidos según la iniciativa del senador Orville Platt, de Connecticut. Dicha Enmienda creaba un protectorado sobre la isla, permitiendo a Estados Unidos intervenir para garantizar su independencia y otros fines.

Los delegados a la Convención mostraron su repudio a la Enmienda y decidieron enviar una comisión a Washington, presidida por Méndez Capote. Elihu Root, al reunirse con los delegados cubanos, les aseguró que el gobierno de Estados Unidos no se proponía intervenir en Cuba y «esperaba que nunca tuviera que hacerlo». La Enmienda, según él, tenía como objetivo preservar la independencia de Cuba de cualquier amenaza exterior, siendo así un corolario de la Doctrina Monroe.

La Convención Constituyente, después de conocer el informe de la comisión enviada a Washington, no tuvo otra alternativa que incorporar finalmente el texto de la Enmienda como apéndice constitucional, como así lo hizo en junio de 1901 por votación de 14 contra 11, y cuatro abstenciones.

El laborioso parto histórico, que a veces tuvo el aspecto de una cesárea, dio como resultado la inauguración de la República cubana en la espléndida mañana del 20 de mayo de 1902, en medio de un inmenso júbilo patriótico.

El Miami Herald. — 20 de mayo de 1982

20 DE MAYO: SUEÑO DE LIBERTAD

Bajo el ardiente Sol tropical, aquella mañana del 20 de Mayo de 1902 tenía el esplendor único de las grandes fechas históricas. La Habana resultaba pequeña para alojar a los miles de personas que de todas partes de la Isla acudían a presenciar el gran acontecimiento, la tan anhelada inauguración de la República cubana. Era una hermosa fiesta de pueblo, donde se mezclaban risas y lágrimas, emociones y recuerdos en loca algarabía. A algunos les parecía imposible, y no estaban seguros de si era verdad o sueño.

Ese día la bandera cubana, izada en el castillo del Morro y en el Palacio de Gobierno, en la Plaza de Armas, lucía llena de promesas en su despliegue tricolor y en la romántica prestancia de su estrella solitaria, como símbolo de nuestros ideales enraizados en la Historia. Los corazones vibraban de júbilo y expectación.

Aquella bandera no estaba allí por un capricho de la suerte, ni por dádiva de ningún país, sino que era la concreción fecunda de un siglo de luchas y de sacrificios, de un siglo de soñar con una Patria Libre.

Muchas circunstancias contribuyeron a hacer del 20 de Mayo de 1902 una fecha histórica inolvidable. Aún lo sigue siendo, a pesar de todas las dificultades que han marcado el destino de nuestro pueblo. Tras una gesta heroica, el ideal de la nación comenzó entonces a convertirse en realidad. Recuerdos y esperanzas se dieron cita en aquella mañana memorable que fijó un rumbo no sólo para el pueblo cubano, sino que tuvo repercusiones en toda América.

Fue una fecha de unidad nacional, como pocas veces se ha dado en nuestra Historia, en la que participaron todos los cubanos: los veteranos de la Guerra y las nuevas generaciones, los campesinos y los obreros, las mujeres y los hombres, todas las clases sociales, todas las razas. ¡Día radiante de unión y libertad!

El pueblo cubano, al mostrar su inmensa alegría, un júbilo que parecía surgir de lo profundo del alma nacional, dio a su vez un ejemplo de madurez responsable. En ese día, que parecía propicio para el desbordamiento de las pasiones y para la venganza, el pueblo cubano mostró su equilibrio, su generosidad, su sentido de la convivencia, su bondad humana, su capacidad de olvido y de perdón.

No hubo atropellos ni venganzas contra el enemigo de ayer, sino cordial invitación para integrarse a la nueva República. «Pueblo que así se conduce es digno de la libertad, y lo que importa mucho: posee una de las principales condiciones que se requieren para conservarla», consignaba un editorial del «Diario de la Marina» (edición del jueves 22 de mayo de 1902). Añadía el periódico que hubo, en ese día, «el orden más completo y la cordialidad más estrecha. Ese hecho, hay que apresurarse a reconocerlo, es un buen augurio».

También era un buen augurio que el primer gobierno de la República cubana estuviese presidido por un líder civil de mucho prestigio —no un caudillo militar al estilo latinoamericano— por un continuador de la obra de José Martí como delegado del Partido Revolucionario Cubano. Don Tomás Estrada Palma, cuyo sesquicentenario se celebra este año (nació en Bayamo el 19 de julio de 1835), no ambicionaba el cargo de Presidente, y hubo de aceptar ser candidato después que una comisión, presidida por Máximo Gómez, fue a visitarlo a Central Valley, Nueva York, y le convenció de que su designación era indispensable.

Estrada Palma fue elegido estando fuera de Cuba, sin haber fundado siquiera un partido político. Y esto era simbólico. No era el candidato de un partido, sino una figura nacional que representaba los ideales democráticos de la nueva República, contando con la colaboración del general Máximo Gómez, el gran héroe de la guerra, que sentando un ejemplo más de patriotismo, quiso dejar en manos de civiles las tareas complejas de gobernar.

Desde el día anterior al 20 de Mayo, todo era júbilo nacional. En La Habana se habían concentrado más de 15.000 personas, procedentes de toda la isla. Para una ciudad todavía pequeña, aquélla era una vasta concentración. Se rindió el 19 de Mayo tributo a la memoria de José Martí, que había hecho posible en gran medida, aquel milagro de Libertad, y a todos los que ofrendaron sus vidas en las guerras de Independencia. Hubo reparto de raciones a la gente pobre, y el presidente Estrada Palma se reunió con su gabinete de gobierno para estudiar su primer mensaje al Congreso.

Mientras tanto, muchos iban a despedirse del general Leonardo Wood, Gobernador de Cuba durante los últimos años de la Intervención norteamericana, que al día siguiente partiría de regreso a Estados Unidos. Entre sus últimas disposiciones estuvo el nombramiento de Carlos Finlay, el famoso descubridor del agente trasmisor de la Fiebre Amarilla, como Jefe de los Servicios de Salubridad de la isla.

Y llegó por fin la fecha de orgullo nacional y de expectación: el martes 20 de Mayo de 1902. Cuentan las crónicas periodísticas que fue una mañana radiante, iluminada por el sol tropical pero también por el entusiasmo delirante de todos los corazones. En el antiguo Palacio de los Capitanes Generales, en la Plaza de Armas, Tomás Estrada Palma tomó posesión, prestando juramento ante los miembros del Tribunal Supremo. Eran exactamente las doce del día. Unos minutos más tarde era izada la bandera cubana en el Palacio de Gobierno, en el Castillo del Morro —testigo mudo de varios siglos de Historia— y en otros edificios públicos. Había nacido la República cubana.

Aquella noche del 20 de Mayo se llevó a cabo un programa pirotécnico, que incluía la iluminación del castillo del Morro así como de los retratos de José Martí, Máximo Gómez, Antonio Maceo y del presidente Roosevelt. Las luces de los cohetes pusieron también sobre el cielo habanero una representación alegórica de Cuba, Estados Unidos, Puerto Rico y las Filipinas. Aquella pirotecnia, presenciada por vez primera por el pueblo cubano, venía a poner más color y alegría al gran disfrute popular de aquel día histórico.

La nación cubana se ponía en marcha, no en una forma improvisada, sino tras un proceso de ordenación constitucional y legal. La Asamblea Constituyente de 1901, presidida por Domingo Méndez Capote, había aprobado una Carta moderna y democrática, basada en la soberanía del pueblo, las libertades individuales, los derechos y deberes del ciudadano, la organización del Estado en un sistema equilibrado de poderes. Al amparo de sus preceptos, se habían efectuado las elecciones para designar al Presidente de la República y a los miembros del Senado y la Cámara. Era una República dotada ya de todas las instituciones para el ejercicio pleno de la democracia.

Al inaugurarse la República, las relaciones con Estados Unidos se hallaban en un plano de amistosa colaboración y cordialidad. El diario «The New York Times», saludando a la República de Cuba como una nación independiente, decía en un editorial del 20 de Mayo de 1902: «El presidente Estrada Palma puede estar seguro de que su administración será considerada con interés y buena voluntad por la gran masa del pueblo norteamericano». Recalcaba el interés de Estados Unidos en los asuntos de Cuba, explicando que «si todavía mantenemos cierto derecho a dirigir su curso, es porque ... creemos que las pocas limitaciones que le hemos impuesto propiciarán su bienestar y los mejores intereses de su pueblo».

El Times planteaba también la necesidad de una política más liberal para impulsar las relaciones económicas con Cuba, que era ciertamente una de las necesidades mayores de la naciente República, devastada por una larga guerra que destruyó todas las riquezas de la isla.

Muchos eran, sin duda, los problemas a resolver, para impulsar la marcha de la nueva República, y entre ellos eran básicos los de las relaciones comerciales con Estados Unidos. A éstos tendría que dedicar su mayor atención el gobierno de Don Tomás.

Pero más allá de los problemas, más allá de la pobreza en que se hallaba la isla, más allá de la inexperiencia de los gobernantes, estaba el hecho esencial del logro y plasmación de la República, un ideal histórico por el cual se habían inmolado miles de cubanos a lo largo de varias generaciones. Se había cumplido el sueño histórico de José Martí: la creación de una República «con todos y para el bien de todos», una República consagrada a la dignidad plena del hombre.

Ahí estaba la bandera cubana, la gloriosa bandera de tantos combates y sueños de libertad, flotando alegremente sobre el castillo del Morro. Allí estaba la nueva República, con sus instituciones y gobernantes civiles. Allí estaba el pueblo con su ejemplo de serenidad responsable. Era un gran paso de avance hacia la realización de nuestro destino histórico.

Y toda América veía con orgullo cómo la libertad de nuestra isla venía a culminar el proceso de luchas por la independencia, iniciado a principios del siglo anterior. La República cubana, situada en el centro mismo del Mediterráneo americano, era un factor geopolítico indispensable para la defensa y seguridad del Hemisferio y para el mejor equilibrio del sistema interamericano.

El 20 de Mayo de 1902 nos dio ese sentido de la unidad nacional dentro de un régimen de libertad, y ese sentimiento de orgullo de representar los más altos ideales de nuestra historia y de la historia toda de América. Al evocar ahora aquel día, que fue como una meta y al mismo tiempo como un comienzo, que unió el pasado con el futuro, debemos tener fe profunda en que esos ideales volverán a alumbrar el destino de nuestro pueblo. Algún día volverá a nacer de nuevo la República libre, culta y democrática.

El Miami Herald. — 20 de mayo de 1982

ITINERARIO DE LA REPUBLICA

La república, definida por el prócer Manuel Sanguily como «la forma definitiva y perfecta de la sociedad cubana», fue el ideal y el sueño de los criollos del pasado siglo. Por conquistarla, sacrificaron fortunas, bienestar y en ocasiones la vida misma. Sabían que luchaban por un noble empeño y frente a un enemigo de poderosos recursos, ni se amilanaron ni se rindieron, sino que pagaron el precio heroico que cuesta la libertad. A ese precio de abnegación y dolor se alcanzó la república.

Nació el Estado cubano como un ensayo de democracia política, que iba a practicarse por una población depauperada en lo económico por la guerra y con un bajo nivel de ilustración, debido al régimen de ignorancia y oscurantismo mantenido a lo largo de todo el período colonial. Además, la soberanía nacional se hallaba mediatizada por el apéndice constitucional conocido por Enmienda Platt, que daba a los Estados Unidos el derecho a intervenir en Cuba en determinadas circunstancias.

El desarrollo republicano se caracterizó, en los primeros tiempos, por una frecuente inestabilidad política, producto de la falta de madurez cívica del pueblo, y por una creciente expansión económica, en virtud de las grandes inversiones de capital norteamericano en la isla, especialmente en la industria azucarera.

Hacia fines del pasado siglo, se calculaba que las inversiones norteamericanas en Cuba ascendían a unos cincuenta millones de dólares. Con la República y después de haberse aprobado el Tratado de Reciprocidad entre Cuba y los Estados Unidos, las inversiones aumentaron en forma tal, que en 1915 alcanzaban la cifra de doscientos millones de dólares. Posteriormente el capital norteamericano invertido en Cuba llegó a sumar mil quinientos millones de dólares.

Esta formidable inyección de capitales contribuyó enormemente al desarrollo económico del país. La prosperidad general alcanzó niveles extraordinarios al surgir el estallido de la I Guerra Mundial. Cuba asumió el papel de principal abastecedora de azúcar de los países aliados y el precio del dulce llegó a niveles nunca soñados.

Pero esa prosperidad tenía ciertos aspectos peligrosos. El desarrollo económico se había realizado en una sola dirección, con todas las implicaciones funestas del monocultivo. La riqueza nacional estaba, por otra parte, casi completamente en manos extranjeras. El protectorado político instaurado por la Enmienda Platt se afincaba así en sólidas raíces económicas. Y el pueblo se iba acostumbrando al disfrute de una riqueza fácil, propiciada por el azar de las circunstancias internacionales.

Todo esto era demasiado frágil para que pudiese durar. Pronto el precio del azúcar tuvo una violenta caída, después de terminada la contienda bélica. Y no se hizo esperar una etapa de depresión que, iniciada en los años veinte, alcanzó sus más dramáticos caracteres en la década siguiente.

El pueblo cubano comenzó a darse cuenta de la precariedad de su régimen económico. Al mismo tiempo, el ensayo democrático proyectado en la Constitución de 1901 se veía en la práctica invalidado por múltiples deficiencias, provenientes en su mayor parte de la corrupción y el caudillaje. Las elecciones no reflejaban la voluntad popular y los caudillos lograban imponerse mediante la violencia, el soborno y la desnaturalización del sufragio.

A todo ello se unía el efecto deprimente que el protectorado político, establecido por la Enmienda Platt, ejercía sobre el pueblo. Acostumbrado a que todas las soluciones vinieran de los Estados Unidos, el pueblo llegó a perder la fe en su propia capacidad para resolver los problemas internos. Cuando surgía una grave dificultad era corriente escuchar la frase: «Aquí está todo perdido, que vengan los americanos».

Esta situación de desajuste político, económico y de la conciencia pública tendría que desembocar en una grave crisis nacional, que conmoviera las más profundas entrañas del pueblo. Pero antes de entrar a considerarla, veamos lo que significaron para Cuba los primeros años en el orden de la educación y la cultura.

Correspondió precisamente a una de las figuras más preclaras de la cultura cubana, Enrique José Varona, la tarea de echar los cimientos del sistema de educación pública en nuestro país. Actuando como ministro de Instrucción Pública en el primer gobierno interventor, acometió una gran empresa educativa, cuyos resultados fueron de trascendente significación para la ciudadanía cubana.

En el aspecto de la enseñanza primaria contó con la valiosa colaboración del pedagogo norteamericano Alexis E. Frye, quien desde el cargo de Superintendente General de Escuelas, contribuyó en amplia medida a la tarea de crear en Cuba un sistema de educación moderno y científico. El índice del analfabetismo, que llegaba en 1899 al 72 % de la población mayor de diez años, se redujo en forma considerable, gracias a la gestión docente desenvuelta por los fundadores de la escuela popular cubana. Ya en 1907, el promedio de analfabetos había sido reducido al 44 % de la población de referencia. En la actualidad, Cuba figura entre los países latinoamericanos con menor nivel de analfabetos.

Se crearon por Varona y sus colaboradores Escuelas Normales para la preparación del magisterio y el sistema de enseñanza funcionó sobre una base técnica y democrática a la vez. El primer aspecto estaba a cargo de la Junta de Superintendentes de Escuelas. La integración democrática quedaba garantizada en el régimen escolar al formarse las Juntas de Educación, en cada municipio, mediante elecciones públicas para designar a sus miembros. Precisamente los primeros comicios libres que se celebraron en Cuba después de cesar el régimen colonial, fueron para elegir a los integrantes de las Juntas de Educación.

Se cambió asimismo el espíritu de la enseñanza. En vez del absolutismo dogmático imperante en la colonia, se procuró impartir una educación de tipo científico, basada en las técnicas pedagógicas más avanzadas, a fin de preparar a nuevas promociones más aptas para las responsabilidades de una sociedad democrática. El propio Enrique José Varona definió así la finalidad que debía cumplir nuestra educación: «Su más alta incumbencia —dijo— consiste en formar hombres cada vez más aptos para realizar la plena vida humana y más capaces de asegurar al país condiciones favorables al desarrollo armónico y continuado de sus elementos de bienestar, cultura y moralidad superior».

En cuanto a la producción literaria y artística, se advirtió un lento ritmo en los primeros años de la república. El esfuerzo bélico para alcanzar la independencia había gastado las mejores energías de la nación. El movimiento modernista dentro de las letras del continente, que había tenido a dos precursores ilustres en los cubanos José Martí y Julián del Casal, no dejó sentir grandemente su influencia en nuestro país. En vez de cantar a los cisnes y pavos reales, o de hacer madrigales a la princesa Eulalia, los poetas cubanos preferían utilizar temas patrióticos, ganados por el fervor y el entusiasmo del alba republicana. Pero no aportaron, en el orden formal, ninguna contribución de importancia a la renovación de las letras.

Aparecieron después poetas de mayor calibre, como Agustín Acosta, Regino Boti y José M. Poveda. Moviéndose aún dentro de las influencias del modernismo, tuvieron vigor y audacia para ensayar temas y estilos originales. Representaron, según ha apuntado Félix Lizaso, «una etapa de transición en nuestra lírica». Vinieron después los «nuevos», poetas, sensibilizados por las más universales corrientes de la cultura, embargados a veces de preocupación social y aferrados en otros casos a un afán de purismo estético, pero caracterizados en general por un estilo barroco, de audaces imágenes y de arbitrarias violencias lógicas y sintácticas.

Dentro de la narración —novela y cuento— se destacaron Jesús Castellanos, Carlos Loveira, Miguel de Carrión y Alfonso Hernández Catá, entre otros. Los escritores de ficción siempre se han hallado en déficit en Cuba con respecto a los poetas. Pero la prosa ha estado muy amplia y bien representada en los ensayistas y en algunos historiadores, así como últimamente en la biografía, género muy en boga.

Al auge cultural durante las primeras décadas de la república contribuyeron algunas revistas como *El Fígaro, Revista Bimestre Cubana* y *Cuba Contemporánea,* que sirvieron con dignidad y eficacia a la tarea divulgadora de las ideas. Lo mismo puede decirse de algunas instituciones de alta cultura, como el Ateneo de La Habana, la Sociedad de Conferencias, las Academias de la Historia y de Artes y Letras.

Hacia 1930 flotaba un nuevo espíritu en la sociedad cubana, un espíritu de insurgente rebeldía contra lo que se consideraba la frustración republicana.

Correspondió precisamente a los escritores e intelectuales la tarea de crear la nueva conciencia. Desde la Protesta de los Trece, en la Academia de Ciencias, contra un turbio negocio del gobierno del Dr. Alfredo Zayas, los escritores jóvenes comenzaron a interesarse en los problemas de la vida pública cubana. El «Grupo Minorista» sirvió, en gran medida, de vehículo a esas inquietudes con una acción tenaz de denuncia de los males del país, así como de divulgación de nuevas ideas. Sus vinculaciones con otros escritores de América y de Europa hicieron posible establecer un fecundo intercambio ideológico, que resultó altamente beneficioso.

La *Revista de Avance*, editada por Jorge Mañach, Juan Marinello, Francisco Ichaso, José Z. Tallet y Félix Lizaso, además del catalán Martí Casanovas, también puso a vibrar nuevos acentos. Aparentemente, limitaba su acción a difundir nuevas concepciones estéticas y literarias, pero contribuyó también a crear en la juventud un sentimiento de rebeldía social y un anhelo de pulcritud y belleza.

A través de la Institución Hispanocubana de Cultura, fundada por el eminente Don Fernando Ortiz, la nueva sensibilidad cubana pudo captar orientaciones e ideas provenientes de los más preclaros intelectuales de España y de América. Algunas de las conferencias pronunciadas en esa institución dejaron una profunda huella en la conciencia cubana.

Mientras que se desarrollaba ese proceso de vigorización espiritual, la realidad circundante se hacía cada vez más ominosa. A la crisis económica provocada por la depresión mundial de los años treinta, agudizada en Cuba por los efectos del proteccionismo implantado por el gobierno de Hoover, se unía el terrible espectro de la dictadura. La prórroga de poderes del régimen de Machado fue el toque de alarma que despertó a toda la ciudadanía. Los estudiantes se situaron al frente de la protesta y durante tres años (de 1930 a 1933) el pueblo cubano combatió al tirano con la más valerosa decisión. Cientos de estudiantes ofrendaron sus vidas en esa lucha y otros sufrieron los rigores de la persecución, la cárcel y el exilio.

De aquella contienda heroica que estremeció a todo el país, de aquel combate desigual entre el pueblo indefenso y los gobernantes ensoberbecidos, surgió una nueva esperanza. La ciudadanía demostró un acerado temple para luchar por sus libertades. Y se hizo patente que Cuba requería una transformación profunda de sus estructuras políticas, sociales y económicas, si de verdad se quería hallar una solución histórica a la crisis nacional. Se trataba de cambiar un régimen, no meramente de sustituir a un gobierno.

Cuando se produjo al fin, en agosto de 1933, el desplome de la dictadura, precipitado por gestiones de la cancillería norteamericana y tras de una huelga general en todo el país, Cuba se hallaba ante la tarea de reconstruir la vida nacional en todos los órdenes.

LA REVOLUCION NACIONALISTA DEL 33

La revolución nacionalista de 1933 fue un intento de superar nuestros males tradicionales de caudillismo y corrupción para encauzar la República por nuevos rumbos. Creo que en esa etapa avanzamos bastante en cuanto a forjar una conciencia de nuestro destino histórico. Se amplió el conocimiento de la vida y la obra de José Martí con su mensaje de libertad, se analizaron las causas del fracaso republicano en forma profunda y nos liberamos de la tutela de la Enmienda Platt.

Uno de los estudios mejores de nuestro pasado y de las posibles soluciones a los problemas nacionales fue el Manifiesto Programa del ABC, de 1932. Los redactores del Manifiesto Programa hicieron hincapié en señalar cómo el cubano fue desplazado de la riqueza durante las guerras de independencia, de modo que al iniciarse la República, la agricultura y la actividad industrial —azúcar y tabaco básicamente— se hallaban en ma-

Perfil de Jorge Mañach, según caricatura que ilustra su libro *Glosario*, de 1924.

Eugenio Fiorit.

nos extranjeras. Los cubanos carecían —salvo los puestos públicos— de fuentes de trabajo y producción.

El Manifiesto Programa del ABC postuló la necesidad de una reforma total en lo político, lo económico y lo social para sentar las bases de un progreso nacional continuo y permanente.

La revolución nacionalista del 33 tuvo también una certera exposición ideológica en otros documentos como el del Directorio Estudiantil Universitario, de agosto de 1933, y en el del Partido Revolucionario Cubano de 1934. Todos ellos coincidían en sus aspectos fundamentales, tanto al señalar las causas de la crisis cubana, como al apuntar los remedios. Todos ponían énfasis en los principios de la democracia y la libertad política, la independencia económica, la justicia social, la soberanía, la honestidad administrativa, la intensificación de la cultura.

La oportunidad para llevar a cabo esa tarea recibió un gran impulso durante los cuatro meses de gobierno provisional (septiembre de 1933 a enero de 1934) del presidente Ramón Grau San Martín, con la colaboración de un grupo de profesores universitarios y de líderes estudiantiles. Grau San Martín puso en vigor un programa de intenso sabor nacionalista que el pueblo respaldó con entusiasmo, denominándolo la «revolución auténtica». Entre las numerosas medidas dictadas por el nuevo régimen, ninguna fue tan popular como la ley del Cincuenta por Ciento, que obligaba a todas las empresas del país a que la mitad al menos de sus empleados, fuesen cubanos. En aquellos cuatro meses de agitado gobierno, se sentaron las bases de la revolución nacionalista que habría de desenvolverse a lo largo de un cuarto de siglo.

La Revolución de 1933 se proyectó en seguida sobre el exterior. Al celebrarse en ese mismo año la Séptima Conferencia Interamericana en Montevideo, el delegado cubano Dr. Herminio Portell Vilá planteó la doctrina de no intervención, apoyándose en los minuciosos estudios e investigaciones que había realizado sobre la Enmienda Platt. La Séptima Conferencia aprobó el Código de Deberes y Derechos de los Estados, por el cual se prohibía la intervención de cualquier país de América en los asuntos internos de otro. En la práctica, era la eliminación de la Enmienda Platt. Cuba conquistaba así su segunda independencia como resultado de la Revolución Nacionalista y de la brillante gestión diplomática de Portell Vilá.

La tarea más difícil para la Revolución Nacionalista —sin duda ésta sí era tan cubana como las palmas— fue la de establecer instituciones democráticas estables. El Ejército, subvertido en su misma base por la insurrección de los sargentos, se convirtió en un factor político, que demoró y a veces frustró el avance democrático. Desde Columbia, Batista ejercía un poder omnímodo.

Después de siete años de intensas luchas y diversos gobiernos, la Asamblea Constituyente de 1940 pareció iniciar una nueva etapa de estructuración democrática, con la participación de todas las ideologías políticas —aun la de los comunistas— y celebración periódica de elecciones. La Constitución de 1940 venía a ser la consolidación institucional y política de la Revolución Nacionalista, que ya había avanzado mucho en lo económico, social y educacional.

Creo que los ideales de reforma social y económica, bajo un régimen de libertad, se ajustaban a las necesidades y aspiraciones del pueblo cubano. Muchas conquistas se lograron, muchos avances hacia una sociedad más justa y libre, emancipada de coyundas coloniales. Lástima que los líderes no supieron estar a veces a la altura de las circunstancias. Algunos fueron muy populares, pero no pudieron consolidar la Revolución sobre una base firme de estabilidad democrática, honradez y eliminación de la violencia.

Mirada con perspectiva histórica, la Revolución del 33 significó un progreso notable para el pueblo cubano, que afirmó su independencia política y avanzó hacia la solución de sus problemas económicos y sociales. El programa nacional esbozado en la Constitución de 1940 era el camino correcto, y además el único viable. Cuando nos separamos de él, buscando los atajos, nos topamos con el desastre, en que aún vivimos. Quizá lo anterior no era perfecto —ya sabemos que había corrupción, terrorismo, descrédito de las instituciones militares— pero con todo, era mil veces mejor que lo que ha venido después.

El Miami Herald. — 12 de agosto de 1983

EL ABC Y LA RENOVACION INTEGRAL DE CUBA

El ABC —asociación cívica y luego partido político— surgió con el propósito inmediato de derrocar a la dictadura de Machado, y con el objetivo último y fundamental aunque demasiado ambicioso, de lograr una renovación integral de la vida pública cubana.

Conjuntamente con el Directorio Estudiantil Universitario, el ABC agrupó a los nuevos, a la llamada generación del 30, inconforme con el rumbo seguido hasta entonces por la República, que ellos llamaban con cierto desprecio la República de los Caudillos.

Las aspiraciones básicas de los revolucionarios, según consignaba el Manifiesto-Programa del ABC, se resumían del modo siguiente: hombres nuevos, ideas y procedimientos nuevos, reconquista de la tierra, libertad y justicia social.

El histórico documento fue redactado en 1932 por cuatro distinguidas figuras de la vida pública cubana: Joaquín Martínez Sáenz —su principal inspirador—; Jorge Mañach, que aportó la precisión de sus ideas y la elegancia de su estilo; Francisco Ichaso, también brillante escritor; y Juan Andrés Lliteras, abogado y economista que vive en el exilio desde 1960, primero en Miami y ahora en Washington.

Al ofrecernos la anterior información sobre los autores del Manifiesto-Programa (inexplicablemente ninguno de los otros autores escribió nunca sobre cómo fue redactado el documento), el Dr. Lliteras nos explicó que el ABC había surgido en 1931 por iniciativa del doctor Joaquín Martínez Sáenz, después del fracaso de los viejos caudillos en la expedición de Río Verde.

«Martínez Sáenz era un baluarte incansable, hombre de pelea y al mismo tiempo de ideas. El pensó que lo mejor era crear una organización secreta y celular, para hacer más viable la lucha contra la dictadura», expone Lliteras.

Como fundador de la organización, Martínez Sáenz fue el A-1, es decir el primero de la célula principal, luego llamada Célula Directriz. Otros miembros de dicha célula fueron Alfredo Botet, Orestes Figueredo, Carlos Saladrigas, Juan Pedro Bombino, Ramón Hermida y Manuel Martí Escasena.

Recuerda Lliteras que «un buen día, después de un año de

actividades, Martínez Sáenz decidió que era hora de decir lo que somos, lo que pensamos».

En una reunión en casa de Mañach, los redactores del Manifiesto-Programa sostuvieron un cambio de impresiones. Martínez Sáenz hizo un bosquejo de los asuntos que se debieran incluir, repartiéndose el trabajo, según Lliteras, en la forma siguiente:

La introducción y la parte histórica quedaban a cargo de Mañach; la parte relativa a las instituciones estatales y la orientación general del documento a cargo de Martínez Sáenz; la de asuntos financieros a cargo de Lliteras; y el enjuiciamiento d. régimen de Machado se encomendó a Francisco Ichaso.

Se reunieron una semana después y vieron con agrado que había congruencia en todo, y que se necesitaba sólo un «editing» o corrección de estilo. Este trabajo se puso en manos de Mañach. Y como que el distinguido escritor gustaba poner sus pinceladas aquí y allá, dice Lliteras, le agregó ciertas expresiones típicas de su estilo, por lo cual muchos creyeron que él había sido su redactor único. Mañach dibujó también el emblema del ABC: una estrella de seis puntas, como la bíblica de David, con el nombre de la organización inserto.

En cuanto al contenido del Manifiesto-Programa, estima Lliteras que su valor está en que «enfocó por vez primera, desde un punto de vista político, económico y social, el problema cubano, cosa que no se había hecho antes. Y esto lo realizaron unos muchachos, pues eso éramos entonces».

Al producirse la caída del gobierno de Machado, el 12 de agosto de 1933, llegó la oportunidad de la nueva generación, de esos muchachos que habían combatido bravamente contra la tiranía. La Habana era un delirio de alegría popular, vendettas deplorables y despliegue de banderas revolucionarias, entre las cuales predominaba la verde insignia del ABC como una promesa redentora. «Saquemos del altar de la Patria a quienes lo han tomado de pedestal para su soberbia, y llevemos a él la ofrenda de sacrificio de las manos nuevas, de las manos limpias! ¡El ABC es la esperanza de Cuba!», decía el Manifiesto-Programa.

Analizado ahora desde la perspectiva crítica del medio siglo, no cabe duda de que fue un documento medular, «lo más serio que se ha hecho en Cuba», según la expresión del Dr. Manuel Martí Escasena, uno de los fundadores del ABC.

En su interpretación del proceso histórico de la nación cubana, el Manifiesto-Programa puso un énfasis principal en los factores económicos, señalando cómo los cubanos habían perdido la riqueza en sus luchas por la independencia, teniendo que recurrir a los puestos públicos como único medio de subsistencia. De ahí que una de las soluciones básicas propuestas en el Manifiesto-Programa fue la de la reconquista de la tierra y la emancipación económica, ya que «el Estado cubano, obedeciendo en apariencia a las determinaciones de sus productores, ha ejecutado con docilidad el mandato imperativo del imperialismo extranjero.»

Muchas de las consignas nacionalistas expuestas en el documento fueron recogidas después en el texto de la Constitución de 1940, tanto en el aspecto político como económico, social y cultural. Los constituyentes del ABC figuraron entre los más eficaces, laboriosos y fecundos miembros de la Convención. Sin duda la organización, aunque carente de líderes de carisma popular, contaba con una élite intelectual que pocos partidos políticos han tenido en Cuba.

El Manifiesto-Programa contribuyó a crear una conciencia nacional en favor de la libertad, la reconquista de la tierra y la justicia social, «dándole categoría de revolución a la lucha política», como ha dicho Pastor González, ex líder del ABC y que fuera sacerdote en Cuba.

Vuelto a leer ahora, el documento nos impresiona por su certero enfoque ideológico, y está transido de una intensa emoción cubana y de una fe profunda en el destino nacional. Podemos comprender por qué, durante el proceso que siguió a la caída de Machado, el ABC fuera para muchos compatriotas, la más genuina esperanza de Cuba.

El Miami Herald. — 29 de junio de 1982

EL DIRECTORIO ESTUDIANTIL DEL 33

Ha pasado más de medio siglo, pero la Cuba de 1933 no está tan lejana como parece, sobre todo después de la reciente publicación del libro de Justo Carrillo «Cuba 1933, estudiantes, yankis y soldados», editado por el Instituto de Estudios Interamericanos de la Universidad de Miami. El libro de Carrillo, como si manejara una máquina del tiempo, nos recrea aquella época en una forma minuciosa sin soslayar ningún hecho importante, sin olvidar a ninguno de los personajes, ofreciendo un amplio testimonio de valor histórico.

Justo Carrillo no es un historiador convencional, sino que fue actor de muchos de los acontecimientos que describe. Ha escrito así un libro apasionado y polémico, cien por ciento sobre el Directorio, el cual saca del olvido a un organismo estudiantil que llevó a cabo una formidable tarea en la lucha por la libertad de Cuba y por su progreso. Algunos de los líderes de Directorio Estudiantil del 30 (DEU) murieron en esa empresa, como Rafael Trejo, Félix Ernesto Alpízar, Angel (Pío) Alvarez y Carlos M. Fuertes Blandino, a quienes está dedicado el libro; otros sufrieron cárceles y exilio. Su esfuerzo heroico resultó decisivo para el derrocamiento de la dictadura de Machado el 12 de agosto de 1933.

Fue aquélla una época dramática, en que se reúnen factores políticos, económicos e internacionales para producir una grave crisis. La República de los caudillos vive entonces sus momentos de agonía. En la lucha contra Machado, las viejas organizaciones políticas muestran su ineficacia. Surgen entonces organizaciones nuevas que, como el Directorio y el ABC, encarnan los ideales de renovación integral de la vida cubana.

La primera parte del libro de Justo Carrillo nos ofrece los preludios de la Revolución, desde la protesta estudiantil del 30 de septiembre de 1930, en que muere Rafael Trejo y el Directorio irrumpe en el drama nacional, hasta la caída de Machado y el breve gobierno de Carlos Manuel de Céspedes, que duró unos 23 días. Fueron tres años trágicos y cargados de Historia.

En un documento de noviembre de 1930, el Directorio aboga ya, no sólo por la renuncia del Presidente Machado, sino por «un total y definitivo cambio de régimen». En esto parecía coincidir con el ABC, que también en su Manifiesto-Programa señalaba la necesidad de cambiar las instituciones coloniales y crear una nueva República. Ambas organizaciones marcharon unidas en la primera etapa, figurando inclusive dos miembros del Directorio en la Célula Directriz del ABC, pero después tomaron rumbos distintos al producirse el proceso de la Mediación del Embajador norteamericano Sumner Welles.

Justo Carrillo describe en el libro, con abundante información, cómo el Directorio vaciló en aquellos momentos, firmando primero el programa de la Junta Cubana de Oposición de Nueva York, a fines de abril de 1933, en el cual se aceptaba la mediación del gobierno norteamericano para llegar a la solución de la crisis, y oponiéndose después a la gestión de Welles. Quedaba el Directorio como el único sector contrario al proceso mediacionista.

Esto determinó también la posición del Directorio frente al gobierno provisional de Carlos Manuel de Céspedes, que surgió como resultado de la Mediación y de la huelga general contra el gobierno de Machado. Señala Carrillo que el Gabinete de Céspedes «salido de la mesa mediacionista, no tenía fuerza moral alguna y en consecuencia, no es extraño que se produjeran desórdenes populares y que la violencia de las masas se llevara a cabo impunemente como resultado preciso de esta falta de autoridad del régimen». Además de la falta de autoridad, ya que el Ejército estaba desmoralizado y sin jefes, otros factores precipitaron el derrocamiento del gobierno provisional, según los interesantes datos que aporta el autor, uno de los líderes más jóvenes del Directorio.

Esos hechos fueron los siguientes y están expuestos con detalles en el libro: el caso del estudiante traidor José Soler, que es sometido a juicio por el Directorio y luego fusilado (todo el desarrollo del juicio está explicado ampliamente por el Dr. Carlos Felipe de Armenteros en el segundo capítulo del libro).

Otro hecho que provocó gran agitación pública fue el sepelio de tres líderes de la lucha contra Machado, asesinados en el castillo de Atarés, donde fueron descubiertos sus restos (el estudiante Fuertes Blandino, el obrero Margarito Iglesias y el sargento Miguel A. Hernández), manifestación de duelo que pareció unir a estudiantes, obreros y soldados.

Explica Justo Carrillo en el libro que al regresar el periodista Sergio Carbó del exilio y reanudar la publicación de «La Semana», que había sido el órgano de prensa más vigoroso en la denuncia del régimen de Machado, destacó en la portada un dibujo de un estudiante, un obrero y un soldado con un titular que decía: «¿A qué se espera para iniciar la Revolución?». Y en el editorial de Carbó, bajo el epígrafe de «Dos Palabras en Serio», se hacía un llamamiento para la unión de esos factores sociales a fin de producir un nuevo orden revolucionario. Acota Carrillo que Carbó «creyó llegado su momento, su hora precisa, y se aprovechó de la extraordinaria fuerza del resurgimiento de La Semana para situarse de inmediato en el primer plano de la oposición revolucionaria al gobierno mediacionista de Céspedes».

Mientras todo esto ocurría, el Directorio daba a conocer su Manifiesto-Programa (agosto 22 de 1933) en el cual planteaba, entre sus objetivos, la formación de un nuevo gobierno «integrado por personas que el Directorio Estudiantil Universitario seleccionará y nombrará para el cumplimiento de su programa ideológico». Entre las novedades del programa del Directorio estaba que el poder Ejecutivo debería ser ejercido por cinco comisionados con iguales funciones y jerarquía, siguiendo el ejemplo de El Uruguay. También abogaba por la celebración de una Asamblea Constituyente dentro de los noventa días siguientes a la promulgación de una Ley Electoral, por sanciones enérgicas contra los culpables de la tiranía y por un amplio programa de reformas económicas y sociales.

El documento del Directorio hacía también una exhortación a «los elementos sanos del actual movimiento militar, para que ganándose la reivindicación y el aplauso sincero de la juventud, y siendo verdaderos intérpretes de las ansias populares, exijan la verificación inmediata del programa revolucionario estudiantil, único llamado, por virtud de los principios en que se sustenta, a plasmar en realidad la República libre, próspera y feliz a que aspiran los que aman a Cuba de todo corazón».

De acuerdo con esto, según explica Carrillo, el Directorio trató de llegar a una alianza con los oficiales de origen académico. Hubo reuniones con algunos de ellos, como la que se efectuó en casa del Dr. Gustavo Cuervo Rubio, pero sin que se llegara a nada en concreto.

Cuando los muchachos del Directorio Estudiantil Universitario (DEU) abogaban en su Manifiesto-Programa de agosto de 1933 por un gobierno revolucionario integrado por personas que el DEU seleccionaría, estaban seguramente muy lejos de pensar que muy pronto se les presentaría la oportunidad de poner en práctica ese objetivo. La oportunidad iba a surgir dos semanas después.

El 4 de septiembre de 1933, desde horas tempranas del día, soplaban vientos de fronda en el campamento de Columbia, centro militar del país. La crisis de la autoridad era casi completa en aquellos momentos, ya que las Fuerzas Armadas carecían de jefes y estaban desmoralizadas. Así se explica, como podemos ver en el acucioso relato de Justo Carrillo, que se autorizara una reunión de clases y soldados en el Club de Alistados de Columbia. Era extraño y completamente desusado dentro de la disciplina militar, sobre todo en momentos en que el Jefe del Ejército se hallaba ausente, acompañando al presidente Céspedes en una visita a las provincias de Matanzas y Las Villas, afectadas por un reciente huracán.

«¡Autorización inconcebible!», dice el autor. Pero acontecimientos imprevistos son los que determinan a veces el rumbo de la Historia. La noticia de la inaudita reunión de sargentos, cabos y soldados llegó pronto a oídos de algunos de los líderes del Directorio, entre ellos Juan Antonio Rubio Padilla, el propio Justo Carrillo y Rafael García Bárcena. Los tres decidieron trasladarse al campamento de Columbia, donde dos soldados de guardia les prohibieron entrar. Pero ya dentro se hallaba otro líder del Directorio, Ramiro Valdés Daussá, quien dio órdenes de que los dejaran pasar. ¡Un líder del Directorio dando órdenes en el campamento de Columbia!

El fascinante relato de lo ocurrido aquella noche constituye la versión más amplia, autorizada y precisa que yo haya leído sobre el 4 de septiembre. Los hechos están expuestos en un diálogo del autor con Juan Antonio Rubio Padilla, líder del Directorio que iba a ser una figura clave y determinante en los acontecimientos de Columbia.

En efecto, Rubio Padilla fue el encargado de leer a los sargentos, cabos y soldados que deliberaban sobre demandas internas, el programa del Directorio. Rubio Padilla recuerda que serían alrededor de las once o las doce de la noche cuando se produjo la respuesta de los militares, que «fue de apoyo al programa, unánime y clamorosa». De este modo, el movimiento de los sargentos adquiría una dimensión política. El paso siguiente era la designación de la Comisión Ejecutiva de gobierno, de acuerdo con el programa del Directorio.

Según el testimonio de Rubio Padilla, horas más tarde se celebra una segunda reunión, en el Club de Oficiales, en la cual está presente un solo militar, el sargento Fulgencio Batista, en representación de las Fuerzas Armadas. Los otros son líderes del Directorio y revolucionarios de ideas afines a las del DEU. Los muchachos del Directorio asumen en esa segunda reunión su papel de dirigentes máximos y seleccionan rápidamente a los miembros de la Pentarquía: Sergio Carbó, Ramón Grau San Martín, José Miguel Irisarri, Guillermo Portela y Porfirio Franca. Al día siguiente Cuba amanece con un nuevo gobierno colegiado. Todo había ocurrido del modo más inesperado.

El Directorio no sólo nombra a los pentarcas, sino que cinco días después, al comprobarse el fracaso del gobierno colegiado, vuelve a asumir funciones de gran elector y designa al Dr. Grau San Martín como el nuevo Presidente de Cuba. Los muchachos consideraron también a otros dos médicos eminentes como posibles candidatos: los doctores José A. Presno y Gustavo Cuervo Rubio, pero en definitiva triunfó la propuesta de Rubio Padilla en favor de Grau.

Como dice Justo Carrillo en su libro: «El Directorio Estudiantil de 1930 fue el único organismo estudiantil en la historia de la Humanidad que llegó a tomar el poder en su país».

Pero el Directorio, dada la juventud de sus miembros, no podía hacer otra cosa que delegar ese poder en personas de mayor madurez y que se habían destacado por su probidad cívica. Durante el gobierno de Grau, que se distinguió por su avanzada legislación nacionalista de orden jurídico, económico y social, fueron los muchachos del Directorio los que brindaron todo su apoyo y los que le ganaron un amplio respaldo en la opinión pública.

Pero no pudieron los líderes del Directorio impedir todo el desastroso resultado que se derivó de la insurgencia de los sargentos. Por un decreto de uno de los pentarcas, Sergio Carbó, comisionado de Guerra y Marina dentro del gobierno colegiado, el sargento Fulgencio Batista fue ascendido a coronel y nombrado Jefe del Estado Mayor del Ejército. De este modo, por un curioso designio histórico, la revolución democrática y nacionalista propugnada por el Directorio va a derivar hacia un nuevo período de gobiernos designados desde Columbia.

Todo aquel proceso tuvo circunstancias que a veces parecen novelescas, como la de la reunión en casa de Carbó en noviembre de 1933, donde los líderes del Directorio planeaban detener a Batista, que ya conspiraba contra el gobierno de Grau San Martín. El propio presidente Grau reprendió enérgicamente aquella noche al sargento-coronel, pero en definitiva lo confirmó en su cargo, con los resultados que todos sabemos.

No es posible seguir el libro de Carrillo en todos sus pormenores. Pero una de las conclusiones que podemos derivar es que el idealismo de aquellos muchachos llegó a influir de un modo decisivo en todos los acontecimientos del futuro nacional. Los principios de la revolución democrática y nacionalista hubieron de triunfar, no en la forma pura que la concibieron los líderes del Directorio, sino a través de un proceso político y constitucional cuyos logros fueron superiores a sus fracasos.

Justo Carrillo ha demostrado con este libro que no sólo supo hacer historia en el momento oportuno, sino que sabe describirla e interpretarla. Ha reunido un vasto material por medio de una investigación exhaustiva y ha situado al Directorio, y por su conducto a la generación del 30, en el papel relevante que llegó a ocupar en el empeño de instituir en Cuba un sistema de libertad, democracia, independencia y justicia social.

El Miami Herald. — 11 de enero de 1986

BATISTA Y EL 10 DE MARZO

Fulgencio Batista (1901-1973) fue una figura peculiar y contradictoria dentro de la política cubana. No procedía de las aulas universitarias ni de los altos sectores de la sociedad, como era usual en los gobernantes criollos, sino de los estratos más humildes. Había comenzado como cortador de caña en la provincia de Oriente, en donde nació, y fue progresando hasta hacerse taquígrafo y sargento del Ejército, que llegó a conocer bien por dentro.

Con muy escasa preparación académica —no más allá de un nivel de enseñanza secundaria— era sin embargo astuto, inteligente, sereno, carismático, cruel a veces y no reparaba en medios para alcanzar sus fines. Así fue que siendo aún muy joven —a los 32 años— encabezó una insurgencia de sargentos y en la forma más inesperada se hizo amo de Cuba en septiembre de 1933. Aliado primero a los estudiantes y revolucionarios de la llamada generación del 30, Batista fue eliminando a sus primeros colaboradores y designando presidentes a la medida de su conveniencia, mientras él mantenía las riendas reales del poder.

Durante sus largos años de poder omnímodo —1933 a 1944, y 1952 a 1958— osciló entre la dictadura y la «dictablanda», de acuerdo con la situación del país. Reprimió con mano dura a los que se oponían a su régimen cívico-militar, como él solía llamarlo, pero a veces era generoso con el adversario. Mientras su policía política aplicaba torturas y asesinaba estudiantes —como en el caso de Humboldt 7— Batista hablaba de elecciones y derechos humanos, democracia y libertades.

Contradictorio en sus decisiones, permitió el asesinato de Pelayo Cuervo, pero en cambio protegió la vida de Fidel Castro después del asalto al Moncada. Y no tuvo reparos en firmar la ley de amnistía que puso en libertad a su más peligroso enemigo.

Desde su campamento de Columbia, fue dueño de Cuba durante siete años. Y llegó por la vía comicial a la presidencia, después de haberse aprobado la nueva Constitución de 1940.

Eran los años de la Segunda Guerra Mundial. Manejó bastante bien los asuntos internacionales y en especial las relaciones con Estados Unidos. Aunque un enérgico anticomunista en sus proyecciones internacionales, eso no le impidió aceptar, en lo interno, la colaboración del Partido Comunista y la presencia de sus líderes en el gobierno. Además de contradictorio, Batista era una demagogo que se aprovechaba de todas las circunstancias favorables que le permitieran dar un carácter populista y de izquierda a su régimen.

Al término de su mandato de cuatro años, apoyado al mismo tiempo por los sectores conservadores y los más radicales de la izquierda política, Batista vio perder a su candidato presidencial Carlos Saladrigas y no tuvo otra alternativa que entregar el poder al líder de la oposición y triunfador en las elecciones, Dr. Ramón Grau San Martín. El apoyo político de los comunistas de nada le sirvió al gobierno.

Pasaron varios años, y mientras descansaba en su residencia de Daytona Beach, en la Florida, Batista fue planeando su regreso a la política cubana. La ocasión se le presentó con las elecciones presidenciales señaladas para el primero de junio de 1952. Batista regresó a Cuba para participar en la campaña electoral. Pero pronto se dio cuenta de que sus oportunidades de triunfo eran muy limitadas. Y cometió entonces, en la madrugada del 10 de marzo, el más grave error de su vida, al dirigir un nuevo golpe militar apoderándose sin armas y por sorpresa del campamento de Columbia.

¡Tontos los que pensábamos que ya Cuba había alcanzado un nivel de progreso político y democrático, que la mantenía a salvo de la asonada militar! ¡Eramos los mismos, los de siempre! El día antes —creo que era un domingo— transitaba yo por el nuevo sector urbano de La Rampa y experimentaba cierta sensación de orgullo habanero, una ilusión de la Cuba civilizada y culta, a la altura de los países más avanzados de América. No sé si fue una premonición extraña, como el que disfruta la alegría intuyendo secretamente un peligro.

Enfocando el asunto con la mayor objetividad, aceptemos que Fulgencio Batista no tuviera sólo motivos de ambición personal para justificar su loca aventura. Es cierto que el gobierno del Dr. Prío Socarrás había desembocado en una crisis de desorden, terrorismo y corrupción que a todos preocupaba. ¿Pero, no iban a celebrarse elecciones dos meses después, de acuerdo con la Constitución que el propio Batista había jurado respetar? ¿Por qué una traición tan artera?

Aun siendo derrotado, Batista hubiera quedado como una reserva política, con gran influencia y con la posibilidad de llegar al poder unos años después por la vía democrática. Al producir el golpe militar, no sólo le hizo un daño tremendo a la República, sino que él mismo liquidó su carrera política y se convirtió en un personaje impopular y execrado. Podía haber pasado a la Historia como un líder que respetó la Constitución y la voluntad del pueblo. Pero en vez de eso, prefirió la aventura castrense, el gobierno ilegal por la fuerza, la ruptura del ritmo constitucional y todos los demás males que dieron al traste con la República. Y al final, una fuga humillante, dejando al país en manos del comunismo.

Cometido el error histórico del 10 de marzo, hasta era posible buscar una salida decorosa, como hubo de intentarlo el Dr. Cosme de la Torriente con sus gestiones patrióticas. Pero Batista no quiso aceptar una solución a tiempo y se perpetuó en el poder por seis años ante la creciente repulsa del pueblo. Mientras tanto, el Ejército dejó de ser una institución profesional al servicio de la Constitución, el orden y la ley, para convertirse en un mero instrumento del dictador. Esto llevó, como era de esperar, a la desmoralización de los militares, según se demostró en su fracaso para enfrentarse a las guerrillas.

La República se quedó finalmente sin instituciones, entregada a grupos terroristas, en una sangrienta guerra civil detrás de la cual estaba emboscado el comunismo con sus garras afiladas para clavarlas a su modo implacable.

Ya sé que es triste y doloroso recordar todo esto, pero es necesario hacerlo para que nos sirva de enseñanza. Mucho ha sufrido el pueblo cubano por estos errores, por esa tenebrosa madrugada del 10 de marzo, que sirvió para satisfacer las ambiciones de poder de Fulgencio Batista, pero que llevó al desastre a la República cubana.

El Miami Herald. — 10 de marzo de 1983

EL FUNESTO 26 DE JULIO

La fecha del 26 de julio de 1953 es una de las más sombrías y fatídicas en la historia de Cuba. Lo fue entonces y lo ha seguido siendo, por haber representado un gran retroceso en el desarrollo democrático y el progreso de nuestra nación. Como resultado inmediato, los ataques simultáneos, en esa fecha, al cuartel Moncada, en Santiago de Cuba, y al de Bayamo, produjeron la muerte de más de un centenar de personas, incluyendo las bajas de los atacantes y de los soldados que defendieron sus posiciones, además de numerosos heridos.

Fidel Castro y su hermano Raúl, que dirigieron esta aventura insensata, utilizaron, como se sabe, las fiestas del carnaval en Santiago para llevar allí, sin llamar la atención, a unos 160 hombres con un puñado de armas. Muchos de ellos ni siquiera sabían a dónde iban, entre ellos el actual general Juan Almeida, quien creyó participaría sólo en un entrenamiento militar, según relata el historiador Hugh Thomas. Contra la creencia común, la gran mayoría de ellos no eran estudiantes, sino trabajadores y personas de la clase media.

Aunque algunos de los atacantes del Moncada lograron introducirse dentro del cuartel, sorprendiendo a los soldados de guardia a una hora bien temprana —5:30 A.M.—, la operación resultó, como cabía esperar, un completo fracaso, y Castro dio la orden de retirada después de una refriega que duró aproximadamente una hora. Los muertos y heridos quedaron en el escenario de la lucha, en un sacrificio inútil, en tanto que los hermanos Castro se escondieron en un lugar próximo a Santiago, salvando sus vidas debido a la intervención de monseñor Pérez Serantes, obispo de Santiago. Por una de esas grandes ironías de la historia, este gran fracaso dio a conocer y contribuyó a conferirle a Fidel Castro una proyección nacional.

Castro trató de dar la impresión de ser un líder nacionalista y demócrata. En la proclama para ser leída por una estación radial, declaraba que «la revolución reconoce y se basa en los ideales de Martí ... y adopta como propio el programa revolucionario de Joven Cuba, el ABC Radical y el Partido Ortodoxo. La revolución declara su absoluto y reverente respeto por la constitución que se dio el pueblo en 1940». Y en el *Himno del*

26 de Julio, compuesto días antes del ataque al Moncada, se proclamaba con énfasis: «Lucharemos todos por la libertad». La estrategia de la falsedad y de la confusión caracterizó desde los primeros momentos la actuación del castrismo.

Una de las primeras consecuencias del asalto al cuartel Moncada fue la supresión de las garantías constitucionales y la promulgación de una ley de orden público por la cual se establecía una estricta censura sobre la prensa. Fueron meses muy difíciles para los periodistas cubanos, que se habían acostumbrado ya al disfrute de la libertad de expresión.

Pasado un trimestre, se restablecieron las garantías constitucionales y se suprimió la censura de prensa. El 25 de octubre de 1953, publiqué en *El Mundo*, periódico habanero del cual era redactor y editorialista, un artículo titulado *Pesadilla*, en el que exponía conceptos de los cuales no me arrepiento y que, de haberse seguido, quizá hubieran evitado la tragedia cubana. Me parece oportuno reproducir algunos de ellos.

«Cuando la prensa calla, los pueblos comienzan a hablar en voz baja y en la sombra. La noticia se convierte en rumor. La opinión responsable cede a la especulación atrevida. La opinión pública se torna suspicaz y el miedo se convierte en el denominador común de la convivencia. Así hemos vivido en estos últimos meses».

«Queda al menos de todo esto una experiencia que debe ser asimilada: el círculo vicioso de la violencia, ejercida por unos o por otros, no es capaz de resolver el problema nacional. Sólo el acatamiento del derecho, en un régimen de amplias libertades, puede conducirnos hacia la superación de la crisis política del país, para retornar a nuestras instituciones democráticas».

«Nuestra ciudadanía no ansía otra cosa que una solución democrática de la actual crisis, porque tiene la convicción profunda de que la libertad es un legado histórico de la república y que son las urnas las llamadas a decidir el pleito político, como expresión suprema de la soberanía popular».

«En cuanto a la prensa cubana, ha sabido cumplir con su deber en momentos difíciles y seguirá cumpliéndolo. Ni azuza la violencia, por arraigadas convicciones, ni se deja someter por el miedo. Cree en la libertad como el clima natural para su misión de informar y orientar a la opinión pública. Busca la paz y el entendimiento cordial entre todos los cubanos, porque

Enrique Labrador Ruiz

sabe por experiencia que sólo así puede prosperar el país, consolidarse sus instituciones y alcanzar altas metas de adelanto histórico».

«Al despertar de la pesadilla terrible del último trimestre, los periodistas cubanos queremos tener fe en el futuro. Queremos pensar que estas cosas no volverán a ocurrir en nuestro país, porque el círculo vicioso de la violencia a nada conduce ni se puede superar amordazando la prensa. Y queremos trabajar también para un futuro de democracia y de paz espiritual en la nación ... Los hombres son efímeros. Lo importante es salvar las instituciones y los principios de nuestro pueblo. Lo importante es que no muera en Cuba la Libertad».

Treinta años después de aquello, la Libertad ha muerto en Cuba en una forma terrible, aún más terrible que en aquel trimestre. El 26 de julio inauguró una etapa de violencia, de división en la familia cubana y de tiranía que se ha proyectado como una sombra ominosa sobre nuestra isla. Pensamos que aquella pesadilla iba a terminar con una solución patriótica y democrática. Pero no hubo soluciones democráticas, y la pesadilla, cada vez con aristas más tenebrosas, más trágicas, ha continuado hasta el día de hoy. No ha habido, en la historia de Cuba, una fecha tan nefasta como la del 26 de julio, en el año mismo del centenario de José Martí.

EL ASALTO AL PALACIO

Era el 13 de marzo de 1957, un día como otro cualquiera, en que el cielo habanero mostraba un espléndido azul, surcado por algunas nubecillas negras. Llegué a la redacción de «El Mundo» a eso de las dos de la tarde, para comenzar a trabajar en la preparación de la página de artículos y editoriales.

Todo estaba normal y tranquilo en la vasta sala que ocupaba la redacción del periódico. Comentarios, chistes, teclear de las maquinillas —¡qué lejos estaban las modernas computadoras con pantallas!— y ese inquieto ambiente que es como una droga para el periodista.

Una hora y media más tarde —alrededor de las 3:30— sentimos ráfagas de ametralladoras. Los teléfonos comenzaron a funcionar como en una vorágine, y en medio de una gran confusión, supimos que se estaba combatiendo en el Palacio Presidencial. Los reporteros de policía y los fotógrafos —héroes anónimos— salieron raudos para aproximarse al escenario de la lucha. En la redacción tratábamos ansiosos de ir atando los cabos de la noticia, una noticia tan grave y tan próxima. ¡Idus de marzo!, exclamó un compañero versado en Historia.

Uno de nuestros reporteros llamó al Palacio Presidencial, para indagar qué pasaba. Respondió al teléfono uno de los atacantes: «Sí es verdad... El Palacio ha caído. Batista está muerto. Somos libres». Todos nos llenamos de sorpresa y expectación.

Sintonizamos a Radio Reloj, para saber si estaba dando noticias sobre el asalto al Palacio. Y escuchamos la voz, que tanto conocíamos, pues era frecuente visita del periódico, del presidente de la Federación Estudiantil Universitaria, José Antonio Echevarría, quien con palabra emocionada hacía la siguiente exhortación: «Pueblo de La Habana. La revolución está en progreso. El Palacio Presidencial ha sido tomado por nuestras fuerzas y ejecutado el dictador».

La redacción era un hervidero de conjeturas y comentarios, mientras que las balas zumbaban a lo lejos con furia. Pasaron una, dos horas, y el fragor del combate fue amortiguándose hasta desaparecer. Supimos después con bastante precisión lo que había ocurrido. Un grupo de unos 50 hombres, conducidos por Carlos Gutiérrez Menoyo y Faure Chomón (líder del Directorio Revolucionario) habían penetrado con ametralladoras y pistolas en el Palacio, habiendo llegado algunos de ellos hasta el segundo piso, donde se hallaba el despacho presidencial. Un segundo grupo tuvo menos suerte, y muchos cayeron bajo las balas de los soldados apostados en la cercana iglesia del Angel. Entre los que lograron llegar al Palacio se hallaba el jefe de la conspiración, Menelao Mora, ex congresista del Partido Auténtico que moriría en la refriega.

Ya en el segundo piso, los atacantes se encontraron en una trampa, pues el presidente Batista y su familia se hallaban en el tercer piso, adonde no se podía llegar sino por medio de un ascensor, detenido arriba. Pronto los asaltantes se vieron entre el fuego de los soldados que guardaban el interior del Palacio y nuevas tropas de refuerzos. Fueron cayendo uno tras otro. Al terminar el combate, había 35 cadáveres de los asaltantes, y cinco de soldados. El Palacio fue rodeado de tanques, enviados con premura desde el campamento de Columbia, y el audaz ataque al Palacio Presidencial —único que se recuerde en la Historia de Cuba— terminó sin que lograra sus objetivos.

Esa misma tarde, en otra parte de la ciudad, el inolvidable José Antonio Echevarría, un joven idealista, valiente y de puros ideales democráticos, moría en lucha con la Policía. ¡Pobre «Manzanita», inmolado inútilmente por una causa de libertad, traicionada una y otra vez!

Otra lamentable pérdida que se produjo como resultado del asalto al Palacio fue la del ex-senador ortodoxo Pelayo Cuervo, asesinado a la mañana siguiente junto al lago del Country Club de La Habana. Se conjeturaba que Pelayo Cuervo hubiera sido el Presidente de Cuba en caso de ser derrocado Batista.

Fidel Castro, ya en la Sierra Maestra desde diciembre de 1956, no estuvo enterado del asalto al Palacio ni se solidarizó con él. Entre el Directorio Revolucionario, una organización de estudiantes universitarios que aspiraban a una Cuba democrática, y el Movimiento 26 de Julio, había profundas diferencias ideológicas que ya se manifestaron durante la entrevista que un año antes tuvo Echevarría con Castro en Ciudad de México.

¿Qué hubiese ocurrido en Cuba de haber muerto Batista durante el asalto al Palacio? Es muy difícil reconstruir la Historia, que toma a veces los más imprevistos derroteros, pero aquella tarde de lucha fratricida no resolvió ninguno de los graves problemas nacionales y liquidó al Directorio Revolucionario como la principal organización de lucha frente al régimen. Un mes después —el 19 de abril— fueron sorprendidos y muertos, en una casa de la calle Humboldt, en La Habana, otros cuatro líderes del movimiento estudiantil: Fructuoso Rodríguez, que había sucedido a Echevarría como presidente de la FEU, José Westbrook, José Machado y Juan Pedro Carbó. El Directorio quedaba aniquilado, pasando a Fidel Castro —ya penetrado y al servicio del comunismo internacional— toda la iniciativa de la lucha.

Mirando el asalto al Palacio Presidencial desde la perspectiva de un cuarto de siglo, aquella tarde de tantas ansiedades y estupor, vino a ser como el prólogo de una violencia que no cesaría ya por largo tiempo. Los propósitos idealistas de los muchachos del Directorio Revolucionario resultaron frustrados, y la República cubana, forjada con tanto sacrificio heroico, vino a convertirse poco después en la nueva colonia de una potencia extracontinental.

¡Idus de marzo! Este es un mes de grandes sorpresas en la Historia, desde la época de Julio César...

El Miami Herald. — 13 de marzo de 1982

EL PRIMERO DE ENERO DE 1959

El primero de enero de 1959 guarda para mí recuerdos imborrables. Desde la noche anterior, había como un aire de misterio en el ambiente. Dadas las circunstancias críticas en que se hallaba el país, con una guerra interna que iba alcanzando cada vez mayor intensidad, decidimos permanecer en casa para esperar el año entre sorbos de sidra y votos tímidos de felicidad. Las clásicas uvas no nos supieron tan dulces. Tenían algo de fermento y acritud.

Antes de la medianoche, recibí la llamada telefónica de un amigo, en que me anunciaba en cierta forma esotérica que era inminente la renuncia del presidente Batista y su salida del país. Pensé que mi amigo, en su entusiasmo de la despedida del año, había tomado unas copas de más, lo cual era frecuente en él aunque no concurrieran circunstancias tan propicias. Con la ingenuidad de los descreídos, no le concedí la menor importancia. Y nos fuimos a dormir tranquila, tontamente, con la impresión de que nada extraordinario estaba ocurriendo ni iba a ocurrir.

A eso de las tres de la mañana —no estoy cierto si antes o después— me despertó una nueva llamada telefónica, esta vez de José Sánchez Rubín, jefe de información del diario El Nacional y amigo muy estimado, quien me informaba con toda seguridad que Batista había salido en un avión hacia Santo Domingo. Su reportero en Columbia se lo había informado. Ya no había duda posible. (Por cierto, Sánchez Rubín ha sido una de las numerosas víctimas del régimen comunista, y ha estado preso sin que se le permitiera salir de Cuba).

Todos nos levantamos en casa en medio de una gran excitación, y me vestí rápidamente para ir hacia la redacción de

«El Mundo», donde se comenzaba a preparar una edición especial. Antes pasé a recoger a mi hermano Roberto, también periodista, que vivía en la Víbora. Mientras atravesaba las calles habaneras, tan llenas de recuerdos, en mi viejo «Oldsmobile», observaba la quietud increíble de la ciudad. Todo parecía dormir, tranquila, sosegadamente, en una especie de silencio dramático. Y comentamos: ¡Si supieran!

Es difícil reconstruir las impresiones de aquella noche, a una distancia de un cuarto de siglo. Creo que sentí júbilo al haber salido, por fin, de un régimen que interrumpió el proceso democrático y condujo al país a un estado de rebeldía y lucha fratricida. Pero junto con esa emoción jubilosa, había también cierta profunda sensación de angustia e incertidumbre. ¿Qué sorpresa nos traería el futuro? ¿Qué nuevo curso tomaría el destino cubano? Mi corazón tenía latidos premonitorios.

Al llegar a la redacción de «El Mundo», ya estaban allí el director Raoúl Alfonso Gonsé, el subdirector Jorge L. Martí y un grupo de redactores y reporteros. Comenzamos a laborar con prisa, para que el periódico estuviese en la calle bien temprano, aunque la situación no estaba aún clara. Lo único seguro era la partida de Batista, después de haber asistido a la fiesta de despedida del año en Columbia y de haber hecho entrega del mando al general Eulogio Cantillo. Lo demás era caos y confusión.

Quisiera conservar todavía un ejemplar de aquel periódico, que confeccionamos con ansiedad, en aquella histórica noche en que La Habana dormía. Algunas de las principales tareas periodísticas se llevan a cabo en el silencio de la madrugada. Y así ocurrió el primero de enero de 1959.

Ya en las primeras horas de la mañana, comenzó el pregón de los vendedores de periódicos, despertando a los habaneros con la sensacional noticia. Al principio había cierto temor de que no fuese cierta, pero a medida que circulaban los periódicos y se escuchaban los noticieros de radio y televisión, el pueblo se lanzó a las calles, formando una especie de ola humana, y la quietud de la noche se convirtió en una explosión tremenda de algarabía, entusiasmo, locura colectiva.

Mientras tanto, Fidel Castro se hallaba aún en sus madrigueras de la sierra oriental y según todos los indicios, fue sorprendido por la noticia. Era entonces para el pueblo cubano una figura legendaria, como una especie de Robin Hood con barbas y metralleta. Pero pocos lo conocían bien, ni mucho menos sabían cuáles eran sus verdaderos propósitos. Nunca había definido un programa ideológico.

A medida que avanzaba aquel extraño primero de enero, era mayor la excitación pública. ¡Cuántos nuevos revolucionarios se lanzaron a las calles para tomar posiciones! A veces se producían tiroteos aislados. Nadie sabía ciertamente quién mandaba en Cuba. Soldados y policías se habían replegado a sus cuarteles, en tanto que el general Cantillo trataba de formar un gobierno provisional bajo la presidencia del magistrado Piedra, el más antiguo del Tribunal Supremo.

En horas de la tarde me encargaron en el periódico que fuera a la embajada del Brasil, en el Vedado, para hacer una entrevista a las hermanas de Castro, que estaban asiladas allí. Me acompañaron en la tarea el querido amigo y compañero Mario Parajón, y un fotógrafo.

El embajador Vasco de Cunha tenía dividida la embajada en dos secciones. En una de ellas se hallaban los asilados castristas, que aún no se atrevían a salir, y en la otra, los asilados batistianos,

Estando allí, se produjo un tiroteo tan intenso, que daba la impresión de que estaban atacando la embajada, y en aquel día cualquier cosa era posible. Nos tendimos en el suelo por unos minutos, según instrucciones del propio Embajador, un buen amigo de los cubanos que salvó las vidas de muchos de ellos.

Al cabo de un rato, los tiros amainaron y proseguimos nuestra gestión periodística. Las hermanas de Castro, entre ellas Juanita, nos dijeron que no podían hacer declaraciones mientras estuviesen en la Embajada, por prohibirlo las reglas del asilo. Tampoco pudimos sacar fotos, y regresamos al periódico un poco frustrados.

Los tiroteos continuaban sin que se supiera nunca el origen. Parecían formar parte de la celebración. El tránsito resultaba a veces difícil, especialmente al caer la noche, pues era necesario identificarse ante patrullas de presuntos revolucionarios encargados de mantener el orden, en ausencia de la policía. De un día para otro, La Habana había dado un vuelco tan extraordinario, que era como otra ciudad.

La orden de una huelga general dictada por Castro desde la Sierra vino a complicar la situación. Comenzaron a escasear los alimentos. Recuerdo los percances de un matrimonio norteamericano, buenos amigos míos, que vivían en Nueva York y fueron a pasar su luna de miel en La Habana. Me habían encargado de alojarlos en El Rosita, de Hornedo, en Miramar. Parecían muy felices. El primero de enero convirtió la luna de miel en un drama. Como si no fueran pocos su terror y alarma ante los frecuentes tiroteos, se encontraron con que no tenían servicio de comida en el hotel. Tuve que acompañarlos rápidamente al hotel Nacional, donde se estaban reuniendo todos los norteamericanos sorprendidos en Cuba por la revolución. Al fin mis amigos pudieron salir. ¡No habrán olvidado la agridulce luna de miel habanera!

Visto todo esto desde la distancia de 25 años, da la impresión de algo surrealista, como un cuadro de Picasso, o como el sueño febril de una imaginación novelesca. Pero no fue sueño ni concepción abstracta. Fue el comienzo de una triste e implacable realidad, que llevó a Cuba, cuando mayores eran las esperanzas, a una etapa de completa destrucción. El lema de «pan con libertad», difundido en los primeros días de efusión nacionalista, se convertiría muy pronto en un despotismo con miseria. La Revolución «verde como las palmas» se convirtió en roja, como la sangre de tantos mártires. Y el destino del pueblo cubano se ha hecho así pura angustia y dolor. ¡Qué extraña madrugada aquella que en medio de su calma, nos trajo tan largo invierno de tragedia y desolación!

El Miami Herald. — 20 de enero de 1984

3. MEDIODIA CULTURAL

MISION DE LA PRENSA *

Señor Rector Magnífico de la Universidad de La Habana,
Señor Decano de la Facultad de Ciencias Sociales y Derecho Público,
Señoras y señores:

El hecho de que la Universidad y la prensa de Cuba se concierten para una empresa de esta clase tiene, a mi modo de ver, una especial significación. Son precisamente la Universidad y la prensa los dos poderes espirituales más activos e influyentes con que cuenta nuestro país. He dicho poder y ya siento un poco de preocupación. Pero fijaos bien que se trata de un poder social que carece en lo absoluto de coacción. Ni la Universidad ni la prensa han impuesto sus ideas a la colectividad, por lo que podemos estar tranquilos. Pero en cambio, las ideas enarboladas en estas aulas y las que la prensa ha trasmitido, con su terquedad cotidiana, son las que han guiado en gran medida nuestro destino histórico. Por eso puedo decir en seguida, sin temor de proclamar una herejía o algo subversivo, que si alguien ha mandado en Cuba en los últimos tiempos, o mejor dicho, si alguien ha sido obedecido con entusiasmo y adhesión casi unánime, ese privilegio corresponde a la prensa y la Universidad.

Porque, señoras y señores, no manda en una colectividad determinada sólo el que tiene en sus manos los instrumentos represivos. La fuerza supone, cuando más, un mando artificial y

---
* Conferencia en el Aula Magna de la Universidad de La Habana, pronunciada el 10 de mayo de 1955.

aleatorio. Mandar, en su profundo sentido, significa influir en las conciencias, ser respetado y obedecido de un modo espontáneo. Se trata de un proceso espiritual bien complejo. En Cuba, la vocación de mando en su genuino alcance, sólo demuestran haberla tenido, como instituciones, estos dos poderes espirituales que hoy convergen aquí.

Ni aún el Parlamento, institución democrática por excelencia, ha tenido empeño alguno en mandar, sino casi siempre en todo lo contrario. Porque ha estado más cerca de los reclamos sectarios que de las corrientes de opinión pública.

Pero no creáis que el objeto de esta conferencia es abordar el tema escabroso de quién manda en Cuba. Sólo quiero partir del hecho de que la Universidad y la prensa son poderes que ejercen gran influencia espiritual en el país y que, por ese motivo, resulta alentador verlos en conjunción de esfuerzos. Mi tarea aquí en la tarde de hoy es un poco la de poner, en esta alegría de colaboración, unas cuantas gotas de esencia meditabunda sobre la misión que a la prensa corresponde realizar.

Viejo es ya el periodismo como son viejas las universidades. Desde antes de Cristo se redactaban periódicos. El más antiguo diario conocido se le atribuye a Julio César, que fue sin duda una alta mentalidad política. Ordenó que diariamente se escribiesen las transacciones del Senado, en una tabla que se exponía al público. Este es el más lejano antecedente de esos grandes periódicos que hoy, en una noche, consumen más papel que todo el que estuvo a disposición de la humanidad durante la época Antigua y el Medioevo.

Pero aquel periodismo primitivo y raquítico era sólo un paliativo para la curiosidad del hombre. Es de suponer que florecerían los chismes, los rumores, las «bolas». Sabe Dios cuántas versiones habría de los amores de Cleopatra y Marco Antonio, o de los caprichos de Nerón, o de las bacanales de los emperadores. Muy mal informados debieron de estar nuestros remotos antepasados y acaso ello explique la incertidumbre con que hoy contemplamos muchos acontecimientos históricos.

El periodismo moderno es un producto directo de la invención de la imprenta. Así como el descubrimiento de América ensanchó los horizontes físicos del mundo, la tipografía vino a darle una amplitud insospechada a la difusión de las ideas y noticias. Se reveló para el hombre un nuevo mundo espiritual, que ponía a disposición de los estudiosos todo el vasto caudal de la sabiduría antigua y que facilitaba el conocimiento más directo de las cosas. El periodismo fue desde entonces un factor de aglutinación, de mejor conocimiento entre los individuos y pueblos.

Apenas se concibe que pueda funcionar la compleja sociedad moderna sin la existencia de la prensa. Ésta es como el sistema circulatorio que lleva a los rincones del organismo social aquellas noticias e ideas que son indispensables para la convivencia. Si el régimen circulatorio deja de funcionar, las partes del cuerpo colectivo se aíslan y quedan sometidas a una anquilosis. No es exagerado, por tanto, concebir la prensa como un poder social, tan necesario como el del Estado, cuyo mejor funcionamiento es indispensable para la salud y el progreso de la nación.

Añadid además que las modernas democracias necesitan contar con ciudadanos bien informados, por lo menos, de modo que la opinión pública pueda decidir en forma juiciosa los graves problemas del procomún. Si se quiere de verdad que el pueblo sea soberano, es indispensable que tenga una preparación mínima para que ejerza con responsabilidad sus derechos democráticos. La prensa actúa así como uno de los factores esenciales, pues forma la opinión pública en gran medida, y al mismo tiempo la refleja. Es una electricidad que hace vibrar e ilumina los corpúsculos profundos de la sensibilidad colectiva.

La prensa va aliada a la democracia como su inseparable compañera. Por eso, los dictadores suelen comenzar casi siempre por suprimir la libertad de informar y de opinar. Creen que así, cortando las arterias espirituales de la sociedad, pueden medrar mejor. Y lo logran sólo transitoriamente, como lo revela la experiencia histórica.

Misión de informar

La primera y básica misión que corresponde a la prensa es la de informar. Puede redactarse un periódico sin editoriales —en Cuba los hay— pero no sin noticias. La avidez más general de lector es la de enterarse de lo que ocurre en su derredor y en el mundo, para satisfacer así su instinto de curiosidad.

Los diarios modernos dedican una gran atención a las noticias. De la capacidad que se despliegue para obtenerlas y presentarlas con objetividad y en forma atractiva, depende en gran medida el éxito de la empresa periodística.

El concepto de noticia es bien difícil de definir y está sujeto a muchas disquisiciones. Se ha afirmado que de la noticia hay casi tantas definiciones como del amor, lo cual es ya mucho decir. El Diccionario de la Academia Española explica que «es una novedad que se comunica». Aquí tenemos un elemento esencial: el carácter de nuevo, de actualidad. La noticia es un personaje que está naciendo y muriendo todos los días. No envejece, no dura apenas unas horas. Cuando cumple su misión de enterar a todos, deja el lugar para que vengan otras novedades a cautivar la atención del lector.

Pero desde luego, no todo lo novedoso es noticia. Cada día ocurren miles de hechos que los periódicos no recogen. Para que un suceso cualquiera tenga carácter noticioso es indispensable que interese por alguna cualidad específica, que se separe de lo cotidiano y normal. Pongamos un ejemplo que la actualidad nos brinda. Todos los días hay gatas que traen al mundo su prole. Ningún periódico, sin embargo, ha tenido la idea de reportar sus alumbramientos. Pero hace unas semanas ocurrió que una de ellas, en un alarde genésico, dio a luz cuatro gatitos siameses. Y allá los periódicos se dieron gusto llevándola a primera página, dedicándole informaciones especiales, confiriéndole la categoría de personaje de la noticia.

Esto es lo que pudiéramos denominar la calidad psicológica de la noticia para interesar al público. Se trata de algo un poco sutil y que queda a la valoración del periodista. En el mismo caso de la gata de cuentas, la noticia de su alumbramiento llegó a la redacción de un periódico —bien lo recuerdo— en una noche llena de trajines. Hubo dudas sobre si valía la pena ir hasta un lugar apartado para traer al papel el testimonio de la ocurrencia felina. Se hacían necesarios un repórter y un fotógrafo para esa labor, los cuales, a lo mejor, se requerirían también para otras urgentes tareas. Pero se decidió —y pienso que con buen juicio— que aquello valía la pena, y se hizo, y al otro día era una noticia en que muchos lectores estaban interesados y que otros periódicos se ocupaban de destacar.

He puesto este ejemplo para que ustedes vean cómo en la noticia hay siempre un factor psicológico que consiste en descubrir lo que interesa al lector. Acaso en una sociedad menos sentimental que la nuestra, el alumbramiento de una gata no hubiera merecido tal destaque ni suscitado la reacción que entre nosotros produjo.

Otro ejemplo sobre el valor relativo de las noticias lo tenemos en lo siguiente. Si ustedes comparan los periódicos editados en otros países con los nuestros, se darán cuenta en seguida de ciertas diferencias esenciales. Los diarios extranjeros no tienen páginas políticas ni de crónica social. En cambio, en Cuba tales páginas son de las más leídas. No podría existir un periódico que dejase de atender y destacar esos aspectos informativos. Sociales, política y deportes son tres canteras básicas que nutren el periodismo noticioso en nuestro país. Para otros pueblos, sin embargo, la política doméstica, es decir, el forcejeo interior de los partidos, y la vida social, tienen escaso valor como noticias.

Podríamos, pues, llegar a una conclusión provisional pero bastante segura, en el sentido de que la noticia es aquella novedad que se comunica, como dice el Diccionario, y que tiene interés para un gran número de personas. He aquí los ingredientes básicos de ese personaje tras el cual van día a día los periodistas para apresarlo y hacerlo vivir una existencia efímera, pero a veces ruidosa.

La misión de la prensa en este aspecto es la de ofrecer al lector el mayor número de noticias posibles, como reza el lema del *New York Times*, pero al mismo tiempo hacerlo con veracidad y objetividad. El lector debe tener la seguridad de que la noticia que lee en el periódico no es la opinión personal del repórter o del redactor, sino el hecho tal y como aconteció, con el margen de error que siempre puede caber en lo humano. Los más grandes diarios contemporáneos son aquellos que han llegado a adoptar esa norma ética y se han conquistado por tanto un crédito de amplia confianza en el lector. Un diario puede opinar en una u otra forma, pero tiene la obligación de dar las noticias ajustándose a la verdad, sin desfigurarlas en forma sectaria.

El Código de Honor de la Prensa de América, aprobado en un Congreso Periodístico que se celebró en México, establece que «el cumplimiento honesto y eficaz de la función informativa exige que los periódicos presenten siempre una información objetiva y veraz». Y en otro artículo señala que «debe distinguirse estrictamente la función informativa de la función ideológica y orientadora».

También la Sociedad Norteamericana de Editores de Periódicos ha adoptado un código de ética, en el cual se señalan, entre otras reglas, las relativas a la imparcialidad, veracidad, responsabilidad y decencia de las informaciones. Tales normas han sido aceptadas y seguidas por la mayor parte de los periódicos norteamericanos, lo cual representa una garantía de seriedad para el lector.

La existencia de los códigos de ética periodística demuestra hasta qué punto es delicada y responsable la labor de la prensa y cómo debe regirse por criterios de una elevada moral. En tal sentido tiene razón el editor del *Chicago Tribune*, Robert B. Mc Cormick, cuando afirma que «nadie puede ser un buen periodista si no tiene algo bueno y grande en su corazón». En esta profesión se requiere constantemente un acucioso sentido del deber, un amor a la verdad por encima de todo, una vocación de sacrificio que no repara en horas de trabajo, ni en esfuerzos ni en exposición, a veces, de la propia vida. Tales periodistas, cuando tienen empresas que los respalden, son los que hacen en verdad los buenos periódicos.

Misión de orientar

Si informar es la misión primaria de la prensa, no es menos importante la de brindar orientaciones a la opinión pública sobre los asuntos de actualidad. El lector tiene ante sí un cúmulo de acontecimientos, que a veces no puede comprender bien, por su carácter complicado, en algunos casos, o rigurosamente técnico en otros. Los editoriales y artículos son como el jugo gástrico que contribuye a la digestión de las noticias. Sin este complemento indispensable, el lector carecería de la suficiente perspectiva para orientarse entre las múltiples informaciones a que diariamente tiene acceso. No quiere decir que ha de aceptar ciegamente la opinión del periódico, pero al menos debe contar con elementos de juicio que le ayuden a formarse su propio criterio.

La misión de orientar a la opinión supone una delicadísima tarea, y sólo puede realizarse adecuadamente si los periódicos tienen independencia y un alto sentido de responsabilidad. A veces será necesario hasta ir en contra de criterios predominantes. Pero al fin y al cabo, si un diario ejerce su misión editorial con honradez e inteligencia, va ganando prestigio en la opinión pública y llega a influir decisivamente en la colectividad.

Sin embargo, el editorialista no debe hacerse ilusiones respecto a la inmediata eficacia de sus artículos. Será indispensable que escriba mucho sobre el mismo tema y que el tiempo forme estados de opinión pública, para que las ideas enarboladas lleguen a triunfar. Creo que tengo alguna experiencia sobre el particular, pues he trabajado durante muchos años como redactor de editoriales. Y mi experiencia es alentadora en gran medida, pues recuerdo que casi todas las causas justas han sido ganadas en definitiva. A veces han pasado meses y hasta años, pero los principios se han impuesto a la larga sobre todas las realidades que los ignoraban.

Podría citar ejemplos específicos. Nunca se me olvidará el de las leyes complementarias de la Constitución ni el de la reciente amnistía. En el primer caso fue necesario que pasaran varios años antes de que los gobernantes se hicieran eco de la demanda. Pero esas leyes complementarias fueron aprobadas en su mayor parte porque la prensa había formado un estado de opinión pública al respecto. En la cuestión de la amnistía política se hizo necesario un gran esfuerzo para vencer recelos, dudas, vacilaciones. Al cabo la prensa, que interpretaba un criterio nacional, ganó la batalla de la amnistía. Siempre sucede así, al menos en nuestra república, donde la opinión del pueblo es vigorosa y se hace sentir en las esferas del gobierno.

La misión orientadora de la prensa es particularmente relevante e indispensable en las democracias. El pueblo tiene que elegir periódicamente mandatarios, decidir sobre importantes cuestiones políticas y económicas, compulsar las doctrinas y pronunciamientos de los partidos. Es una vasta gama de intereses e ideologías que requiere, para orientarse, un conocimiento maduro y sereno. De otro modo, la opinión pública sigue a los demagogos, que son los más hábiles para presentar sus puntos de vista y que apelan a los instintos y emociones primarios.

La misión de una prensa responsable puede contribuir mucho a que la democracia funcione de un modo equilibrado, sin caer en los peligros y graves inconvenientes de la demagogia. Si la prensa, frente a los hechos, presenta criterios racionales y sensatos, si defiende con firmeza los principios, si enseña al pueblo a pensar y orientarse con sagacidad, entonces la opinión pública adoptará actitudes congruentes y la democracia funcionará como un sistema político que, si no perfecto, al menos se acercará bastante al ideal del gobierno entre los hombres.

Claro que no es posible pedir a todos los periódicos que se produzcan en forma tan juiciosa. Siempre hay una prensa amarilla que explota los sentimientos demagógicos y que deforma la verdad para servir intereses sectarios o mercantiles. Este tipo de prensa puede hacer un gran daño, pero no será tan perniciosa su labor, si los periódicos serios mantienen una línea de rectitud y orientación inteligente. En los Estados Unidos, por ejemplo, el *New York Times* no es el periódico que tenga más lectores, pero sí el más respetado por sus opiniones y el que más influencia ejerce.

Por lo demás, no es fácil llegar a un criterio de verdad. Pero podemos tratar de acercarnos bastante a lo justo, si procedemos con plena independencia y sin sujeción a ningún dogmatismo. En una política editorial que aspire a conquistar el respaldo y la simpatía de la opinión pública, no debe influir ningún interés sectario. El saber y la experiencia son los llamados a fijar la orientación del periódico y determinar sus puntos de vista sobre los complejos y diversos problemas que se presentan en cualquier colectividad moderna.

La opinión editorial ha de ser coherente y mantenida con reiteración, para que llegue a determinar estados de opinión pública. El periódico debe mostrar cuidado en no contradecirse, en ofrecer una firme y clara política de principios. De lo contrario, corre el peligro de que el lector considere que sus opiniones se forman de acuerdo con conveniencias circunstanciales, en vez de ajustarse a normas inalterables de servicio público.

Una mayor flexibilidad cabe en lo relativo a artículos firmados. Es más, el periódico puede publicar opiniones contrarias de algunos de sus colaboradores, y ello contribuye a que el lector tenga a la vista distintos ángulos de enfoque, para formarse una mejor orientación. Esta amplitud en cuanto al juicio de los colaboradores no conviene, sin embargo, que vaya más allá de los principios fundamentales que defiende el periódico. No es posible admitir, por ejemplo, que en un diario de ideas liberales, se haga la apología del cesarismo o que se justifiquen las agresiones a los derechos democráticos. Pero salvo las cuestiones esenciales, el articulista que firma sus trabajos debe tener la mayor libertad para expresar sus criterios, siempre que lo haga dentro de las normas fijadas por la ética periodística.

Si un periódico cuenta con editoriales inteligentes y sabios, y ofrece al lector, además, la oportunidad de acercarse a comentarios de la actualidad redactados por un cuerpo talentoso de colaboradores, puede sentir la satisfacción de que está contribuyendo a conducir rectamente la opinión pública para el mejor encauzamiento de la vida nacional. Dichosos los pueblos que cuentan con una prensa celosa de sus obligaciones y sinceramente empeñada en cumplir su alta misión orientadora. Esos pueblos son los que determinan el progreso y rumbo ascendente de la civilización.

Misión de cultura

Con frecuencia se ha dudado que el periodismo sea un instrumento de cultura. A esa mala reputación ha contribuído mucho un ensayista tan agudo como José Ortega y Gasset, quien en una conferencia famosa afirmó que «el periodista es una de las clases menos cultas de la sociedad presente» y que «el periodismo ocupa el rango inferior en la jerarquía de las realidades espirituales».

Extraña que estas palabras hayan salido de un escritor que no ha dejado de ser periodista a todo lo largo de su brillante carrera y que debe precisamente a los diarios la gran difusión de su pensamiento. Es más, su propio ejemplo de filósofo asomado a las páginas de los periódicos es una desmentida de su enfática andanada contra la prensa.

Ahora bien, es posible que Ortega y Gasset tuviese algo de razón en su alegato, muy interesante en este caso, porque precisamente exhortaba a la Universidad para que supliese las deficiencias del periodismo y enfocara los grandes temas del día desde su punto de vista propio —cultural, profesional o científico—.

La Universidad de La Habana, al menos, está preocupada por llevar a cabo esa función de cultura, como lo prueban este curso, las exposiciones, el cine, el teatro y otras actividades. Pero la alta misión espiritual que Ortega asigna a la Universidad no obsta para que el periodismo pueda realizar a su vez una labor de divulgación de las ideas y de los hechos culturales.

Hay que reconocer que tal empresa ha estado casi abandonada. Apenas las noticias culturales ocupan lugar en los periódicos. No hay secciones de comentarios de libros. Todo esto es cierto y acaso a ello aludía Ortega y Gasset cuando disparó sus proyectiles dialécticos contra el periodismo. Pero el hecho de que tal misión no se cumpla o se realice muy imperfectamente, no es motivo para deducir que debemos prescindir de la misma.

La verdad es todo lo contrario. Se requiere que la prensa ponga todo su poder divulgador al servicio de la cultura, entendida ésta en el sentido que la definía el historiador Jacob Burckhardt, como «la suma total de los procesos espirituales que se desarrollan en una forma espontánea». El pueblo acaso no se haga más culto con lo que publiquen los periódicos, pero sí será educado con una mayor sensibilidad para apreciar las manifestaciones del pensamiento y del arte. La función cultural de la prensa no es, a mi juicio, la de enseñar con metodología didáctica, sino la de despertar inquietudes que luego vayan a satisfacerse en el libro, el concierto, la exposición o la conferencia. Como agente incitador de curiosidades, creo que no hay ninguno que supere a la prensa.

Y que la prensa está en ese camino de emparentarse más con la cultura lo prueban algunos síntomas, como ese reciente de la difusión brindada a la invención de la vacuna contra la poliomielitis. Los periódicos han recogido alegatos técnicos, han divulgado la vida del doctor Salk, han convertido en una actualidad muy viva el hallazgo científico. Con esto se ha hecho un gran servicio a la humanidad y sólo los periódicos eran capaces de realizar la tarea. De otro modo, el gran acontecimiento hubiese permanecido ignorado por la opinión pública.

Vasta es la misión cultural que puede realizar la prensa, desde la reseña de conferencia, exposiciones, conciertos y otros actos, hasta la difusión de las ideas que, en el orden literario, científico o artístico, se debaten en el mundo de hoy. Hay que llevar las antenas del saber hasta los últimos rincones y despertar la sensibilidad del pueblo, para lo cual se requiere una preparación muy amplia en los que desempeñan esta profesión.

Yo no soy de los que opinan que basta con dar al lector cualquier cosa, aunque sea grosera y chabacana, si en esa forma se venden ejemplares de periódicos. La prensa tiene una gran responsabilidad y debe procurar que su labor sea beneficiosa y educadora. La gente tiende a guiarse por lo que ve en letra de molde. Si el mensaje que encuentra en la prensa es constructivo, acabará por sensibilizarse ante esas incitaciones y evolucionar hacia un nivel de cultura más alto.

Un ejemplo ilustrará mejor lo que puede la persistencia en estos empeños. Ustedes recordarán la época, aun no muy lejana, en que ningún empresario de cine quería exhibir películas europeas, porque no era negocio, ya que el público no asistía. Sin embargo, la tenacidad de algunos en calorizar ese género de cintas cinematográficas ha obrado el milagro contrario: que las películas europeas llenen las salas y que ofrezcan las mejores ganancias.

Yo entiendo, quizás con un poco de optimismo, que también las noticias culturales y los artículos literarios y científicos llegarán a vender muchos ejemplares de periódicos, y que el lector se acostumbrará tanto a ellos, que los reclamará como un servicio periodístico indispensable. La prensa será así un índice y reflejo de la cultura viva de su tiempo.

Libertad de prensa

Esa intensa y extensa misión que corresponde a la prensa realizar depende en gran medida de las condiciones que rijan su desenvolvimiento. Si está sometida, como ocurre con los países totalitarios y en las dictaduras latinoamericanas, a las preceptivas del poder, su acción es delegada e incolora. El periodismo deja de tener influencia efectiva en la opinión pública y se convierte en un negociado más de las oficinas del Estado.

La libertad de prensa es una de las más grandes conquistas de la civilización. Su importancia radica no sólo en el hecho de que permite contar con periódicos independientes, para ejercer la libre crítica y formar una opinión pública responsable, sino en que es una garantía del sistema de derechos individuales. Cuando no hay libertad de prensa, todo el régimen de libertades está amenazado de morir. Con razón ha dicho Harold Laski que «un pueblo sin noticias que merezcan crédito es, más tarde o más temprano, un pueblo sin una base de libertad».

En las naciones democráticas, el concepto de libertad de prensa ha llegado a alcanzar una gran latitud. No hay restricciones a priori de la misma, porque ello sería una forma de censura. Cualquier responsabilidad legal en que pueda incurrir un periódico es determinada siempre a posteriori y mediante decisiones judiciales. Así lo establece, entre otras constituciones modernas, la nuestra de 1940, que en su artículo 33 determina que «toda persona podrá, sin sujeción a censura previa, emitir libremente su pensamiento, de palabra, por escrito o por cualquier otro medio gráfico u oral de expresión».

El derecho de libertad de prensa es de tal amplitud en los regímenes democráticos, que se acepta que la crítica de los actos gubernamentales, aun cuando no sea veraz, no constituye delito. Porque un periodista puede equivocarse, con buena fe, en la exposición de un hecho.

Ahora bien, la libertad de prensa no autoriza para incitar a la rebelión contra el gobierno o para calorizar actos de violencia que perturben la paz. Tampoco permite la ley que se utilice para cometer el delito de libelo, es decir, la difamación de una persona, mediante calumnia o injuria. El periodista que incurra en esas figuras delictuosas está sometido a la acción penal.

Hay otras restricciones de la libertad de prensa que caen dentro del terreno de la moral. Ningún periódico que se precie de serlo publica en sus páginas material obsceno, porque ésta es una forma de corromper las costumbres y llevar a la anarquía social. Pero las normas al respecto provienen más bien del propio sentido de responsabilidad de la prensa, que de leyes escritas, aunque en algunos países la legislación prohíbe expresamente toda publicación inmoral.

Fijaos en que aun en los casos de delitos flagrantes, la libertad de prensa no admite restricciones previas. Sólo después de cometida la infracción, puede ejercerse la acción legal para sancionar el daño causado a la sociedad, o a un individuo en particular.

Sin duda, esta institución de la libertad de prensa es una de las más grandes creaciones de la sociedad moderna. Para los países que no la han disfrutado nunca, acaso deje de tener importancia. Mas en aquellos pueblos afortunados que han podido saborear las delicias de esta libertad y asomarse cada día a las noticias, sin que se oculten o mixtifiquen, la libertad de prensa es un bien del cual no se puede prescindir.

El cuarto poder

Se dice con reiteración que la prensa es un cuarto poder. Para que lo sea efectivamente, la prensa tiene que cumplir sus funciones a plenitud. Debe saber administrar la libertad, que la ley le reconoce, en beneficio colectivo. Los periódicos no son sólo empresas privadas, sino entidades de servicio público, con responsabilidades muy complejas que asumir.

No basta con que, todos los días, salga a la calle una determinada cantidad de papel impreso. Lo importante es el espíritu que anime esas páginas, la veracidad en la presentación de las noticias, los comentarios sinceros y enérgicos. Muchas veces la alta misión del periodismo se ve lastrada por el miedo o la timidez en el enfoque de los temas. Se establece dentro del propio diario una especie de autocensura, para impedir el más pequeño desbordamiento. Este estilo de periodismo, que quizá se justifique en determinados momentos de gran peligro o crisis del país, no es el que corresponde a la prensa que aspire a cumplir con entereza sus deberes.

Otras veces el periodismo debilita su acción por exceso, al dedicarse casi exclusivamente al escándalo. Es nocivo y repudiable que se falte a la verdad, que se lastime sin pruebas la reputación de las personas, que se violen las reglas éticas. La responsabilidad moral de la prensa es tan necesaria como su decisión para criticar los abusos y cumplir con valentía su misión de orientar a la opinión pública.

Del equilibrio, inteligencia y grandeza con que ejerza sus cotidianas tareas, depende que la prensa sea ciertamente un cuarto poder. Porque como dijimos al principio, su autoridad no depende de la coacción, sino de factores espirituales. El Estado puede, en cualquier momento, hacer cumplir una disposición, aunque sea injusta y contraria a la opinión general, pero la prensa no puede hacer triunfar un criterio si éste no se inspira en la verdad, el bien y las conveniencias del pueblo.

Por otra parte, las relaciones entre el periódico y la opinión pública son muy sutiles y delicadas. Es una especie de interacción, de influencia mutuamente ejercida. La prensa debe recibir los latidos de la sociedad, pero al mismo tiempo tiene que orientarlos en la mejor dirección. Nunca se sabe a ciencia cierta si es la prensa la que crea la opinión pública o si es ésta la que se refleja en la prensa. La verdad debe ser una combinación de ambas actividades. Prensa y opinión pública son una ecuación que funciona en beneficio de la colectividad y que sirve de garantía al gobierno del pueblo, por el pueblo y para el pueblo.

Todo lo anterior indica hasta qué punto el poder de la prensa es, más que una conquista definitiva, una posibilidad que depende de la eficacia con que lleve a cabo la compleja misión que le está encomendada, como agente espiritual de miles de lectores anónimos.

Prensa y Universidad

No quiero terminar estas palabras sin antes señalar la importancia y la utilidad práctica que se derivan de este trabajo en colaboración entre universitarios y periodistas, que creo servirá de base para relaciones más permanentes y de fecundo alcance.

La Universidad de La Habana tiene una larga tradición de esfuerzos culturales y de servicios a la comunidad. Ha sido, en las épocas de dificultades y de sombras, un refugio de la dignidad cubana, un insobornable bastión de los ideales del pueblo. Por eso ha llegado a convertirse, como decía al principio, en un poder espiritual, que ha señalado los rumbos de nuestro destino histórico. No me refiero aquí sólo a la gallarda actitud de los estudiantes, sino al cuerpo universitario como institución, que bajo la rectoría, en los últimos años, de un cubano tan eminente como el doctor Clemente Inclán, ha logrado mantener una invariable línea de decoro y de lealtad a los principios fundamentales de la República.

También la prensa responsable de Cuba ha sabido defender esos mismos principios y servir de intérprete de la opinión pública cuando parecían cerrarse los caminos de la libertad. El ejemplo de firmeza ideológica que se desprende de esas actitudes ha contribuido en gran medida a fortalecer la fe en valores espirituales que son consustanciales a nuestro pueblo.

Yo estoy seguro que esta universidad y la prensa cubana seguirán cumpliendo con su deber y haciendo su tarea fecunda: la de sembrar curiosidades intelectuales, la de informar, formar y orientar, la de madurar ideas que sirvan para el progreso y el bienestar de la colectividad. Aunque es ésta una empresa larga, difícil y poco espectacular, sin embargo sus resultados serán los más beneficiosos en definitiva, porque han de traducirse en la superación de la conciencia nacional.

EL MUNDO: UN GRAN PERIODICO CUBANO

El 11 de abril de 1901 comenzó a vocearse por las calles de La Habana un periódico de atractiva presentación y factura moderna, *El Mundo*, cuya aparición coincidía casi con el estreno de la República cubana, inaugurada un año después.

Aquel diario cuya primera edición constaba sólo de cuatro páginas de siete columnas, fue fundado por un periodista cubano que había vivido exiliado en Estados Unidos por varios años, José Manuel Govín, con un préstamo de 2.000 dólares que le facilitó su primo Rafael R. Govín, quien triunfaría en Nueva York en diversas empresas de negocios, habiendo llegado a ser propietario del *Journal of Commerce*.

Bajo la dirección entusiasta de José Manuel Govín, y con la colaboración de periodistas de talento como Manuel Márquez Sterling, Sergio Cuevas Zequeira, Luis Carbó —padre de Sergio Carbó— y el entonces estudiante José Manuel Cortina, *El Mundo* se destacó por su ideología nacionalista y democrática, y sus innovaciones tipográficas que le dieron gran preeminencia entre los lectores.

Su primera campaña fue contra la Enmienda Platt, cuya aceptación o rechazo se discutía entonces en la Asamblea Constituyente de 1901. El profesor Herminio Portell Vilá, en su documentado libro histórico-interpretativo *Medio Siglo de «El Mundo»*, expone que el periódico «hizo su aparición combatiendo desde el primer momento la Enmienda Platt, y reclamando que la República de Cuba surgiera sin trabas ni limitaciones».

El periódico contribuyó con sus informaciones, artículos y editoriales, a orientar los primeros pasos de la República cubana, reflejando sus grandes momentos de exaltación y esperanza, los días de júbilo patriótico, y los esfuerzos por desarrollar una sociedad libre.

Si la misión de *El Mundo* como órgano de información y orientación de la opinión pública fue muy destacada en la primera etapa de la República, aún lo fue más en la que puede considerarse como segunda etapa republicana, que se inicia con la Asamblea Constituyente de 1940. Un año antes, en febrero de 1939, el periódico había sido adquirido por el Dr. Pedro Cue Abréu, profesor de derecho de la Universidad de La Habana y un cubano de gran honestidad y sinceras convicciones democráticas. El Dr. Cue resolvió los problemas financieros del periódico, prohibió que los miembros de la Redacción tuviesen cargos en el Gobierno, y colocó a *El Mundo* en una posición de plena independencia editorial. Devuelta a Cuba la normalidad constitucional que había sido interrumpida durante los años de tensas luchas civiles del decenio de 1930, *El Mundo* dedicó sus mayores esfuerzos a lograr que el Congreso aprobara las leyes complementarias de la Constitución. En un ambiente de libertad, el país marchó rápidamente hacia una situación de relativa normalidad política y de gran progreso económico y social.

Fue en esa época —1942— que comencé a laborar en el diario de Aguila y Virtudes. Tímidamente ingresé en aquella gran sala de redacción, que ocupaban tantos periodistas destacados y en un rincón de la cual emergía, en un modesto escritorio, la figura inolvidable de Miguel Coyula. El viejo mambí, con su rostro sonrosado y sus ojos chispeantes, siempre con una anécdota a flor de labios, era un gran símbolo de honradez y civismo. Todos lo respetábamos y lo queríamos. El Dr. Cue lo tenía como su principal asesor y le encargaba los editoriales patrióticos y de gran importancia política. Coyula esgrimía su «very-black» y escribía con una letra amplia y clara, que los linotipistas entendían bien. Jamás utilizó una maquinilla de escribir. Bastábanle las cuartillas, su lápiz de punta bien afilada, como su vida misma, y su gran espíritu.

Las reuniones del Consejo Editorial incluían entonces a Cue, Coyula, Raoúl Alfonso Gonsé, que dirigía la página política, y Jorge Luis Martí, Jefe de Información y gran periodista. Años más tarde Don Eduardo Ortega y Gasset y yo mismo, pasamos a formar parte de esas reuniones, pues teníamos a cargo la tarea de escribir la mayor parte de los editoriales. Otro notable periodista de origen español, Manuel Millares Vázquez, laboró después en esta tarea editorial.

La corrección de estilo estaba a cargo de periodistas de vasta cultura, como el poeta José Z. Tallet, que combinaba el talento con la sencillez y la modestia; Andrés Núñez Olano, también brillante poeta y cazador implacable de gazapos; y Agileo Darias, maestro de precisión periodística. Otras figuras destacadas de la Redacción eran Alfredo Núñez Pascual, Aníbal González, los hermanos Gutiérrez Cordoví (Cucho y Pepín), Mariano Grau, Sergio Varona, Ernesto Azúa, Graciela de Armas, los hermanos Rodríguez Faura, Adolfo Merino, Francisco Sendra, Frank Guiral.

En 1949, el periódico fue vendido por más de un millón de dólares a una nueva empresa formada por Amadeo Barletta, Eliseo Guzmán, José M. Martínez Zaldo y Luis Botifoll. Nuevos acontecimientos dramáticos vinieron después a complicar la vida nacional, como el golpe de Estado de 1952, que interrumpió el ritmo constitucional, y el auge del terrorismo y el peculado. El periódico hizo todo lo posible por propiciar soluciones que devolvieran al país su cauce democrático, apoyando las gestiones del patricio cubano Cosme de la Torriente y de la Sociedad de Amigos de la República. Durante esa etapa, *El Mundo* y los otros periódicos cubanos fueron sometidos varias veces a la censura gubernamental, como ocurrió después del ataque al cuartel Moncada el 26 de julio de 1953. Sin embargo, la prensa nacional, con un sentido responsable y patriótico, prosiguió sus gestiones para encontrar soluciones que evitaran el desastre.

¡Cuántos personajes de la vida pública cubana vi desfilar por la redacción de *El Mundo*! Uno de los más pintorescos y frecuentes era Eduardo Chibás, siempre en actitud de lucha y tratando de convencer a Miguel Coyula para que lo acompañara en la candidatura presidencial del partido Ortodoxo. Fue una figura romántica de la política cubana.

Conversando hace años con Raoúl Alfonso Gonsé, quien ocupaba la dirección de *El Mundo* al ser confiscado el periódico en 1960 por el gobierno de Castro, me dijo que se sentía orgulloso de haber defendido, hasta el último momento, la independencia del periódico y la libertad de prensa. Al desaparecer ésta —añadió Alfonso— el país ha quedado envuelto en una ominosa tiniebla.

El Miami Herald. — 11 de abril de 1981

EL LYCEUM Y ELENA MEDEROS

Elena Mederos se destacó en Cuba, por encima de todo, por su dedicación a las tareas culturales, patrióticas y de asistencia social que desarrolló esa admirable institución femenina del Lyceum. Elena vivía en un apartamento lleno de cuadros de pintores cubanos y de numerosos papeles entre cuyo aparente desorden ella sabía siempre encontrar la referencia y el dato apropiados. Conservaba una coquetería muy femenina en el gesto, en la modulación de la voz, en su curiosidad por estar enterada de los hechos relevantes y también de los pequeños detalles. Nada parecía escapársele.

Le preguntamos entonces a Elena cómo surgió el Lyceum de La Habana, y quiénes fueron sus fundadoras. Ella hizo una breve pausa, como para ordenar sus recuerdos, y en seguida nos dijo que el Lyceum se creó como producto de una iniciativa conjunta de dos damas cubanas muy valiosas: Renée Méndez Capote y Berta Arocena de Martínez Márquez, con la colaboración de Lilliam Mederos de Baralt, Mary Caballero de Ichaso, Margot Baños de Mañach, todas las cuales se proponían propiciar una actividad cultural intensa y fecunda.

Nos explicó Elena que durante un viaje por Europa, Renée Méndez Capote pudo observar con admiración cómo funcionaba el Lyceum de Madrid. Al hablar de este asunto, a su regreso, con Berta Arocena, ambas concibieron la idea de crear en La Habana una institución similar. La reunión inicial tuvo lugar en casa de Berta el primero de diciembre de 1928, y la junta de constitución varias semanas después. En la primera directiva figuraron:

Presidenta: Berta Arocena; Vicepresidenta, Carmen Castellanos; Secretaria, Matilde Martínez Márquez; Tesorera: Carmelina Guanche; Vices, Alicia Santamaría y Ofelia Tomé. Vocales: Renée Méndez Capote, Dulce María Castellanos, Lilliam Mederos, Rebeca Gutiérrez, Sarah Méndez Capote, Mary Caballero, María Josefa Vidaurreta y María Teresa Moré.

Aunque Elena no figuró entre las fundadoras del Lyceum se incorporó pronto a la sociedad, y llegó a ser una de sus dirigentes más destacadas. La propia Berta Arocena, en un artículo publicado al cumplir el Lyceum 20 años, titulado «Reportaje en dos Tiempos», afirmaba que Elena Mederos, «la muchachita soñadora que concitaba el respeto, la admiración y el cariño de todas sus compañeras», era a su juicio, «la máxima líder del Lyceum». Y Ana María Borrero, refiriéndose también a la labor de Elena, dijo: «Ella ha sido en todo momento la presencia invisible, la fina cinta de pura seda que ha unido voluntades».

Lo cierto es que teniendo a Elena como líder, y con la colaboración de un grupo tan entusiasta y valioso de damas cubanas, a las cuales fueron uniéndose otras como Rosario Rexach, Emelina Díaz de Parajón, María Luisa Guerrero, Piedad Maza y muchas más, el Lyceum desarrolló una magnífica actividad cultural. Por la tribuna de la institución desfilaron figuras de las letras de la alta categoría de Federico García Lorca, Alfonso Reyes, Gabriela Mistral, Juana de Ibarbourou, Luis de Zulueta, Germán Arciniegas, Salvador de Madariaga. Pero Juan Ramón Jiménez fue quizá el que tuvo una mayor influencia, según recordó Elena. Tanto Juan Ramón como su esposa Zenobia se identificaron mucho con el Lyceum, nutriendo sus afanes espirituales. Fueron muy comentadas también las conferencias del médico y escritor español Gustavo Pittaluga, que figuraron después en su libro *Diálogos sobre el Destino*.

Veinte años después de fundado, el Lyceum contaba ya con un magnífico edificio en Calzada y Ocho, en el Vedado; con una biblioteca circulante donada por Max Henríquez Ureña; una escuela que ofrecía clases diurnas y nocturnas; salas de exposiciones artísticas, y un servicio muy eficaz de asistencia social, organizado por la propia Elena.

Y el Lyceum fue además una escuela de democracia en Cuba, donde se debatían todas las ideas en un ambiente de libertad y pleno respeto. Como ha dicho la distinguida lyceísta María

Luisa Guerrero: «El Lyceum aprovechó todas las oportunidades para robustecer aquellos dos valores que se encuentran en la raíz de su obra: la actitud liberal y el fervor democrático». En marzo de 1968, el régimen comunista de Cuba, enemigo de la libertad y de la cultura, clausuró el Lyceum. ¿Qué otra cosa cabía esperar?

Pero el Lyceum, como la Sociedad Económica de Amigos del País y otras relevantes instituciones culturales cubanas, sostenidas por la iniciativa y el esfuerzo privados, constituyen un buen ejemplo del progreso alcanzado por nuestro pueblo durante el período republicano. Son instituciones que pueden compararse con las mejores del mundo hispánico y que nos hacen sentir un orgullo nacional. Si la vida pública fue con frecuencia un espectáculo lamentable de luchas estériles y de corrupción, la iniciativa privada era como el hontanar profundo del cual brotaba una irrefrenable vocación de servicio y de grandeza.

Elena Mederos fue una auspiciadora incansable de ese empeño de superación y progreso. Desde que comenzó sus actividades cívicas en Cuba, tratando de conseguir el voto para la mujer, hasta su última brega por la libertad de los presos políticos, Elena no dejó de soñar con un destino de justicia. Perspicaz, incansable e invencible en su capacidad de lucha, Elena fue un pedazo vivo de historia cubana. Así nos dijo con firmeza en sus palabras y con una emoción que iluminaba sus ojos:

—Mi fe en la libertad es inmensa, no sólo para Cuba, sino para todo el mundo. En mi alma está profundamente arraigada esa esperanza. La esclavitud espiritual y política no es el destino del hombre ni de los pueblos de este Hemisferio... Se abrirán caminos hacia un futuro mejor.

El Miami Herald. — 9 de septiembre de 1980

EL CENTENARIO DEL ARCHIVO NACIONAL

En Cuba la generalidad de los ciudadanos carecemos de memoria, olvidamos con una habitualidad radical, y en el olvido evidenciamos nuestro deseo de cabalgar a espaldas del pasado y sólo atenernos a la positiva realidad presente. Aún siquiera el futuro nos preocupa, porque el cubano se ha casado poco con la esperanza y repele las ilusiones como algo fantástico, cuya adquisición escapa a su capacidad y su esfuerzo para tangibilizarlas.

Desde luego que esta extraña condición nuestra no deja de tener su explicación reveladora; vivimos sólo a la circunstancia, sin memoria y sin fe, porque somos pueblo muy joven aún, cuya tradición no ha alcanzado a alimentarnos el presente ni a brindar tampoco gratas posibilidades para lo porvenir. Nuestra historia como nacionalidad es corta, apenas si cuenta siglo y medio, y a través de su desarrollo hemos estado sometidos a sucesivos coloniajes que han impedido nuestro libre desenvolvimiento nacional. A su calor, se generó en el cubano un complejo de timidez, de duda angustiante en sí mismo, incapacitándolo para resolver eficientemente los problemas criollos. Esperábamos que todo viniera conformado de fuera, que nuestra crisis se superara con ideas y fórmulas foráneas, que toda la vida cubana dependiera de intereses y regulaciones metropolitanos. Así adquirimos el deprimente hábito de inhibirnos ante nosotros mismos, de desconfiar en nuestras propias fuerzas y de no preocuparnos de un pasado que el heroísmo no

Trabajo Premiado en el concurso sobre el Centenario del Archivo Nacional (1940).

pudo impregnar de consistencia ni ante un futuro que parecía no estaba a la mano arquitecturar. Como los niños malcriados por las madres demasiado mimosas, Cuba empezó a tomar la mala costumbre de no confiarse al propio esfuerzo, esperando que sus problemas fueran resueltos por los extraños, demasiado celosos en este caso de su particular interés, para permitirse mejores intenciones con los vecinos. Y así nacieron nuestros más graves vicios nacionales.

El cubano se convenció que tenía que vivir a la circunstancia. ¿Para qué amargarse la vida con inútiles preocupaciones que a nada conducirían? ¿Cómo esperar un futuro de bienestar, si éste no era ofrecido por la metrópoli económica? Fuimos coloniales entonces y más aún que en los tiempos del asimilismo español, porque ni siquiera nos rebelamos contra el vasallaje. Y así con la Colonia metida en la Psiquis, instituímos el olvido como una característica cubana.

El Archivo rebelde

Mucho es de alabar que contra esa opinión preponderante, hayan existido instituciones como el Archivo Nacional, que se preocupara por educarnos la memoria, guardando buen recuerdo de todo lo acontecido. Quizá pudiera considerarse a nuestro Archivo como el primer gran rebelde contra ese estado de buen testimonio de los documentos de la época colonial, y a conciencia republicano en que primó el olvido. Guardóse allí su vez, con celo ejemplar, fuese formando en sus archiveros todo el proceso de nuestra historia republicana. Pudiera parecer que tal realidad era lo bastante oprobiosa para que constituyese mejor negocio para la buena historia nacional, tender cierta penumbra sobre ella, y no confiar a la posteridad sus pecaminosos descocos y renunciamientos. Los directores del Archivo entendieron que no lo era, y su buen juicio puede servir, y ha servido en el presente, para que los investigadores deseosos de encontrar fórmulas reales con que resolver los problemas vernáculos, hayan hurgado en las intimidades reveladoras de nuestro pasado, para extraer de él la fecunda enseñanza con que hemos de contribuir a forjar la patria de hoy.

Porque hay que advertir que ya comienza el olvido a desaparecer como institución o característica cubana. Las generaciones últimas vienen demostrando una mayor preocupación por penetrar honradamente en el pasado y darle una interpretación adecuadamente científica a nuestra Historia. A la actitud conformista de ayer, sucede una postura crítica. Se estudian los hechos acaecidos y se postula interpretación adecuada de ellos. Ultimamente se ha tratado de realizar algo así como una teoría de la Historia Nacional. En ese sentido pueden reputarse valiosísimos los estudios e investigaciones de Ramiro Guerra, Roig de Leuchsenring, Portell Vilá, Ortiz y otros. Al viejo ditirambo cobarde e hipócrita que endilgábamos a los próceres de nuestra Revolución, y a la mera relación de hechos de la vieja historia simplista, se sobrepone una mayor preocupación por situar a los personajes dentro de su real estatura humana y un deseo de bucear en las causas y consecuencias de los cardinales acontecimientos criollos. Historia sanguínea es ésta, frente a aquella otra vieja historia de epidermis.

¿Pero qué ha de tener que ver esto con el Archivo Nacional? ¿Qué ha de tener que ver la preocupación nueva de hoy con los papeles olvidados y fugitivos que se escondieron en la valiosa institución? Pues la trabazón es íntima. Mientras vegetábamos en el olvido, mientras nos conformábamos con la Historia de superficie o de relumbrón, poco habría de importarnos esto de tener o no tener Archivo. Es que vivíamos sorda y mecánicamente nuestra vida de nación. Ya ahora empieza a ser distinto. Surge el interés por valorizar el pasado y nada más noble que tender la vista sobre el rico tesoro del Archivo heroico. Surge el interés por ganar el futuro y nada más útil que ir conservando, en los archiveros redimidos, un testimonio serio y documentado de la gesta gloriosa que quiere liberar a la nación. He aquí cómo el Archivo tiene que ver conyugalmente con la nueva conciencia cubana, y por qué ha de salvarse y ha de vivir en ella.

¿Archivo en ruinas?

No podría ser muy extraño que en aquel ambiente de irresponsabilidades que describimos anteriormente, no haya merecido el Archivo Nacional una atención generosa. Necesitaron nuestros gobiernos los dineros, para dilapidarlos en sinecuras y prebendas. La Cultura hubo de parecerles preocupación improductiva, trabajo sin margen inmediato de utilidad, y al Archivo heroico, en su obsoleto y resignado destino, miráronlo como una institución caprichosa, empeñada en formar la Historia de un país que quería vivir al margen de ella. Por otro lado, todo lo que representara Cultura, en su profundo y universal sentido, había de ser mirado con un poco de sorna y de temor por los primeros directores de la República. Todavía en el presente a muchos les produce sorna la Cultura. Igual suerte que al Archivo, cúpole a la Biblioteca Nacional, que ni ha podido siquiera ser instalada apropiadamente, y que vegeta con sus libros amontonados y su técnica bibliográfica anacrónica. Así también, en parecida desatención, se encontraron la Universidad y la Enseñanza secundaria y primaria. Los presupuestos invertíanse en capítulos donde las fundamentales necesidades educativas eran completamente soslayadas. De este modo Cuba fue hundiéndose gradualmente en una crisis gravísima, que habría de desembocar en el trágico desenlace del Machadato.

El Archivo Nacional, así agredido por la incuria de ineptas gobernaciones criollas, quizá podría consolarse con el espectáculo de que sus cofrades en tareas de tal índole, no han recibido tampoco mejor atención ni cuidado más generoso. Los treinta primeros años de la República, en efecto y en resumen, pudiéramos decir que transcurrieron en un total divorcio de lo oficial con la vida ilustrada.

Rescate en el Centenario

Cien años acaban de transcurrir ahora de que el Archivo Nacional existe. Corto tiempo si se compara con instituciones de este tipo en países europeos, pero realmente larga y heroica vida para haberse desenvuelto en el precario espacio cubano. El cumplimiento de tal tiempo coincide con un favorable renacimiento cultural en el país, que es producto de la vigorosa sacudida revolucionaria operada últimamente. Toda transformación genuina supone un cambio integral de los modos de existencia antiguos y, fundamentalmente, una muy saludable extensión e intensificación de las vías culturales. Así advienen épocas en que no se sabe qué causas entrañables hacen frutecer los más puros valores humanos y las formas más hermosas de la Cultura. Puede ser que en Cuba, dentro de poco, tomemos conciencia ya con relieves más firmes, de un fenómeno de este tipo, porque en el fondo de la conciencia nacional hay una vigorosa voluntad de adelanto y superación en todos los órdenes. No importa que muy expeditivamente se ponga freno, a menudo, a ese noble impulso. Al fin éste insurgirá plenamente e inundará de luz al país.

El nuevo espíritu cubano ha de ir al rescate del Archivo en su primer centenario de existencia. Si no hay bastante acometividad en las esferas oficiales, para tenderle una decidida protección, debe haberla por lo menos en las privadas más responsables, para constituir un Patronato o institución análoga que asuma la realización de esa tarea. Pero no más debe ser el Archivo una institución olvidada y desatendida. La nueva opinión cubana quiere tener testimonio de su pasado por malo que éste sea. Y sobre todo, quiere ir dejando, adecuadamente, ejemplar constancia de la Historia presente de la que nadie ha de tomar mejor nota que ese valioso Archivo criollo, servido con una plausible dedicación por sus directores, pero totalmente ignorado por nuestras autoridades educacionales. Si hemos de renacer de un pasado hecho de miserias y oscurantismos, construído con torvos renunciamientos y complicidades, quizá conviniera comenzar por brindar decidida y efectiva protección a instituciones de tan útil servicio cubano, como es el Archivo Nacional.

¡Archivo rebelde, que hiciste memoria cuando todos queríamos olvidar! ¡Archivo heroico, que quisiste tener fe, cuando todos éramos descreídos, y que aún hoy, vives iluso, casado con la esperanza, mientras te llega una más generosa atención; tu ejemplo de abnegación y de servicio constituyen una efectiva y hermosa lección de cubanismo y de continuidad cultural! ¡Y tu inconformidad contra un medio ahogado de concupiscencias e irresponsabilidades es la gran rebeldía de la conciencia cubana de hoy, que quiere premiar tu ejemplo y llenar de servicios ejemplares todo el ámbito nacional!...

ORTEGA Y GASSET Y CUBA

Fue una verdadera lástima, y al mismo tiempo un misterio, que José Ortega y Gasset, el conspicuo filósofo y escritor español, nunca se decidiera a visitar a Cuba, a pesar de las frecuentes invitaciones que se le formularon.

No creo que hubiera ningún intelectual español que fuese más admirado en nuestra isla, ni cuyas obras se conocieran mejor. El ambiente cultural de Cuba llegó a impregnarse de las ideas y hasta de las frases de Ortega, difundidas por la «Revista de Occidente», sus artículos en la prensa y sus numerosos libros. En cierto modo, Ortega nos enseñó a pensar, a adoptar la actitud crítica, a huir de los fanatismos furibundos y la mentalidad totalitaria. El nos trajo un mensaje de libertad creadora.

Junto con la alborada de su pensamiento, aquel su modo original de decir las cosas, combinando el rigor del análisis con un estilo metafórico, que cautivaba y sigue cautivando al lector. En el crisol de su espíritu se mezclaba el filósofo con el poeta, y no sabemos si nos seduce más el andamiaje teórico de sus ensayos o su manejo exquisito del idioma.

Desde su eminencia de escritor y filósofo, quizá Ortega vio a Cuba como un pequeño escenario cultural, y éste fue el motivo para que vacilara en hacer el viaje a la isla donde tanto se le admiraba, aun más que a Unamuno, la otra gran figura intelectual de España en esa época. Quizá influyeron circunstancias personales o imponderables. ¿Quién sabe?

Lo cierto es que el presidente de la institución Hispanocubana de Cultura, don Fernando Ortiz, invitó reiteradamente a Ortega para que ofreciera un curso de conferencias en La Habana, según puede verse en el interesante libro de Zenaida Gutiérrez Vega sobre las cartas de Fernando Ortiz a José María Chacón.

Ya desde noviembre de 1926 —poco después de fundarse la institución que prestó tan fecundos servicios culturales a Cuba— Ortiz comisionó a Chacón y Calvo, secretario entonces de la Legación en Madrid, para que hablara con Ortega en su nombre. «Toda nuestra gente joven —aunque lo sea sólo de espíritu— lo estima. Yo creo que sería un exitazo y tengo vivo interés en que venga», decía Don Fernando a Chacón.

En marzo de 1927, Fernando Ortiz alentaba la esperanza de que el primer cursillo de ese año lo llenara «con su genio Ortega y Gasset». En junio de ese mismo año, Ortiz consigna en otra carta a Chacón: «La noticia de la llegada de Ortega y Gasset sería una consagración definitiva de la institución, pero es necesario que él pueda y adquiera el compromiso inmediatamente». Unos seis meses más tarde Ortiz afirma con júbilo que «ya puede asegurarse que el Sr. Ortega y Gasset vendrá para diciembre de 1928». Pero en marzo de 1928, parece que Don Fernando había perdido las esperanzas y escribe con resignación: «Le escribiré a Ortega y Gasset directamente. Si él no pudiera venir, podría sustituirlo D'Ors».

Después se pierde el rastro de Ortega en las cartas de Fernando Ortiz, y no es hasta junio de 1936 —reestructurada la Hispano-Cubana de Cultura después de la caída de la dictadura de Machado y el regreso de Ortiz a Cuba tras su exilio en Estados Unidos— que vuelve a mencionarse la posible visita de Ortega. En carta de esa fecha, dice Ortiz: «La noticia de la llegada de Ortega ha causado sensación pública... Hemos anunciado la probable llegada de Ortega el día 2 de julio, de acuerdo con su noticia. Pero ha salido ya el Reina del Pacífico de España para Cuba, y no tenemos cable de la salida de Ortega».

Y tampoco Ortega fue a Cuba en esa ocasión, a pesar de que se le ofrecían honorarios magníficos: gastos de viaje y $ 2.500 por un ciclo de conferencias. En realidad, en aquella época era casi una fortuna. Se cumplía así un decenio de gestiones infructuosas para persuadir al filósofo de que dejase oír su ilustrada palabra ante el público cubano.

¿Qué le ocurrió a Ortega para ser tan displicente en cuanto a viajar a La Habana? Sería interesante saberlo con exactitud y seguramente en su archivo personal debe de haber explicación de los motivos. Sin duda, el autor de «La Rebelión de las Masas» prefería meditar en su propio país que andar trashumante por el mundo. Con la excepción de Argentina, no conoció directamente a América, que le hubiera dado una perspectiva más amplia a su pensamiento. Aún después de la Guerra Civil Española, no pudo permanecer por mucho tiempo fuera de España.

Recuerdo la indignación de su hermano Don Eduardo, que fue mi compañero de redacción en «El Mundo» y vivió muchos años en Cuba, cuando supo que Don José había regresado a Madrid. Creo que se lo reprochó en carta privada.

Don Eduardo, en cambio, estaba encantado con residir en Cuba y se compenetró mucho con los cubanos. Era de una naturaleza efusiva y alegre, muy similar al temperamento criollo. Nuestra isla fue para él un refugio, si no feliz, al menos placentero y grato. Escribía y hablaba con elocuencia, pero sin pretensiones. Admiraba a su hermano, aunque disentía de él en asuntos políticos. Fue compañero de exilio de Unamuno, en Francia, creo que cuando la dictadura de Primo de Rivera, y con frecuencia contaba historias del maestro de Salamanca.

Cuando el comunismo irrumpió en Cuba, Don Eduardo se fue con su familia a Venezuela, donde falleció años después. Sus hijos viven actualmente en Caracas.

Si Don José no pudo, por motivos desconocidos, brindar a los cubanos el regalo de su palabra y la lección de su espíritu excepcional, su hermano en cambio nos llevó como un mensaje de familia, ostentando la representación humana y cultural de un apellido que se ha hecho famoso en el mundo, como acaba de confirmar el centenario.

Por vía de las ideas y la presencia humana, los hermanos Ortega y Gasset se complementaron para establecer una relación fecunda e inolvidable con los cubanos.

El Miami Herald. — 26 de enero de 1984

FEDERICO GARCÍA LORCA EN LA HABANA

Federico García Lorca, el gran poeta español, visitó La Habana en la primavera de 1930, invitado por la institución Hispano-Cubana de Cultura para ofrecer una serie de conferencias en diversos lugares de la isla. Federico había estado anteriormente en la ciudad de Nueva York, «ciudad sin cielo», como la denominó, donde no pudo adaptarse a la vida agitada y dura, tan distante de su vocación y de sus sueños.

En Cuba encontró de nuevo sus raíces, el alma hispana. Se sintió cautivado por los paisajes, las gentes, la alegría de vivir, y desde luego por su música. Desde niño conocía la letra y los ritmos de la habanera «Tú», que cantaba una de sus tías, y allí pudo observar de cerca a «la palma que en el bosque se mece gentil» y conocer personalmente al compositor cubano Eduardo Sánchez de Fuentes, autor de la famosa habanera. En el dorso de un retrato enviado por Federico a su familia desde Cuba, donde aparece con varios amigos, escribió lo siguiente: «Con este fondo admirable de cañas bravas, estoy ya, como dicen los periódicos de Cuba, aplatanado...» Parece que a Federico le hizo gracia este cubanismo, que creo se usa también en otras islas de las Antillas. «Aplatanarse», ¿a quién se le habrá ocurrido? Hay cierto genio popular en la invención de palabras y frases, que García Lorca trató también de hallar en los gitanos de Granada.

«Cuba fue para Federico, después de la experiencia extrañísima y opresora de Nueva York, un gozo constante, y para los cubanos que le conocieron —poetas y no poetas— un deslumbramiento y una fiesta permanente», escribe uno de sus biógrafos, José Luis Cano, quien también recuerda su amistad con la poetisa cubana Dulce María Loynaz, que le facilitó una villa en las afueras de La Habana para que Federico residiera cerca de la campiña cubana. Esta etapa de la vida de Federico, que duró sólo unos meses, sería una de las más felices de su breve y trágica existencia.

La vida de García Lorca fue inseparable de su Granada, donde nació (junio de 1898), en el pueblito de Fuente Vaqueros, que emerge «verde que te quiero verde» entre las vegas, las sierras y dos pequeños ríos. Allí pasó la mayor parte de su infancia y juventud, impregnándose de la belleza y las tradiciones de esa región andaluza en la cual confluyen varias corrientes culturales —hispánicas, árabes, gitanas— allí escribió sus primeros poemas y allí le arrebataron la vida alevosamente durante la Guerra Civil.

«Personalidad prodigiosamente irradiante, más dado a la vida que al arte, la poesía era una de las formas de su intenso vitalismo», escribe su hermano Francisco García Lorca, ex profesor de la Universidad de Columbia en Nueva York, en un hermoso libro evocativo de la vida y la significación de la obra del poeta. Ese vitalismo lorquiano infundió a la poesía española de este siglo un nuevo espíritu, que brotaba de lo popular al mismo tiempo que de la tradición más culta, la tradición de Garcilaso, Fray Luis, San Juan de la Cruz y de los más modernos, como Juan Ramón Jiménez y Antonio Machado.

No fue un poeta de escuelas, ni podría adscribírsele a ninguna. Era tan intensamente original, que desbordaba todos los moldes y limitaciones. Su poesía brotaba con el ímpetu y la cristalina pureza de un manantial, pero frenado el impulso lírico con la maestría técnica del artista.

La poesía de García Lorca se asoma a los grandes temas humanos, presentándolos con un sentido de candidez e inocencia, con una perspectiva nueva y vital. Sus imágenes son a veces recónditas, como envueltas en cierto aire de misterio. El poeta identifica las emociones con objetos sensibles, y así nos dice: «¿Quién me compraría a mí este cintillo que tengo y esta tristeza de hilo blanco para hacer pañuelos». La tristeza parece esconderse en el pañuelo y quizá la lágrima. En «La Casada Infiel», los muslos son como peces llenos de lumbre y de frío que se deslizan en el mar ilusorio del amor. La relación muslos-peces pudiera parecer arbitraria, pero es de una especial gracia y misterio en el mundo poético de Federico.

En «Romance de la Luna, Luna», siguiendo la superstición gitana, el poeta identifica a la musa celeste de los poetas románticos con la muerte, que viene a buscar al niño en su cuna. La luna tiene «senos de duro estaño». Y mientras «por el cielo va la luna con un niño de la mano, dentro de la fragua lloran, dando gritos, los gitanos. El aire la vela, vela, el aire la está velando».

Por su originalidad y su gran madurez, Federico parecía escapado del Siglo de Oro e insertado en la vida contemporánea, junto a las vegas y ríos de Granada, ciudad de naturaleza poética. «Hay una nota de lirismo en la obra de Federico, que es una filtración del alma de la ciudad», nos dice Francisco García Lorca en el libro sobre su hermano. Allí está Federico en su propio ambiente, descubriendo horizontes recónditos más allá de las sierras, en todo el panorama luminoso que se vislumbra desde los miradores de la Alhambra. «Granada es apta para el sueño y para el ensueño. Por todas partes limita con lo inefable», nos dice el propio Federico. Allí, donde el tiempo se desliza lentamente, donde todo es próximo y misterioso, «no hay más salida que su puerto natural de estrellas».

Por ese puerto ascendió Federico hacia su alta producción poética, por medio de sus coplas y canciones, su exquisito Romancero Gitano, su gran elegía —una de las mejores que se hayan escrito en español— a la muerte de su amigo, el médico y torero Ignacio Sánchez Mejías, y su brillante aporte dramático, en que se destacan obras como «Mariana Pineda», un gran himno a la libertad, «Yerma» y otras.

Este poeta que se sintió tan feliz en Cuba, junto a las palmas y el horizonte luminoso, llegaría a ser el más representativo de España en este siglo, el más traducido y admirado. Combinando lo sensual y cotidiano —su mundo granadino de gitanos, toreros y guitarras— con la más extraordinaria fantasía lírica, nos legó una obra que encuentra sus raíces en el drama humano —alegría, sueño, tristeza, esperanza— para elevarse hasta lo inefable.

El Miami Herald. — 22 de julio de 1983

HERNANDEZ CATA: SU MITOLOGIA MARTIANA

Entre los escritores cubanos de la primera generación republicana, Alfonso Hernández Catá (1885-1940), ocupó un lugar destacado. En un país de abundantes poetas y ensayistas, Hernández Catá prefirió el cultivo de la novela y del cuento corto, donde podía dar rienda suelta a su imaginación y talento creador. Escribió así algunas de las mejores obras de ficción de esa etapa de nuestra literatura, en la que también despuntaron Miguel de Carrión, Jesús Castellanos, Carlos Loveira, José Antonio Ramos y otros.

Aun más que en la novela, me parece que Hernández Catá tuvo sus aciertos mayores en el cuento, género literario que llegó a dominar con maestría. Para ese empeño, combinaba el juego fecundo de la fantasía con la destreza narrativa, tanto en el detalle exterior como en el análisis psicológico. Pero sobre todo, el valor de su obra reside en su prosa rica de matices y colorido.

Esas características las podemos observar en algunos de sus cuentos mejores, como «La Galleguita», «Cayetano el Informal» y «Noventa Días». En este último cuento, que Florit y Anderson Imbert incluyen acertadamente en su Antología de Literatura Hispanoamericana, muestra Hernández Catá sus dotes de narrador, que van desde la descripción del ambiente externo, en el epinicio de la primavera, hasta la penetración psicológica para captar las complejas emociones de una pareja de enamorados. El cuento, que parece animado por un fervor romántico, culmina en un desenlace dramático. El amor se convierte en angustia y luego en muerte, como en un juego irónico impulsado por el viento loco de la primavera.

Este maestro del cuento y del estilo vivió gran parte de su vida fuera de Cuba, desempeñando funciones diplomáticas. Pero mantuvo siempre una identificación profunda con nuestra tierra, con sus tradiciones e historia, con su pasado heroico y sus esperanzas de progreso, justicia y libertad.

Una de las formas de esta identificación fue su devota entrega a la tarea de evocar, con toda la fuerza de su arte literario, la vida y el ejemplo de José Martí, sobre el cual escribió páginas inspiradas y hermosas, que contribuyeron a dar un nuevo impulso a los estudios sobre el héroe cubano.

En su «Mitología de Martí», Hernández Catá volcó sus más puros sentimientos cubanos. Su admiración por el héroe es una forma de comunión con la Patria y con sus más altos valores espirituales. Hace ya muchos años que tuve la oportunidad de leer por vez primera y de disfrutar la «Mitología de Martí», que causó en mí una honda impresión. Eran páginas de un bello lirismo, en que la figura del Apóstol cubano resplandecía con una aureola de excelsitud moral.

¿Por qué apeló Hernández Catá al recurso del mito para evocar la vida de nuestro héroe? ¿Por qué no escogió el camino de la biografía, como han hecho otros distinguidos escritores cubanos? El mismo se encarga de explicarlo en la Introducción del libro, La mitología martiana no era invención suya, sino que había comenzado mucho antes. Nos relata Hernández Catá que al saberse en Tampa la noticia de la muerte de Martí en Dos Ríos, muchos de los emigrados cubanos se negaron a creerlo: «¡Es mentira!... No ha muerto, lo he visto... ¡Lo he visto! Eso bastó para que una multitud se echara a la calle en busca del hombre que no volvería nunca a ver». Después, muchos otros creyeron verlo, lo veían. El Martí mitológico comenzaba a vivir, después de su sacrificio heroico.

Hernández Catá puso en su imaginación de poeta un fuego nuevo para «ver» otra vez a José Martí, para recrearlo no como un hombre común, sino como «uno de esos ecos de la divinidad que de tarde en tarde aparecen, no se sabe si rezagados o anticipados, sobre la tierra». El se siente fascinado, como los cubanos de Tampa, ante la figura del héroe, y lo contempla en su vida, sus sueños, sus afanes, su muerte, descubriendo en él un halo extraño de grandeza espiritual. Martí es humano, pero es más que humano, es un símbolo, un arquetipo del hombre superior.

Así va dibujando sus estampas martianas, en que el dato histórico le sirve como punto de partida para una versión novelada de aquella existencia, iluminada siempre por la llama del ideal. Desde que nace hasta su muerte en Dos Ríos, la vida de José Martí ofrece material insuperable para el mito. Hay como una predestinación misteriosa, como un signo de belleza y dolor que parece conducirlo hacia el cumplimiento de su misión histórica. Hernández Catá va más allá de lo episódico, para captar los hilos profundos que guían al hombre, al poeta, al héroe. El ve a Martí desde dentro, como una realidad espiritual más que física, como un milagro mesiánico más que como un líder político.

Algunos han visto en estas estampas férvidas de Hernández Catá una tendencia a lo hiperbólico y han considerado que es mejor contemplar a Martí en una dimensión más cerca de las imperfecciones humanas. Las biografías que se publicaron años después respondieron a ese enfoque. Pero la Mitología de Hernández Catá marcó un gran momento de inspiración en la copiosa bibliografía martiana y reveló toda la extraordinaria grandeza de aquella vida breve, luminosa y excepcional.

Para los cubanos de antes y de ahora, Martí está situado en un terreno intermedio entre la realidad y el mito, entre la zona imprecisa de la historia y el vasto campo del destino espiritual. El es un símbolo de valores supremos: la libertad, la justicia, el amor.

Hernández Catá contribuyó mucho a mantener esa llama de fervor martiano. Se lo debemos agradecer y recordar en su centenario. Como tantos otros cubanos, él vivió gran parte de su vida y murió fuera de Cuba, siendo Embajador en el Brasil, pero eso no importa. Lo fundamental es llevar consigo el espíritu patriótico, las raíces y el alma de la Nación.

El Miami Herald. — 28 de enero de 1983

FELIX LIZASO Y SU OBRA MARTIANA

El conocimiento más completo de la vida y la obra de José Martí, así como su examen crítico, han sido el producto del trabajo tenaz, durante más de medio siglo, de un grupo muy valioso de investigadores, biógrafos y ensayistas cubanos. Entre ellos, uno de los más devotos y sagaces fue sin duda Félix Lizaso (1891-1967).

Escritor de fina inteligencia y de vasto saber literario e histórico, Félix Lizaso consagró la mayor parte de su vida al estudio, recopilación de datos y divulgación de las ideas y el ejemplo de José Martí. Sin su acuciosa tarea, realizada con esa heroica abnegación de muchos intelectuales latinoamericanos —a veces sin recursos ni estímulos— no hubiera sido posible reconstruir la trayectoria humana del prócer cubano, ni toda la amplia dimensión histórica y literaria de su fecunda actuación.

Lizaso se echó sobre sus hombros, con fervor casi místico, esa empresa, y la cumplió con rigor, dejando una obra indispensable. Los que observaban con admiración a Lizaso, absorto del mundo que le rodeaba, sacaban la impresión de que procedía de un medio intelectual superior, quizá de Oxford o la Sorbonne, con la disciplina y la técnica de los investigadores europeos.

Recuerdo a Félix Lizaso en su inquieto desvelo cuando el centenario de José Martí. La fecha del centenario había llegado en circunstancias desafortunadas, debido al golpe de Estado ocurrido el año anterior (1952), que destruyó el ritmo constitucional y democrático en el país, abriendo una etapa de luchas fratricidas. No obstante, ilustres escritores de todo el Hemisferio visitaron a Cuba para participar en las actividades del centenario, que incluían seminarios, conferencias, concursos y publicaciones.

En una velada efectuada en el hemiciclo de la Cámara de Representantes, Gabriela Mistral exaltó los valores humanos y literarios de José Martí, afirmando que era el escritor a quien más debía en la formación de su espíritu, tanto en lo intelectual como en lo moral.

Lizaso aportó como homenaje al Centenario, el último volumen de los seis que integran el Archivo Martiano, dirigido por él y publicado entre 1940 y 1952 por la Dirección de Cultura del ministerio de Educación. El Archivo —valioso tesoro cultural— contiene una extensa documentación de artículos, ensayos y juicios críticos sobre la vida y la significación de José Martí, desde 1895 hasta el centenario. El profesor cubano Carlos Ripoll, en una magnífica tarea de rememoración, ha publicado en el exilio su libro «Archivo José Martí: Repertorio Crítico» (Eliseo Torres, 1971), en el cual reseña el contenido de los varios volúmenes del Archivo, con índices de nombres, temas y otros que ayudan a su lectura. Al destacar la notable labor que Lizaso realizara, Ripoll en un posterior artículo, lo califica como «el mejor martiano».

Pero ya desde mucho antes —en 1931— Félix Lizaso había hecho uno de los aportes más esenciales al estudio del libertador de Cuba con la publicación de su Epistolario (Colección de Libros Cubanos, 3 tomos), que ha servido de fuente obligada para todas las biografías que luego se escribieron, entre ellas la de «Martí, el Apóstol», de Jorge Mañach, considerada como una obra clásica de la literatura cubana, tanto por su contenido como por su estilo, y la no menos valiosa «Martí: Místico del Deber», del propio Lizaso. Ambas han sido traducidas al inglés.

También escribió Lizaso ensayos esclarecedores sobre otras figuras intelectuales de Cuba, como Casal y Mendive, y divulgó la trayectoria de los movimientos culturales más representativos de nuestra historia. Muchos de esos trabajos aparecen en el libro «Panorama de la Cultura Cubana», publicado en México en 1949.

Lizaso, un constante animador de cultura, fue uno de los directores de la «revista de avance», publicada desde 1927 a 1930 por un grupo destacado de jóvenes escritores cubanos, y actuó como director anónimo de la «Revista Cubana», que la Dirección de Cultura editó durante muchos años. También escribió una columna para «El Mundo» bajo el título de «Reflejos», donde comentaba los más destacados sucesos culturales de Cuba y América.

En la Dirección de Cultura, creada por Jorge Mañach en su breve paso como Ministro de Educación (1934), encontró Lizaso el escenario para llevar adelante algunas de sus ideas y proyectos. El era como el alma de aquella empresa, el que le infundía aliento permanente frente al mundo frívolo y transitorio de la política. Otros podrían ser los directores oficiales de aquella oficina, cuya jefatura no quiso ni ambicionó, pero por su prestigio, su dedicación y su competencia, Lizaso era como un Director de Cultura honorario y sin nombramiento. En un país de grandes contrasentidos, esto llegó a parecer natural.

Decían que Lizaso era tímido y humilde. Hablaba en voz baja cuando otros gritaban. No le interesaba el escándalo ni la fama, sino servir de un modo eficaz, difundiendo los principios y los ejemplos que pudieran contribuir a nuestro adelanto histórico. Lizaso sabía bien que navegaba frente a la corriente de los oportunistas y los aprovechados de siempre, aquellos que se burlaban de la honradez y la vida digna, porque «entre cubanos no vamos a andar con boberías», y todo esto era como un acicate para entregarse con más noble empeño a su misión.

Recuerdo que cuando Don Cosme de la Torriente quiso evitarle a Cuba toda la tragedia que advino después e inició una gestión patriótica para resolver la crisis nacional, tuvo en Lizaso a uno de sus colaboradores más entusiastas. Pero ya sabemos que el viejo mambí fracasó en su empeño, y los resultados se han pagado bien caros. Junto con Don Cosme, publicó Lizaso durante algún tiempo la Revista de La Habana, que se consagró a una tarea de prédica democrática y divulgación de los ideales de cooperación internacional.

Y cuando Cuba cayó en las redes de la tiranía comunista, Féliz Lizaso emprendió el camino del destierro. Allá en la isla quedaban sus valiosos archivos, su biblioteca, sus sueños. Entregó sus libros a la Biblioteca Nacional y vino a Miami con su familia. Conversábamos con frecuencia y junto fuimos a visitar a Emeterio Santovenia, el notable historiador, ya muy enfermo.

Mi último recuerdo de Félix Lizaso se remonta a la primavera de 1962. Jorge Martí y yo tuvimos el honor de llevarlo hasta el aeropuerto de Miami, desde donde partiría con su esposa hacia Rhode Island, para reunirse con su hijo médico. Luego, algunas cartas. Y en 1967, el silencio definitivo. Desde entonces, Félix Lizaso duerme bajo las nieves de Rhode Island, bien lejos de la isla que tanto amaba. Creo que su empeño final fue el de escribir un libro sobre Martí y los Estados Unidos.

Tenía Lizaso el espíritu férvido del sembrador, que trabaja para el futuro, sin preocuparse mucho de los guijarros y las espinas. Fue así el ejemplo de un hombre dedicado plenamente a su quehacer espiritual, a su siembra cubana de cultura y libertad.

JOSE Z. TALLET: POETA Y PERIODISTA

El poeta José Z. Tallet (nació en Matanzas, 1893), fue uno de mis maestros de periodismo. Magnífico corrector de estilo, aprendí mucho con él. Tallet cuidaba de la expresión precisa y elegante en español y no dejaba escapar gazapos. Por sus manos pasaban los artículos y reportajes de periodistas que a veces eran magníficos en cuanto a la búsqueda de los noticias, pero no tan expertos en su dominio del idioma. Tallet arreglaba esos reportajes, y a veces los volvía a escribir para ponerlos en un estilo periodístico que fuera interesante y atractivo para el lector.

No hay nada como esa experiencia de escribir diariamente para mejorar el estilo, sobre todo cuando se aspira no sólo a decir las cosas, sino a decirlas en una forma vigorosa y clara y con un ritmo que concuerde con las normas y naturaleza del idioma. El estilo periodístico requiere un dominio de la síntesis, para expresar todo lo que pueda ser de interés con el menor número de palabras. La precisión en los conceptos y la concisión en los vocablos son indispensables en el periodista. José Z. Tallet había aprendido ese arte difícil.

De gran avidez cultural, Tallet estaba al tanto de lo más valioso que se publicaba, de las últimas tendencias literarias, de los movimientos sociales y políticos. Leía mucho en inglés. Juntos, después de la tarea cotidiana, íbamos a veces a escudriñar en una librería bilingüe situada en la calle Neptuno, frente al Parque Central de La Habana. Allí comprábamos libros —le interesaban sobre todo los de literatura e historia— y revistas extranjeras. Era una manera de estar en contacto con el mundo exterior, de encontrar nuevas perspectivas y horizontes más allá de los estrechos contornos insulares.

Tallet había participado en los empeños culturales de la Revista de Avance (1927 a 1930) junto a Mañach, Ichaso, Lizaso y otros intelectuales cubanos. La revista, como sabemos, incorporó un espíritu de renovación que influyó mucho en el desarrollo de la literatura y del arte. También había tomado parte en las actividades del Grupo Minorista y en la protesta cívica contra la dictadura de Machado.

Además de periodista culto y brillante, Tallet fue un poeta muy destacado. Dentro de las corrientes de la vanguardia, la poesía de Tallet siguió al principio los rumbos de lo folclórico, con poemas que se hicieron populares, como La Rumba, Negro Ripiera y otros. La recitadora argentina Berta Singerman, en una visita a La Habana, incluyó en su repertorio aquellos versos famosos de Tallet: «¡Cómo baila la rumba la negra Tomasa!, cómo baila la rumba José Encarnación! ella mueve...» La gran recitadora, en efecto, movía su cuerpo para dar un mayor realismo a la musical expresión del poeta, que cobraba una vida palpitante en su voz maravillosa.

No fue hasta 1951 que Pepe Tallet accedió a la publicación de un libro contentivo de su obra poética. Reflejando su escepticismo, escogió como título: «La Semilla Estéril». En esa oportunidad escribí para la Revista Cubana, que publicaba la Dirección de Cultura del ministerio de Educación, un comentario que ha llegado ahora a mis manos gracias a los buenos oficios de un amigo que lo ha rescatado en la Biblioteca del Congreso.

Explicando la renuencia del poeta a publicar su obra, decíamos entonces: «Con el recato del hombre que ha hecho del verso su confidente, su amigo leal, su almohada de sueños y de lágrimas, José Z. Tallet ha diferido siempre el momento de poner en letra de molde ese caudal del alma que aflora a su poética con franqueza tan plena. Y se explica la discreción del poeta en guardar para sí la obra hecha en grandes momentos de ilusión, de dolor y de esperanza. Acaso él pensó que esa experiencia, llevada a la expresión poética, era su propio refugio sentimental, región de intimidades que no debía ser hollada por la ajena curiosidad».

Podría repetir ahora que la lectura de «La Semilla Estéril» ofrece sobre todo una impresión de gran sinceridad espiritual. El poeta comunica su experiencia sin dobleces, sin esconder siquiera los repliegues de la frustración o la derrota. Ha querido ser sonriente sembrador de bellezas y de ideales, aunque la vida lo ha golpeado a veces con aviesa crueldad.

En su «Cofesión Treinteña», el poeta nos decía: «Soy un pobre diablo, que antaño tuvo corazón». Pero Tallet nunca ha sido un pobre diablo, sino siempre un luchador por la causa del espíritu, un enamorado de la belleza y del arte, un alma de acendrada bondad e idealismo. La serenidad de su vejez es como un triunfo sobre el escepticismo de la juventud.

No creo que haya sido estéril la semilla de Pepe Tallet. La literatura cubana la ha recogido como una floración fecunda. Su poesía es un reflejo de la vida en sus esperanzas y en sus frustraciones, en sus alternativas dramáticas y en su misterio inexorable.

Los amigos del poeta siempre lo recordamos, además, no sólo por la excelencia de su obra literaria, sino por su calor humano, su sentido de la amistad, su búsqueda angustiada de la ilusión para embellecer la vida.

LITERATURA Y VIDA

(*A Propósito del Premio Nacional de Literatura 1951*)

Este año el Premio Nacional de Literatura se ha concedido a un libro distinto, a un libro que sea acaso, por su contenido y por su significación, único en las letras cubanas. Se trata de una obra que no salió de la mera imaginación del autor, ni que como tantas otras se dedica a jugar con las palabras y las metáforas en deporte retórico, sino que tiene detrás de sí toda una vida entregada al servicio de un ideal. Es el libro de un cubano que consideró su deber combatir por la causa democrática en la II Guerra Mundial ,y que nos describe, con emoción contenida, las luchas, los dolores y esperanzas de una juventud que se dirigía alegremente a la muerte, para defender la libertad y el sistema de vida de los que quedábamos en la retaguardia. «Memorias de un Estudiante Soldado», de Roberto Esquenazi Mayo, es el primer libro de un latinoamericano que narra la epopeya de la guerra contra los nazis, y que para honor de Cuba, dice esa experiencia con plena sinceridad y con ejemplar dignidad literaria.

El libro ha circulado entre los más destacados escritores de América y el autor acumula cartas y más cartas, juicios y más juicios críticos, en que todos son a decir su admiración por esa prosa fervida, en que la literatura sirve a la vida sin perder sus mejores calidades. Día llegará en que todo esto se dé a conocer y en que las sucesivas ediciones de «Memorias de un Estudiante Soldado» —ya la primera está agotada— demuestren mejor que cualquier otro testimonio el valor de un libro que ha tenido uno de los mayores éxitos entre los publicados en Cuba en los últimos años.

El jurado del Premio Nacional de Literatura, integrado por personas de tan reconocida solvencia moral e intelectual como Rafael Suárez Solís, Jorge L. Martí y Salvador Bueno, se percató muy claramente de la importancia del libro de Esquenazi y le otorgó el galardón con pronta unanimidad. No sólo era el mejor libro presentado al concurso, sino que en gran medida era un libro insólito por su vigor y fuerza en el cuadro de nuestra decadente literatura. Yo creo que hubo hasta sorpresa en los miembros del jurado al encontrar una obra que acaso no esperaban, acostumbrados al retoricismo intrascendente en que naufragan muchos de nuestros escritores actuales.

La literatura no puede ser un objeto extraño a la vida ni un mero adorno; cuando esto ocurre, se convierte en una inútil y ridícula tarea, propia de individuos adocenados o de enfermizas mentalidades de invernadero. Como ha dicho Romain Rolland, «el arte es la vida domada, la recompensa de una lucha encarnizada, un laurel que corona la victoria de la fuerza». No está el arte en los fumaderos de opio ni en los cenáculos distantes, ni en los estilos retorcidos que se refugian en la oscuridad para ocultar la pobreza de ideas. El arte tiene que servir a la vida para que pueda alcanzar una categoría de grandeza, y despertar la emoción y el interés del público.

El libro de Esquenazi es del género de literatura que vivirá siempre, porque no traiciona la vida, porque tiene ese calor de humanidad que le hace acercarse a todos los corazones y que se le reciba con simpatía y admiración. Pero además de eso, el Premio Nacional de Literatura 1951, puede exhibir valores formales de alto rango. Habrá aquí y allá gazapos e incorrecciones, como los tiene todo buen libro sin exceptuar el Quijote, mas el diálogo, las descripciones de lugares, los retratos psicológicos, la acción dramática del libro revelan a un escritor de verdadero talento y de excepcionales condiciones.

¿Puede darse un diálogo más interesante y conmovedor que el de los paracaidistas dentro del avión, cuando van hacia Francia? Con una sobriedad que no le hace concesiones al melodrama, el autor se las arregla para presentar una escena, por lo demás muy real, que hace asomar las lágrimas a todo aquel que no tenga el corazón muy empedernido. ¿Puede pedirse mayor delicadeza, más fino tacto en que todo se sugiere sin decirse, que los mostrados en el capítulo sobre el Prostíbulo? ¿Quiérese más vivacidad o tensa emoción que la de la escaramuza contra los nazis? ¿Qué mejor podrían describirse los hospitales de guerra? Y sobre todo eso, siempre presente, como un ideal irrenunciable, el de la Patria lejana, donde la novia espera y donde los recuerdos de la adolescencia aprietan el corazón del heroico combatiente. A su regreso, ni vanidades ni recompensas, sólo «la ingenua ufanía del deber cumplido».

Yo creo que Esquenazi ha hecho muy bien en escribir su gran libro en ese estilo de extremada concisión y de vigorosa elocuencia. Si se pone a hacer retórica, si cede ante la tentación de adornar mucho su estilo, hubiera quitado a sus Memorias ese sabor de belleza fresca, de gracia sin rebuscamiento, de sencillez admirable que es acaso lo que el lector gusta más en este libro y que le ha llevado a merecer el supremo galardón literario del país.

JORGE MAÑACH Y EL ALMA CUBANA

Se han cumplido ahora veinte años de que Jorge Mañach, uno de los más eminentes escritores cubanos de su generación, falleciera en San Juan, Puerto Rico, desterrado de su isla que tanto amaba. Pero su recuerdo vive aún en muchos compatriotas que lo consideran un ejemplo de excelencia cultural y de probidad cívica.

Jorge Mañach (1898-1961) no sólo realizó una obra de alta calidad como ensayista, profesor y periodista, sino que fue un agudo intérprete del alma cubana, de la conciencia nacional, cuyos principios y valores indagó con perspicaz enfoque. Como ha dicho la escritora puertorriqueña Concha Meléndez, «la cubanidad amorosa ... fue el eje esencial en la vida y obra de Jorge Mañach, la frontera invariable desde el principio de su gestión literaria y política».

Nacido en Sagua la Grande (Las Villas) y educado no sólo en su isla natal, sino también en España, Harvard y París, Mañach llegó a acumular un vasto saber en muchas disciplinas. Ese aprendizaje en diversos países y culturas, le formó una personalidad muy equilibrada, sin exuberancias tropicales. Pero tras de aquella actitud serena y sobria, hervían las llamas secretas de un corazón quijotesco, enamorado de la libertad, la justicia, la belleza, la bondad y la dignidad plena del hombre.

Como escritor, Mañach se distinguió por la gracia y la elegancia de su estilo. Llegó a combinar lo aristocrático con lo popular, la profundidad de las ideas con un sentido muy aguzado de la agilidad periodística. La sabiduría del maestro, versado en muchas literaturas y filosofías, pero consciente de su misión de divulgador de la cultura de su tiempo, no le restaba a su estilo aquel aliño y aquella lozanía que parecían emanar de una exquisita fuente poética.

Era, pues, una maravilla asomarse por las mañanas a la ventana de sus artículos periodísticos, en que se respiraba un aire de penetrante lucidez y en que las ideas iban aflorando no sólo con rigor dialéctico, sino realzadas con adjetivos certeros e imágenes rutilantes. Sus artículos eran así una fiesta espiritual.

Y esa misma elocuencia la mostraba Mañach en la cátedra, en el ensayo y el libro, aun en la tribuna parlamentaria y política, que no era quizá el lugar más apropiado para su vocación. Su pasión por Cuba lo llevó a veces a entrar en el campo de la política, en el cual se sentía como extraño y donde ciertamente no tuvo sus mejores logros. En donde brilló más su talento fue en la empresa de servicio cultural, en que llevó a cabo una labor fecunda y trascendente.

Una de sus iniciativas en este aspecto fue la creación de la Universidad del Aire, en 1932, cuando estaba clausurada la Universidad de La Habana y el país se asfixiaba en los estertores del régimen de Machado. La Universidad del Aire fue como una luz en medio de las tinieblas, donde se esclarecieron temas vitales de historia, literatura, arte y otros asuntos de interés cultural.

Otra iniciativa valiosa de Jorge Mañach fue la de instaurar la Dirección de Cultura en 1934, cuando ocupó por breve tiempo el cargo de Secretario de Educación. Mañach tuvo el acierto de llevar allí a intelectuales del calibre de José María Chacón y Calvo y Félix Lizaso, que realizaron una intensa labor de divulgación y estímulo. Las revistas, libros y folletos editados por la Dirección de Cultura fueron aportes muy valiosos, y en algunos casos indispensables, para entender el proceso cultural de la Nación.

Pero con ser fecundas estas iniciativas, me parece que el instrumento que Mañach utilizó de un modo más amplio y eficaz para su tarea de propulsor de la cultura fue el periodismo. Con sus artículos en Diario de la Marina, El País, Acción, Bohemia y otros periódicos y revistas, Mañach difundió nuevas ideas, hizo crítica literaria y artística, contribuyó a crear nuevas inquietudes.

A veces sus artículos tenían un valor antológico, como el titulado «El Estilo de la Revolución», publicado en 1934 en el periódico «Acción» y que obtuvo por vez primera el galardón del «Justo de Lara» creado por aquella gran tienda habanera, «El Encanto», para premiar el mejor artículo, cada año, en la prensa cubana.

«Casi todos estamos fuera de nuestras casillas, fuera de nuestro eje vital», decía Mañach en ese artículo con palabras que podrían repetirse aún. Porque una de las características de la vida cubana ha sido la de haber vivido en una crisis continua. Unos cuantos años antes —en 1927— Mañach se consideraba todavía un intelectual puro, que no quería descender a la zona «deleznable» de la política. Fue la época de la «revista de avance», que fundara en colaboración con Ichaso, Tallet, Lizaso y Marinello. Pero después de la dramática experiencia del machadato, tal pureza era imposible. «Porque esa pureza no existe. Lo digo con el rubor de quien confiesa una retractación».

Mañach creyó había llegado el momento de iniciar una renovación integral de la vida cubana, que conduciría a estructuras institucionales de libertad, justicia y cultura. El estilo de vanguardia había sido como una prehistoria, como el preludio de una sensibilidad nueva. «Con la renovación integral de Cuba» —decía Mañach en el entusiasmo de aquellos días de esperanza— «se producirá así la síntesis entre aquel estilo desasido de antaño y las nuevas formas de vida. En el molde vacío que el vanguardismo dejó, se echarán las sustancias de la Cuba Nueva».

Aquellas sustancias no llegaron a penetrar definitivamente en la vida cubana, pero el sueño y el ejemplo de Mañach siguen iluminando el futuro nacional. Con sus ensayos, sus artículos, sus crónicas y su idealismo de una patria libre y culta, Mañach no fue sólo una alta figura intelectual, sino un símbolo de la conciencia histórica de su pueblo. La importancia de su obra ha sido analizada en cuatro importantes libros publicados por los profesores cubanos Jorge L. Martí, Andrés Valdespino, Amalia V. de la Torre, y por Rosalyn O'Cherony, que vivió en Cuba y aprendió a amar a nuestra Isla.

Todavía la lectura de los libros y artículos de Mañach nos hace sentir el júbilo de lo cubano mejor. Es como volver a lo nuestro más genuino, a lo que no puede morir, porque está en lo profundo del alma nacional, en las raíces de nuestra historia y nuestra cultura.

El Miami Herald. — 15 de septiembre de 1981

Conversando con Eloísa Lezama

EL MUNDO POETICO DE JOSE LEZAMA LIMA

SAN JUAN. — Eloísa Lezama, profesora cubana de la Universidad Interamericana de Puerto Rico, ha dedicado todos sus esfuerzos, en los últimos años, a divulgar la poesía, la novela y las cartas de su hermano José Lezama Lima, publicando las más cuidadosas ediciones de sus libros. Prepara también una biografía del poeta, anudando el rosario de íntimos recuerdos.

Conversamos con Eloísa Lezama en «Mundo Feliz». No se trata de un lugar esotérico, situado en una lejana galaxia, sino de un condominio en Isla Verde, San Juan, donde ella reside muy cerca de «la región más transparente del aire» (un decimoquinto piso).

No sólo por su altura y transparencia, sino también por otros motivos sentimentales, es el lugar más próximo al «Paradiso» (título de la famosa novela de su hermano José Lezama Lima) pues allí, inmerso en su mundo poético, vive el recuerdo continuo del original escritor cubano, fallecido en La Habana en 1976. Allí tiene como un templo de la más apasionada devoción.

Eloísa rememora los años felices de su niñez y juventud junto a su hermano, en La Habana. «Compartíamos entonces nuestro Paradiso». Su hermano la enseñó a leer con un rompecabezas de trozos de madera, y la guió en sus estudios. Ella lo admiraba mucho entonces —quizá sin comprenderlo aún bien— y lo sigue admirando cada vez más. En 1961 partió Eloísa de Cuba y ya nunca lo volvería a ver. Sólo las cartas, los recuerdos, los desgarrados sufrimientos de la ausencia, y muy pocas veces las esperanzas. En tanto que el poeta buscaba desesperadamente el Paradiso, un aire infernal iba invadiendo todos los rincones de su isla trágica.

José Lezama se refugió en su torre de marfil, para no asfixiarse. Dentro de su cuarto de estudio, rodeado de libros y objetos de arte, en su casa de la calle Trocadero 162, en La Habana, Lezama se inventó un mundo dominado por la imaginación y el sueño.

«El más caro afán de José Lezama Lima fue crear un sistema poético del universo», apunta Eloísa, cuyo juicio crítico está avalado por el más completo conocimiento de su obra. Ya desde muy joven, desde la época de la revista «Orígenes», y aun antes, Lezama Lima mostró singulares dotes literarias, que fueron apreciadas, entre otros, por el poeta español Juan Ramón Jiménez, cuando visitó La Habana.

Lezama Lima evolucionó hacia un barroquismo cada vez más hermético, que se ajustaba a su propia personalidad de «Fausto americano devorado por un conocimiento infinito y por una memoria hipertrófica», como lo define Eloísa. «Mi hermano» —dice ella— «era un monje y un reidor. Era un sabio y era un niño... Era un hombre lleno de humor y un melancólico». Personalidad contradictoria y compleja que le llevó en el aspecto literario a ser «el más barroco de los clásicos y el más clásico de los barrocos», según explica Eloísa con un juego de palabras ciertamente muy lezamesco.

Este sistema poético de Lezama, buceando siempre en el mundo de lo arcano e invisible por medio de una expresión culterana y metafórica, no era el camino más propicio para llegar hasta el lector. Quizá comprendiendo esta limitación, Lezama Lima decidió encauzar su talento literario hacia el ensayo y la novela. Considera Eloísa que los ensayos de su hermano figuran entre lo mejor de su obra. Y finalmente se concentró en la novela, un género que «nunca le había interesado», según Eloísa, pero que le permitía explicar en forma narrativa —más accesible al lector— su mundo poético y trascendente.

Y en la novela, subrayando aún más su destino contradictorio, su esencia barroca, encontró la fama. «Paradiso», publicado por vez primera en 1966, ha sido objeto de numerosas ediciones y traducido al inglés, francés, alemán, italiano y hasta japonés. La mejor edición en español es la publicada por «Cátedra», de Madrid (1980), que contiene un brillante estudio preliminar de Eloísa. Para entender mejor a «Paradiso», debemos pasar por este luminoso pórtico fraternal.

Crónica de la vida de una familia cubana de la clase media a comienzos de la República, «Paradiso» es en gran medida una novela autobiográfica. El poeta rinde especiales honores a su madre —Rialta en la novela aludiendo al puente veneciano— ya que según el testimonio de Eloísa «ella (la madre) era el puente que unía a José Lezama con la realidad». Otros miembros de la familia, además del autor —José Cemí en la novela— van integrándose en la trama de la narración. Lezama utiliza todo este material próximo de sus vivencias y recuerdos, exaltándolo y poetizándolo por medio de sus oníricas concepciones y del mundo mítico extraído de sus copiosas lecturas y de su extraordinaria fantasía. El pugnaba por ver lo invisible, por tocar lo impalpable, por unir lo real con lo etéreo. »Los ojos de mi hermano se abrieron desmesuradamente y vieron lo que nadie podía ver».

«Paradiso» le abrió el camino de la celebridad literaria, suscitando elogios críticos de Vargas Llosa, Octavio Paz, Emir Rodríguez Monegal, Severo Sarduy, Jorge Edwards y José Agustín Goytisolo, entre otros, pero no le trajo el éxito ni la felicidad. Eloísa relata que su vida, en los últimos años, fue de un intenso sufrimiento y ostracismo. Desde el proceso de Heberto Padilla, la situación de Lezama Lima se hizo muy difícil. «Lo acusaban de menospreciar el comunismo, de no valorarlo, de no escribir en favor del sistema». Aun visitarlo era un acto subversivo, según el testimonio de Enrique Labrador Ruiz. Tampoco se le permitió salir de Cuba, ni siquiera para asistir a congresos literarios. A pesar de este aislamiento a que fue sometido, considera Eloísa que su influencia fue decisiva en la literatura cubana, sobre todo en los escritores jóvenes, entre ellos Reynaldo Arenas.

En la tarde de un domingo —8 de agosto de 1976— ingresó el poeta en el hospital Calixto García. Los médicos diagnosticaron pulmonía. Falleció en horas de la madrugada siguiente, rodeado de su esposa y de unos cuantos amigos. Aunque asmático desde niño, el poeta no estaba enfermo de gravedad, dice Eloísa, quien sospecha que no tuvo una buena atención en el hospital.

Los sufrimientos espirituales contribuyeron también a su temprano fin, a la edad de 65 años. En uno de sus últimos poemas había escrito: «No espero a nadie e insisto en que alguien tiene que llegar». Y la muerte le llegó sorpresivamente en la sala de un hospital habanero que tiene el nombre de otro gran poeta: Borges. Pero por medio de la poesía, apunta Eloísa con lágrimas en los ojos, «él había anticipado la resurrección». Vivió y murió con el sueño de su Paradiso

Muchos jóvenes fueron a su entierro para verlo por vez primera, pues no se les permitía llegar hasta él. Y con frecuencia han aparecido después, en las aldabas de su tumba en el cementerio de Colón, poemas dedicados a su memoria. ¡Qué mejor homenaje que el de la juventud! Así ha llegado a ser Lezama Lima, para estos jóvenes privados de todos sus derechos, un símbolo de la libertad creadora del espíritu. Como ha dicho Jorge Edwards: «Lezama se había exiliado en su lenguaje creativo, en ese pasado cubano elaborado por el lenguaje y se había llevado su exilio a la tumba».

El Miami Herald. — 13 de febrero de 1982

REENCUENTRO CON ENRIQUE LABRADOR RUIZ

En aquella Habana inquieta y jubilosa de mediados de este siglo, Enrique Labrador Ruiz aportaba ya su ingenio y su talento a la causa de las letras cubanas. Labrador cultivaba el cuento y la novela con sutil agudeza, en una prosa de matices barrocos que combinaba la sobriedad con un empleo ágil de la metáfora.

Su novela había traído un renovado vigor a la narrativa cubana, junto con Lino Novás Calvo, Carlos Montenegro y algunos otros. Era una novela de diálogo interior, al estilo de Joyce, en la cual los sueños eran llevados a la conciencia, para que dijeran sus anhelos recónditos, sus frustraciones, sus pugnas entrañables.

Enrique Labrador ponía también una nota alegre, perspicaz y a veces traviesa, en sus artículos periodísticos, contribuyendo al clima de vitalidad espiritual que entonces disfrutábamos en nuestra isla «subdesarrollada», pero que proyectaba la audaz creación de sus poetas, escritores y pintores por todo el ámbito cultural del mundo hispánico.

Una noche de verano nos reunimos en la azotea de la casa de Jorge Mañach, en la calle Campanario. El ilustre escritor nos había convocado para constituir el PEN Club de Cuba. Allí estaba por supuesto Enrique Labrador Ruiz. Era una clara noche de luna, y en aquel ambiente romántico, en medio de muchas esperanzas, integramos la directiva de la sociedad, con Mañach de presidente y Labrador Ruiz de vice.

Las sesiones del PEN Club se efectuaban por lo regular en el restaurante «París», frente a la plaza de la Catedral habanera. Era un ambiente apropiado para dialogar sobre los temas culturales y para recibir a los escritores que pasaban por La Habana, como el poeta venezolano Andrés Eloy Blanco, que nos dio a conocer algunos de sus poemas más recientes, y el ensayista y crítico peruano Luis Alberto Sánchez. Entre los escritores cubanos, solían concurrir Mañach, Labrador Ruiz, Francisco Ichaso, Jorge Martí, Sara Hernández Catá, Gastón Baquero, Ricardo Riaño Jauma, Rafael Esténger, Octavio Costa, José Z. Tallet, Rafael Suárez Solís, Miguel de Marcos, Antonio Ortega (de origen español, pero cubanizado desde su atalaya de «Bohemia» y luego de «Carteles»).

Cuando llegó la tragedia de Cuba y todos nos dispersamos, perdí la pista de Labrador Ruiz por largo tiempo. Ahora, nos hemos vuelto a encontrar en el Tercer Congreso de Intelectuales Cubanos que se ha efectuado en Washington. Y volvimos a empatar el diálogo, los recuerdos.

Han pasado bastantes años, pero Enrique Labrador conserva su alegría y su «trailer de sueños», su juicio penetrante y la anécdota divertida. Los sufrimientos espirituales no le han hecho perder su condición humana y criolla, esa sabiduría que mezcla lo profundo con lo popular y que se proyecta en una dimensión de gracia y sencillez. Labrador Ruiz ha sido y seguirá siendo alérgico a toda pedantería, a todo empaque intelectual.

Al pronunciar el discurso de clausura del Congreso de Intelectuales Cubanos, Enrique Labrador Ruiz hizo toda clase de esfuerzos para no caer en el pecado de la solemnidad. Aunque académico de la Lengua (filial de Estados Unidos) Enrique mantiene su culto de la franqueza como una nota quintaesenciada de su personalidad. Y así dejó que fluyera el humorismo para llegar por esa vía indirecta a tocar los puntos más sensibles de la tragedia nacional... Nos quitaron en Cuba —afirmó al final con una emoción ya irreprimible— el instrumento básico del escritor, que es la palabra, la libertad de expresión. Y la isla quedó asfixiada.

Pero el espíritu de lo cubano no ha muerto ni podría morir, porque la fuerza no puede apagar esa flama interior. Ahí está en muchos miles de exiliados, que la llevan con orgullo por todas partes del mundo, ahí está en el secreto corazón del pueblo cubano, un pueblo sin voz. Ahí está en la palabra y en la obra de Enrique Labrador Ruiz, que ha sabido conservar el alma de Cuba durante su agonía de 14 años en la isla, y que la ha traído al exilio con su pureza esencial, como un destello de luz en medio de la tormenta.

Esa llama la vimos brillar la otra noche en los ojos de Enrique, cuando nos reunimos en casa del común amigo Pepe Gómez Sicre, que no es una casa en el sentido corriente, sino un museo de arte convertido en residencia. Una residencia hecha para la amistad y para el diálogo espiritual fecundo.

Fue una noche cubana a plenitud, donde ni siquiera faltaron los clásicos frijoles negros y la carne asada preparados por Cheché (la esposa de Labrador), que ese día le quitó la batuta a Gómez Sicre como maestro de la sinfonía gastronómica.

El tema de Cuba dominó toda la conversación. ¿Cómo podría ser de otro modo? Pasamos revista al desastre nacional de los últimos tiempos, tratando de descifrar sus causas posibles. Evocamos los antecedentes épicos de nuestra historia y la gran clarinada romántica de José Martí. Para Gómez Sicre, la actitud romántica es la que conduce en definitiva a la libertad y los altos valores del espíritu.

Hablamos también de las virtudes y defectos del carácter cubano, que explican en cierto modo lo acontecido. Por un lado su espíritu generoso y creador, su capacidad para el sacrificio y para la hazaña, su constante combate por la libertad. De otra parte, la indisciplina, la frivolidad, la falta de unión, la pasión exaltada a los más altos niveles.

El carácter cubano ha venido al exilio y no se ha modificado sustancialmente. Enrique, observador constante de lo folclórico, narró una escena graciosa que hubo de observar recientemente en la Pequeña Habana. Una norteamericana entró a comprar en una carnicería de la calle ocho (S. W. de Miami o sagüecera»). En mal español, pidió «una bala de carne». El carnicero cubano le respondió con altivez: «Americana, no se dice bala sino bola, y debes aprender cuanto antes el español, porque si no, la vas a pasar muy mal». Los cubanos, privados de su Patria, han tomado posesión de Miami, donde los norteamericanos han ido pasando, cada vez más, a la categoría de extranjeros.

El folclore cubano del exilio, que ha de darle a Labrador Ruiz material abundante y de mucho interés para sus Memorias, tiene también sus expresiones dramáticas, como la de aquel viejito cubano que, según cuenta Enrique, le confesó que deseaba que lo incineraran y que sus cenizas fuesen enviadas a la isla para mezclarse allí con la tierra cubana.

Pero dentro de tan complejas expresiones y reacciones, el alma de Cuba sigue ardiendo en el destierro como un rescoldo de libertad entre las cenizas. La presencia de Enrique Labrador Ruiz ha venido a hacer esa llama más brillante, más cálida, más luminosa en su acendrado mensaje espiritual.

ORBITA POETICA DE EUGENIO FLORIT

En estos días he podido releer una vez más la admirable obra poética de Eugenio Florit, gracias a la publicación de un nuevo volumen (Poesía, 1920-1944) de la colección de sus obras completas que vienen editando los profesores Roberto Esquenazi Mayo y Luis González del Valle. La colección consta de cuatro volúmenes, incluyendo poesía, prosa, estudio críticobiográfico y bibliografía.

Vista la obra de Eugenio Florit desde la perspectiva de sus diversos libros, podemos apreciar mejor su órbita poética, que comienza en la adolescencia y llega hasta hoy. El poeta no ha dejado de crear a lo largo de más de medio siglo y su producción incluye también valiosos estudios de crítica literaria. Pero cada vez más, Florit se ha identificado con la poesía como medio de expresión. La poesía ha sido su fiel compañera, su almohada, su sueño y como resultado final, su obra fecunda.

En 1927 publica Eugenio Florit su primer libro: «32 Poemas Breves», en los que se advierten las primicias de su talento. Son poemas de alborada y de juventud, que nos permiten elevar el espíritu y ver las cosas desde una dimensión más bella, más pura, más ilusionada. El poeta busca «una palabra limpia, que compendie rayos de luz en besos estelares; sin luna, sin dolor, Una palabra que no haya hecho sollozar a nadie».

Esa palabra alegre y llena de sinceridad comenzó a brotarle en la contemplación del paisaje cubano. El poeta había nacido en Madrid, pero desde los quince años de edad vivió en Cuba, donde cursó estudios secundarios y universitarios y fue tomándole el gusto al sabor agridulce de la isla. Fascinado ante el éxtasis verde de la naturaleza y la fiesta azul de cielo y mar,

Eugenio fue alimentando fuentes cristalinas de inspiración que llegaron a cristalizar en los poemas de «Trópico».

Publicado en 1930 por la Revista de Avance, este libro de Florit tiene una sensualidad cálida, como su nombre anuncia, y nos muestra la devoción profunda que el poeta siente hacia la tierra y el paisaje que le rodean. Es una identificación también con el pueblo cubano, «pueblo cantor», como él dice, que gusta de expresar su alegría y sus emociones por medio del verso y la música.

Leer las décimas de «Trópico» es como visitar de nuevo el campo y el mar de la isla, para recrearnos en sus palmas, sus montes, sus ríos, sus luces y su ardiente sol. El poeta nos lleva también de la mano hasta el bohío, allá en «el callado manigual». Entre las brisas y las luces que salen del hogar guajiro, «alza un brazo el caminante al cruzar por la arboleda, y presa en la mano queda una chispa titilante».

Esa chispa, que no lo abandonaría ya más, tiene matices genuinos de la palabra limpia y luminosa que buscaba el poeta. La emoción de lo cubano queda para siempre en su sensibilidad. Es cierto que no le sería posible disfrutar por mucho tiempo el encanto seductor de la isla, pero la llevará dentro de sí mismo, acariciando su imagen en el recuerdo, en la distancia. Su verso quedará marcado por la «flecha en éxtasis verde» y los «mares risueños».

En efecto, Eugenio no tardaría en salir de Cuba (1940) para vivir ya en forma permanente en Estados Unidos, ubicándose en Nueva York como empleado consular primero y luego como profesor de Literatura Hispanoamericana en Barnard College, de la Universidad de Columbia, junto a Federico de Onís, Angel del Río, Laura García Lorca y otros.

Sus tareas de profesor no interrumpieron sin embargo su obra poética, que fue alcanzando una perfección cada vez mayor. En 1946 apareció en México su libro «Poema Mío», publicado por la Editorial Letras. Recuerdo que en aquella ocasión estuvo en La Habana, donde le rendimos un homenaje por su brillante labor.

Ya desde entonces su obra adquiere una proyección más universal, acercándose a los problemas esenciales del hombre, a la angustiosa búsqueda de su destino. Entre 1946 y 1974 publica varios libros que reflejan esa actitud espiritual, entre ellos

«Asonante Final», «Hábito de Esperanza» y «De Tiempo y Agonía (Versos del Hombre Solo)», todos ellos incluidos en el segundo volumen de sus obras completas.

Guiado por su intuición lírica, el poeta trata de hallar la realidad espiritual que se esconde tras el mundo de las apariencias y de los fenómenos. Y encuentra la unidad de todo lo creado, la maravillosa armonía del mundo. En su poema «Casi Soneto», Florit proclama: «Tengo que arder donde arden las estrellas, que palpitar donde la luz palpita, que amar donde está el beso de los ángeles, que cantar donde nace la armonía». Es un camino espiritual que le hace ascender hacia un plano de religiosidad profunda.

Para llegar a la armonía y a la paz, hay que pasar sin embargo por muchas vías dolorosas, como queda patente en uno de sus mejores poemas: «El Martirio de San Sebastián». El poeta describe allí la mística alegría del santo atravesado de flechas, pero con el corazón ardiente y el alma en éxtasis. «Ya voy, Señor. ¡Ay, qué sueño de soles, qué camino de estrellas en mi sueño!».

Soles, estrellas, sueños, cauce de saetas, todo eso forma parte de ese mundo de armonía final que Eugenio Florit busca en su trayectoria lírica. Allá también, en lo profundo del alma los recuerdos y las imágenes de sus amores y su isla, batida por tiempos de tempestad. El poeta, desde su soledad iluminada, mantiene en todo momento un «hábito de esperanza», una fe trascendente en los valores del alma.

Como él dice en «Estrofa», incluida en su libro de poemas «Momentos» de la Navidad de 1985: «Ni esta oscura miseria, ni el dolor del olvido, ni el eterno cansancio de la noche sin fin, ahogarán la esperanza de encontrar mi perdido corazón en las piedras húmedas del jardín». Y en tanto lo encuentra seguimos disfrutando la poesía de este maestro de la literatura cubana y de las letras hispánicas.

HERNÁNDEZ TRAVIESO: BIÓGRAFO DEL PADRE VARELA

Muy joven aún y en plenitud de entusiasmo, Antonio Hernández Travieso se lanzó a la tarea de investigar todos los aspectos de la vida y la obra del padre Félix Varela. Desde entonces, no ha dejado de estudiar, valorar históricamente y divulgar la ideología de aquel insigne patriota, filósofo, educador y reformador moral.

Ahora, en el exilio, ha aparecido la segunda edición de su biografía del forjador de la conciencia cubana, publicada por Ediciones Universal. Es una publicación muy oportuna, para que las nuevas generaciones tengan la oportunidad de conocer y ahondar en el ideario de aquel cubano excepcional, que vino al exilio de Estados Unidos en la primera mitad del siglo pasado, estableciendo una tradición que dura hasta hoy, para luchar por la independencia, la libertad y la dignidad del hombre en nuestra isla, asfixiada antes como ahora por un sistema de horrible esclavitud.

Recuerdo cuando Ñico Hernández Travieso estaba en los trajines de escribir su biografía a fines del decenio de los cuarenta, después de una acuciosa investigación por dos años en los archivos y bibliotecas de Estados Unidos, tarea que hizo posible una beca de la Fundación Guggenheim. Alternaba esa tarea con sus labores de profesor en el Instituto de segunda enseñanza de Marianao, donde explicaba asignaturas de Filosofía, llegando a ser director de ese centro docente.

En una época en que había un ambiente de corrupción en la enseñanza cubana, debido a la acción desmoralizadora del famoso Inciso K, que alentó a los grupos gangsteristas en los centros docentes, Antonio Hernández Travieso mantuvo con energía la dignidad de su misión profesoral, no transigiendo con los que trataban de llevar todas las corruptelas a nuestro sistema de educación pública. Fue una lucha difícil y riesgosa, pero ya Ñico Hernández Travieso se había enfrentado a ese tipo de terrorismo —el que incubó a Fidel Castro— durante sus años de estudiante en la Escuela de Filosofía y Letras en la Universidad de La Habana. Allí aprendió a combatir a este monstruo devorador.

Un día, con el júbilo reflejado en su rostro, se apareció Hernández Travieso en la redacción de *El Mundo*, allá en el viejo y querido edificio de Aguila y Virtudes, para obsequiarnos con los primeros ejemplares de su obra, acabada de salir de la imprenta. Ahí, en ese libro de portada tricolor y más de 400 páginas, editado por Jesús Montero (1949) estaba la concreción de sus afanes, de sus desvelos, de su incesante trabajo de investigación y estudio durante varios años.

En aquella ocasión se publicaron muchos comentarios en la prensa habanera sobre esta biografía, que venía a aclarar aspectos desconocidos o dudosos de la vida del Padre Varela y que recogía, en un estilo vigoroso, su mensaje patriótico, su ideología de profundo contenido liberal y moderno.

Todos estos comentarios, escritos entre otros por Herminio Portell Vilá, Jorge L. Martí, Ramiro Guerra y Roberto Esquenazi Mayo, elogiaban la obra del joven profesor e historiador, que venía a enriquecer el acervo cultural cubano con un estudio adecuado a la significación del presbítero Varela para el desarrollo de la Patria y de las ideas en nuestro país.

«Pocos libros se han escrito en Cuba de tanto interés humano, de tan rica información documental, de tan cabal interpretación», escribía Jorge L. Martí en *El Mundo*. «Es libro definitivo en la bibliografía cubana», apuntó Esquenazi Mayo, en tanto que Herminio Portell Vilá consignaba, con su autoridad de historiador, que «era la biografía definitiva del Padre Varela».

Todos estábamos orgullosos del gran esfuerzo realizado por Ñico Hernández Travieso, porque pensábamos que no era sólo un triunfo personal —la obra recibió el premio Emilio Bacardí Moureau y el de la mejor biografía, de la Dirección de Cultura, Ministerio de Educación— sino un aporte de la joven generación cubana, empeñada en contribuir al adelanto cultural de la nación.

Eran días aquellos de entusiasmo y de fe profunda en el destino cubano. Creo que nos reunimos una noche en algún restaurante habanero para expresarle al laureado biógrafo del Padre Varela nuestra alegría e identificación. Con sincero alborozo escribí entonces en *EL MUNDO*: «Tenemos la certidumbre de que, en lo futuro, no será posible emitir juicios responsables sobre el Padre Varela sin consultar este libro, que une a su vasta documentación, un agudo sentido histórico para penetrar en los hechos, fijando su significación y alcance».

Ahora, transcurrido más de treinta años, he vuelto a leer y disfrutar las páginas de esta biografía vareliana, ahora en segunda edición. Y me parece que sigue siendo indispensable para entender en la mejor forma posible la formidable tarea que llevó a cabo el cura habanero, frágil de cuerpo pero de luminoso espíritu, que divulgó entre los jóvenes cubanos de la época las más modernas ideas filosóficas y los principios de un régimen constitucional. El señaló el camino a la nueva generación, y dejó discípulos de la alta categoría de José de la Luz y Caballero, José Antonio Saco, Escobedo y muchos más.

Pero no sólo señaló el camino, sino que luchó por la vigencia de esos principios en las Cortes españolas de 1822 y 1823, como representante del pueblo cubano. Fracasadas aquellas Cortes y con el regreso del absolutismo a España, Varela decidió acogerse al asilo político en Estados Unidos. Desde su exilio en Nueva York, Filadelfia y San Agustín, aquel espíritu lleno de bondad humana y de fervor patriótico y religioso, se consagró como un apóstol a la tarea de echar las raíces espirituales de la nación cubana. El inició una labor de siembra que culminaría después en la prédica democrática y nacionalista de José Martí.

También Hernández Travieso ha tomado el camino del exilio, como buen discípulo del Padre Varela, para combatir mejor el nuevo coloniaje en que se asfixia nuestra isla. Sus críticas aceradas contra el comunismo han llegado como un alivio y una esperanza al pueblo cubano. Su lucha por la Libertad es la misma que la de su ilustre maestro. En el exilio, Hernández Travieso ha pasado a veces por dolorosas circunstancias. Pero ha sabido afrontarlas con serenidad y valor. Juntos hemos visto desfilar los inviernos y las nevadas, guardando en lo íntimo secretas nostalgias. Al publicar ahora una nueva edición de su biografía, creo que lo hace como un aporte del exilio cubano a la tarea de conservar las raíces ideológicas de nuestro pasado, raíces que algún día próximo volverán a florecer en la Patria liberada.

PEDRO HENRIQUEZ UREÑA EN CUBA

Sin dejar de ser un dominicano esencial, Pedro Henríquez Ureña vivió siempre con la preocupación del destino y la significación histórica de América. Adquirió una visión directa de nuestra cultura, de sus problemas y dificultades, de sus hondas contradicciones y al mismo tiempo, de su unidad profunda. Llegó a madurar una concepción de América como tierra de utopía, «patria de la justicia». Algunos de sus mejores libros tienen relación con el tema, como los que forman parte de «Seis Ensayos en Busca de Nuestra Expresión».

Cuba fue uno de los países que el humanista dominicano conoció primero, y con el cual hubo de establecer relaciones fecundas. En marzo de 1904 —a los veinte años de edad— el joven dominicano viaja a La Habana, después de haber vivido por tres años en Nueva York. Era como un retorno a nuestro ambiente cultural, a las raíces del alma hispana.

Una recomendación del héroe dominicano de nuestra independencia, el general Máximo Gómez, le sirve para hallar trabajo en la tienda comercial de Silveira y Compañía. Reside en La Habana durante los años de 1904 y 1905, y allí publica su primer libro: «Ensayos Críticos», editado por la imprenta habanera de Esteban Fernández. El libro recibe una cálida acogida en los círculos literarios cubanos, que ya ven en Pedro a un crítico y ensayista de mucha perspicacia y enjundia.

En 1906 se traslada a México, en donde estudia y trabaja afanosamente durante varios años. Allí percibe otras aristas cardinales del panorama histórico y cultural de América. Refiriéndose a su estancia en México, donde hubo de graduarse de abogado, ha escrito Alfonso Reyes: «Aquí transcurrió su juventud, aquella juventud que no ardía en volubles llamaradas, sino que doraba a fuego lento su voluminosa hornada de horas y de estudios... Y al cabo nos ayudó a entender, y por mucho, a descubrir a México».

En 1914 regresa a La Habana, donde colabora en las principales revistas literarias, como «Letras», «El Fígaro», «Cuba Contemporánea» y «Revista Bimestre Cubana». Manuel Márquez Sterling, director entonces de «El Heraldo de Cuba», lo designa corresponsal en Washington, adonde hubo de trasladarse en noviembre de 1914. Comenzaba entonces la Primera Guerra Mundial. Es interesante que un periódico habanero decidiera tener su propio corresponsal en Estados Unidos, privilegio del que sólo disfrutaban en aquella época las grandes empresas periodísticas.

Desde su atalaya de Washington, el distinguido periodista y hombre de letras sigue el curso de los acontecimientos, para informar al lector habanero. Comenta un día el discurso del presidente Wilson, y en otra ocasión las declaraciones del Secretario de Estado Bryan, o discute la Doctrina Monroe con motivo de la crisis mexicana. Las relaciones entre Estados Unidos y la América Latina dan pie a agudas reflexiones, abogando por un entendimiento justo sin actitudes intolerantes. Al comentar sobre la guerra, dice que ésta se extiende «como noche polar» sobre el mundo. Y añade que a pesar de que los pueblos piden paz, «no sabemos cómo alcanzarla».

De la urbe capital de Washington el corresponsal afirma que es una ciudad escéptica, donde «predominan las gentes maduras o provectas», y donde un predicador cristiano, famoso en la época, apenas si despierta algún entusiasmo. Añade que «La Habana, por ejemplo, es una ciudad juvenil, donde discurren por las calles muchos más hombres y mujeres jóvenes que viejos o siquiera de edad madura». En cambio, «Washington es senil».

No sé si ahora pudiera decirse lo mismo. Más bien creo que Washington se ha rejuvenecido con los tiempos. Por muchas partes podemos hallar el entusiasmo y la alegría de la juventud, especialmente en las calles, los restaurantes y los clubes nocturnos de Georgetown, donde la ciudad alcanza su temperatura más alta. Puede que haya aquí viejos, «pero viejos de verdad» —abundan en el Gobierno, el Congreso y los tribunales— mas la juventud predomina y en muchos aspectos impone su tono vital.

A pesar de la guerra y de la escasa vida cultural de la ciudad de Washington en aquella época, Pedro Henríquez Ureña no pierde oportunidad de enviar crónicas sobre arte e ilustración, aprovechando una obra de teatro, una exposición de la Biblioteca del Congreso, una reunión de hispanistas, una exhibición de acuarelas en el Corcorán, o espectáculos musicales de concierto y danzas. Después de todo, leyendo al corresponsal del diario habanero, no parece que la actividad cultural estuviese tan en desmedro.

Al referirse a los estudios hispánicos en Estados Unidos, el crítico dominicano apunta que «fuera de España, no existe grupo de eruditos en letras españolas, comparable, por la abundancia de calidad, al que forman los catedráticos de Estados Unidos». Esos eruditos trabajan no sólo en la cátedra, sino también fuera, por medio de estudios, investigaciones, ediciones críticas. Es una tradición de servicio cultural que se ha mantenido con los años y que ha contribuido mucho a profundizar en los autores y movimientos literarios de la América hispana.

Tras de llevar a cabo esta intensa labor periodística, en crónicas que son modelo de precisión y elegancia, el joven dominicano decide concentrarse en sus estudios universitarios, llegando a alcanzar el grado de Doctor en Filosofía, en la Universidad de Minnesota. En lo adelante su principal actividad cultural será la de la enseñanza, como profesor de diversas universidades de Estados Unidos y la América Hispana, entre ellas las de Minnesota, Chicago, California y Harvard; y las de México, Santo Domingo y Buenos Aires, donde fue también Secretario del Instituto de Filología.

Pero básicamente, Pedro Henríquez Ureña queda en la cultura de América por su intensa labor crítica y literaria, de la cual nos dejó un testimonio muy fehaciente en sus múltiples libros, cuya colección completa ha publicado la Universidad de Santo Domingo, que lleva con orgullo su nombre.

Con Alfonso Reyes, Mariano Picón Salas, Jorge Mañach, Germán Arciniegas y algunos otros, figura entre los ensayistas de mayor penetración y profundo alcance crítico que hayamos tenido en la América hispana en este siglo. El vio nuestra realidad no en forma fragmentaria, sino como una gran unidad de pueblos buscando su mejor modo de expresión humana y cultural. Por eso, en su centenario, los pueblos de América lo recuerdan con admiración, como uno de nuestros más altos valores.

PORTELL VILÁ AVIZORA UN FUTURO DE LIBERTAD PARA CUBA

Con la convicción de quien ha dedicado su vida entera al estudio e investigación de la Historia de Cuba, el doctor Herminio Portell Vilá contempla el futuro nacional con un enfoque optimista y considera que nuestro pasado es un ejemplo de progreso, sacrificios y heroísmos.

«Yo estoy profundamente convencido de que el pueblo cubano marchará adelante y se librará de la dominación comunista, volviendo a emprender su camino hacia la civilización, el progreso y la consolidación de su soberanía», nos dice el distinguido historiador cubano, quien nació el 18 de junio de 1901, día de la batalla de Waterloo, según él mismo apunta).

La vida de Herminio Portell Vilá ha transcurrido en una brega constante. No ha dejado de luchar un solo momento por la libertad, la cultura, el avance civilizador. Nacido en la ciudad marinera de Cárdenas, procede Portell Vilá de una familia de origen catalán por ambas ramas. Su abuelo materno fue uno de los fundadores de la villa cardenense, en 18p8, habiendo hecho fortuna con un taller de madera. Su madre era una mujer de gran fortaleza física y de inquietudes culturales, tenía una voz notable de soprano y arrullaba a sus cinco hijos con canciones de cuna que eran arias de ópera. Ella fue la que le inculcó un intenso amor por Cuba y le guió hacia una vida de estudio, trabajo y dignidad.

El joven cardenense ya a los 16 años —en 1917— dirigía la revista «Cárdenas Ilustrada», que era la mejor que se había publicado en esa urbe «bastante culta, progresista, pero dominada por políticos sin escrúpulos», según Portell. Escribió allí comentarios sobre la Primera Guerra Mundial, hizo versos (uno de ellos dedicado a la actriz Esperanza Iris) y comenzó a chocar con los políticos. «Me consideraban medio loco», dice Portell.

Fue en esa época cuando conoció a la persona que junto con su madre, más ha influido en su vida. «Ya yo estaba dándole vueltas a Lea» (como él llama cariñosamente a su esposa María Teresa). Y después de terminar su segunda enseñanza en Cárdenas, Lea le aconsejó que se fuera a estudiar Derecho en La Habana. «Yo te espero» le dijo. Y Portell siguió la recomendación de su novia.

Al mismo tiempo que trabajaba en el Colegio de los Escolapios, de San Rafael y Manrique, a cargo de los pupilos y dando clases de Inglés y de Historia, Portell caminaba todos los días 26 cuadras para ir hasta la Universidad. «Como entonces no había escalinata subía la loma saltando de roca en roca», nos dice.

Estudió con mucho ahínco, y ya en los últimos años de su carrera, comenzó a trabajar en la Academia de la Historia de Cuba, presidida entonces por el doctor Fernando Ortiz. Allí, en medio de sus tareas como bibliotecario, archivero y jefe de despacho —todo a la vez— conoció a ilustres figuras intelectuales de Cuba, como Enrique José Varona, Rafael Montoro, Fernando Figueredo, Juan Manuel Dihigo y otros. Todo esto le permitió irse familiarizando cada vez más con la historia nacional.

Cuando Fernando Ortiz fundó la institución Hispanocubana de Cultura, llevó a Portell como Secretario. El Vicepresidente era el Dr. Ramón Grau San Martín. Portell atendía a los conferencistas visitantes, que después de las disertaciones en La Habana, recorrían poblaciones del interior. Entre los confefencistas más destacados, recuerda a Fernando de los Ríos, Luis de Zulueta, María de Maeztu, Eugenio D'Ors y Salvador de Madariaga.

Clases con Bayoneta Calada

Al terminar sus estudios de Derecho, el profesor Ramiro Guerra lo invitó a trabajar con él en la cátedra de Historia de

Cuba (1928), como auxiliar sin sueldo. No fue poca la sorpresa del novel profesor de la Universidad de La Habana, cuando advirtió que tenía que dar sus clases con un soldado con bayoneta calada en la puerta del aula, como ocurría a todos los profesores. Y allí, sin que el soldado entendiera ni Portell se inmutara, explicó su curso sobre el Siglo XIX cubano, señalando los horrores de los gobiernos de Tacón, Vives y otros. Entre sus alumnos se encontraban Carlos Prío, Justo Carrillo, Manuel Antonio de Varona, líderes de la rebeldía estudiantil de 1930.

Llegó entonces, nos explica Portell, el cincuentenario de las Conferencias Filosóficas de Enrique José Varona. Se constituyó un Comité para rendir homenaje al sabio cubano, que tendría lugar en el Nuevo Frontón, el primero de octubre, inmediatamente después de la apertura del curso en la Universidad. Los estudiantes, acompañados de algunos profesores, marcharían del Alma Máter hasta el Frontón, y después al Palacio Presidencial para pedirle la renuncia a Machado. Este había dicho que renunciaría si se lo pedían cincuenta ciudadanos de buena voluntad.

Al enterarse las autoridades de los planes, nos dice Portell hilvanando sus recuerdos, adelantaron la fecha de la apertura del curso para el 30 de septiembre, que fue cuando ocurrieron los luctuosos acontecimientos en que perdió la vida el estudiante de derecho Rafael Trejo. El homenaje a Varona fue suspendido. Y cuando un grupo de mujeres del Lyceum llegaron hasta Palacio para pedir la renuncia al Dictador, fueron apaleadas por la llamada Porra femenina, entre ellas Elena Mederos, ya fallecida.

Ya Portell estaba en plano de combate abierto contra el régimen y mandado a detener. Habiendo obtenido la beca Guggenheim, inició en 1931 su primer exilio en Estados Unidos. Fue esa beca la que le permitió hacer las investigaciones y estudios que le llevaron a escribir uno de sus libros más importantes, la Historia de Cuba en sus Relaciones con Estados Unidos y España, en cuatro tomos.

La Enmienda Platt

Uno de los aspectos de la Historia de Cuba más ampliamente investigados por Herminio Portell Vilá es el proceso final de la independencia, con la intervención de Estados Unidos en favor de la causa cubana. Le preguntamos su opinión sobre la Enmienda Platt y sus efectos sobre la naciente República cubana:

— La Enmienda Platt —nos dice— tuvo una funesta influencia, porque además de haber sido impuesta, venía a funcionar como una capiti-diminutio para la personalidad internacional de Cuba. Desde el primer momento en que comencé a estudiar y escribir sobre estas cuestiones, allá en Cárdenas, me interesó la cuestión de la Enmienda Platt. Me había dedicado también al estudio de los proyectos de anexión de Cuba a Estados Unidos. Las dos cosas venían juntas. Llegué a la conclusión de que la Enmienda era el sustitutivo de la anexión.

Me apasioné con estos estudios —añade— y en 1923, al celebrarse un Congreso de Estudiantes en la Universidad de La Habana, me aparecí con la novedosa teoría, ahora aceptada generalmente, de que una nación puede, en uso de su voluntad soberana, repudiar un tratado que tenga vicios de imposición. Planteé que Cuba debía denunciar la Enmienda Platt, pero la tesis no fue aceptada por el Congreso.

Diez años más tarde —sigue diciendo el Dr. Portell— después de intensa búsqueda en los archivos de Estados Unidos, pude llegar a estudiar finalmente los papeles del senador Orville Platt, que descubrí en Hartford, Connecticut. Allí estaba toda la documentación relativa a la Enmienda, conservada por el autor de la misma. Entonces llegué a la conclusión de que el vicio de nulidad del tratado impuesto en 1901, el cual incorporaba la enmienda, era un vicio que se podía denunciar.

El senador Platt decía en sus papeles: «Lo que vamos a hacerles ahora a los cubanos es un sustitutivo de la anexión». Esas son sus propias palabras en una carta al azucarero cubano Edwin F. Atkin y que se encuentra en el archivo del senador.

Otro documento que ayudó mucho a Portell Vilá en sus investigaciones sobre la Enmienda Platt fue un folleto del gobierno de Estrada Palma, enviado a la exposición de St. Louis, Missouri, en 1903, en el cual se afirmaba que dicha Enmienda había sido impuesta a Cuba e incorporada a la Constitución como un tratado permanente.

La Conferencia de Montevideo

En 1933 Herminio Portell Vilá fue designado Delegado del gobierno de Cuba, que presidía el Dr. Ramón Grau San Martín, a la Séptima Conferencia Interamericana de Montevideo, conjuntamente con Angel Alberto Giraudy y Alfredo Nogueira. La delegación no llevaba instrucciones estrictas del Gobierno y pudo actuar libremente.

Portell Vilá llevó a la Conferencia toda la extensa documentación que tenía sobre la Enmienda Platt y la mostró a los miembros del Subcomité sobre Derechos y Deberes de los Estados, del cual formaba parte. Integrado por siete delegados —del cual quedan dos vivos: el ecuatoriano Antonio Parra Velasco es el otro— dicho Subcomité trabajó en secreto durante muchos días en la redacción de un proyecto de convención por la cual se prohibía la intervención de un país de América en los asuntos internos de otro, lo cual invalidaba la Enmienda Platt.

«El acuerdo final se hizo en mi propia máquina de escribir —dice Portell— porque los secretarios de la delegación de Cuba, Carlos Prío Socarrás y Juan Antonio Rubio Padilla no sabían escribir en máquina y entonces Lea, mi mujer, fue la que lo escribió. El texto definitivo fue presentado como una bomba al Sr. Mello Franco, que era presidente de la Comisión de Derecho Internacional y ministro de Relaciones Exteriores del Brasil, minutos antes de la sesión. Nadie había tenido la oportunidad, fuera del Subcomité, de conocer cuál era el brulote».

El día antes de la sesión plenaria, Portell Vilá tuvo una entrevista con Cordell Hull, Secretario de Estado de Estados Unidos, que se desarrolló según la versión de Portell en la forma siguiente: Hull: «Por favor no trate mañana sobre la Enmienda Platt. Confíe en nosotros. Vamos a suprimir la Enmienda Platt. Si usted tiene fe en nosotros, todo se hará». Respuesta de Portell: «Usted, Sr. Hull, es un hombre honrado y digno, pero usted no podrá cumplir esa promesa. Cuando llegue a Washington, le dirán que eso no se puede hacer, y me quedo yo con que he renunciado a la única oportunidad que tengo, en la Historia de Cuba, para denunciar la Enmienda Platt. No, lo siento mucho». Y se separaron, refiere Portell, siendo amigos.

El principio de no intervención, acordado en Montevideo,

fue después incorporado a la Carta de la Organización de Estados Americanos, aprobada en Bogotá años más tarde. El triunfo diplomático de Portell Vilá había sido completo, gracias a la formidable documentación que había podido reunir en sus investigaciones y estudios en Estados Unidos. Pero ningún otro gobierno cubano lo volvió a llamar para que participara en una conferencia internacional. «Sigo pagando la culpa de haber hecho aquello, y no lo lamento, pues justifica la obra de los libertadores», nos dice Portell con orgullo.

Le pregunto si no hay contradicción entre el principio de no intervención unilateral aprobado en Montevideo, y lo dispuesto después por el tratado de Río, que autoriza la intervención colectiva para defender la seguridad de América.

«No hay contradicción —explica— pues lo que está en peligro es tan grande en este último caso, que se puede justificar el sacrificio de una parte del principio de soberanía, para hacer posible un esfuerzo colectivo que nos salve de la amenaza exterior».

Grandeza del Pasado

Hablando sobre el pasado histórico de Cuba, Portell afirma con palabras enérgicas: «La realidad es que no hay en esta parte del mundo un país que haya hecho tan sólidos, concretos e importantes sacrificios por la libertad como el pueblo cubano. Las batallas de nuestras guerras de independencia fueron a veces superiores a las libradas en América del Sur y Estados Unidos. Un pueblo que apenas contaba con 1.200.000 habitantes pudo llegar a cosas tan decisivas como la batalla de Las Guásimas, que se puede comparar con las más altas demostraciones de valor y estrategia militar».

También el pueblo cubano hizo grandes progresos en cuanto a las letras y la cultura en general, señala Portell, según puede advertirse en «Hojas Literarias», de Manuel Sanguily; «Apuntes para la Historia de las Letras en Cuba», de Antonio Bachiller y Morales; el «Diccionario Biográfico» de Calcagno. En estas obras, y en la magnífica producción del Padre Varela, Luz y Caballero y José Antonio Saco, entre otros, está la historia y la evolución económica, cultural y política de un gran pequeño pueblo: el cubano.

Considera Portell que Cuba tuvo en su contra, casi desde el inicio de su vida histórica, la ambición de las grandes potencias. Sin esa ambición hubiera podido llegar a ser independiente mucho antes y sin el sacrificio de sus mejores hijos, muchos de los cuales murieron en la guerra.

Durante la República, Cuba alcanzó un enorme progreso, afirma. «Hubo los altibajos de la corrupción política, pero yo quisiera que me dijeran dónde está el país que haya estado o esté libre de corruptelas. En Cuba nunca hubo los tremendos escándalos que se produjeron en Estados Unidos en la época del presidente Grant. Estados Unidos superó todo esto y siguió adelante. Nosotros tenemos el mismo derecho a consolidar nuestro porvenir en la misma forma en que lo hizo el pueblo norteamericano».

Francia cayó en 1940 en poder de adversarios, y Petain cooperó con el enemigo del mismo modo que Castro coopera con la Unión Soviética, dice Portell. En 1860, después de una sangrienta guerra civil, Estados Unidos se hallaba destruido completamente y después se reconstruyó marchando hacia adelante. Lo ocurrido en Cuba es el caso de una traición por agentes del comunismo. Pero la nación, como en el caso de Francia y Estados Unidos, volverá a resurgir y a afirmar su calidad histórica.

Es una aberración no apreciar nuestros valores históricos, dice el distinguido profesor. «Sigo opinando que Cuba es una nación que tiene derecho a ser libre, independiente y soberana. Cuba tiene características extraordinarias de un gran país, que se han frustrado ahora ante una invasión externa, como le ocurrió a Francia durante la guerra franco-prusiana y luego en el año 1940».

El Futuro Como Libertad

Estimando Portell Vilá que lo ocurrido en Cuba ha sido algo incidental y necesariamente provisional, está seguro de que los cubanos volverán a recuperar su libertad e independencia. «En Alto Songo, en Jagüey Grande o en Remanganagua, va a surgir un líder extraordinario, del cual no tenemos noticia ahora, y que va a ser el que dirija la empresa de la liberación». Y añade, con un acento de entusiasmo patriótico en sus palabras: «El libertador de esta nueva era está allí esperando. El país que dio a un Maceo, a un Céspedes, a un Agramonte, a un Martí, tiene que ser capaz de producir otro cubano eminente, otro líder formidable para el nuevo esfuerzo libertador».

En cuanto al papel del exilio, cree Portell Vilá que debe ser «el de madurar las condiciones internas del país, para que eso pueda ocurrir. En tal aspecto, podemos hacer cosas extraordinarias desde aquí por medio de la radio, la propaganda y toda la ayuda que se pueda lograr».

En lo relativo a una posible acción militar soviética en apoyo de Castro, el Dr. Portell Vilá dice que: «Logísticamente, la URSS no puede hacer nada para apoyar a Castro. Está demasiado lejos y tiene demasiados problemas para lanzarse a una peligrosa aventura en el Caribe. Castro ha sido abandonado a su suerte. Por eso experimenta tanto temor».

Como conclusión de su entrevista, el Dr. Portell Vilá, con su aval extraordinario de conocimientos históricos y de experiencia, recalca que «Nada ni nadie podrá impedir que el pueblo de Cuba vuelva a obtener su independencia, para completar la obra de los libertadores del siglo pasado, reinstalando una República libre, democrática y solidaria de América».

4. REFLEXIONES SOBRE EL DESTINO HISTÓRICO

REFLEXIONES SOBRE EL DESTINO NACIONAL

Durante la mayor parte del siglo pasado, como hemos visto, los cubanos fueron echando y abonando, con paciencia histórica, las raíces ideológicas de la nación y tratando de buscar soluciones al atraso de una sociedad esclavista y colonial.

España hubiera podido facilitar soluciones si hubiese accedido al establecimiento de un régimen autonómico a su debido tiempo, pero persistió hasta el último momento en su propósito de mantener la sociedad esclavista bajo el férreo mando de los capitanes generales y los reales decretos emanados de Madrid.

Un sistema de autonomía política habría permitido al pueblo cubano prepararse para el ejercicio del gobierno propio y hubiera hecho innecesario el sacrificio de tantas vidas cubanas y españolas en una lucha fratricida que destruyó las riquezas y hundió al país en la mayor miseria.

Después de esta larga odisea, los cubanos tenían motivos sobrados para inaugurar la República en 1902 con el mayor entusiasmo. Era un logro por el cual habían combatido con denuedo, un anhelo secular que parecía, al fin, después del heroico esfuerzo de varias generaciones, iluminar nuestro destino nacional.

La República, a pesar de las limitaciones del Tratado Permanente o Enmienda Platt, era una oportunidad de avanzar en la tarea de convertir el sueño cubano, el sueño de José Martí y de tantos otros patriotas, en una realidad histórica. Pero después del optimismo de los primeros años de la República, comenzó a surgir entre los cubanos más perspicaces una gran preocupación por el destino nacional.

Al comienzo de la República, el filósofo Enrique José Varona había escrito: «Vamos a llevar a Cuba el espíritu de tolerancia y de concordia que unifica. Vamos a juntarnos todos en el seno de la paz, que permite los grandes esfuerzos, puesto que permite acumular riquezas y acumular cultura».

Varios años después, al ocurrir en 1906 la primera gran crisis republicana que llevó a la intervención de Estados Unidos, Enrique José Varona volvió a escribir con decepción: «En vez de la paz; tenemos la guerra; en vez de respetar la ley, la pisoteamos; en vez de tolerancia, el odio, los dicterios y los rifles asestados por manos cubanas contra pechos cubanos».

Mientras se malgastaban las energías y el tiempo en luchas fratricidas, la tierra y la industria azucarera iban pasando cada vez más a manos extranjeras. El Tratado de Reciprocidad con Estados Unidos dio un gran impulso a esta última, pero aún así, eran escasas las oportunidades de trabajo y el cubano tuvo que recurrir al puesto público para vivir. Desvalimiento económico y exceso de política se convirtieron en males crónicos que lastraban el progreso de la República.

Otro cubano preocupado por el destino histórico de la nación, Manuel Sanguily, dio la voz de alerta desde su tribuna en el Senado sobre el peligro que representaba la enajenación de la tierra al extranjero y la pérdida de la riqueza nacional.

Con voz profética, señaló Sanguily que no debíamos depender de un solo producto ni permitir los monopolios que iban apoderándose de la actividad económica. «No son los pueblos ambiciosos, instigados por la codicia, los que duran y resisten más en medio de las vicisitudes de la vida, sino los pueblos trabajadores y honrados», afirmaba el prócer cubano.

Angustiado también por los problemas de la República, el patriota Juan Gualberto Gómez recordaba a los cubanos la necesidad de una tarea constructiva y responsable encaminada al logro de «la paz, el orden, el respeto a la Ley, la observancia de la Constitución el equilibrio de todos los elementos sociales, el desarrollo de nuestra herencia moral y de nuestros bienes materiales, la armonía de los intereses todos». Sólo en un ambiente de paz y armonía, de integración racial y nacional, podría avanzarse hacia la realización de nuestro destino histórico.

«A la injerencia extraña...»

En febrero de 1917 la cuestión del reeleccionismo provocó una crisis que dio lugar a un Memorándum del State Department a Cuba. El entonces Secretario de Estado Pablo Desvernine respondió al Memorándum con palabras airadas en defensa de la soberanía nacional y afirmando que «el Gobierno de Cuba no ha ejecutado ni pensado ejecutar acto alguno que no se ajuste a las disposiciones legales». Con ese motivo el distinguido periodista cubano Manuel Márquez Sterling, director del periódico «La Nación», que se editaba en La Habana, publicó un artículo que llegaría a tener resonancia histórica.

«El Memorándum de Washington» —escribió Márquez Sterling— «sólo tenía una respuesta, y esa respuesta no podía salir del cerebro del Canciller, sino del corazón del Presidente. A la injerencia extraña, sólo podía responder la virtud doméstica».

El artículo de Márquez Sterling añadía palabras de alto sentido patriótico: «La respuesta del Memorándum debió ser concebida en términos de elevada dignidad nacional, que hiciesen retroceder al gobierno de Washington; pero la dignidad cubana únicamente podía brillar con todo el fulgor del nacionalismo si, en el escrito, iba estampada la protesta de todos los ciudadanos y de todos los patriotas, bajo la égida del concierto común; si ante el ultraje a la soberanía, si ante el ultraje a su carácter, el Gobierno hubiera podido responder al Memorándum en nombre de todos los cubanos, en nombre de todos los partidos, fundida para siempre, por su justicia y su virtud, en una sola aspiración el alma de la patria hecha pedazos».

Aquella crisis fue superada, pero quedó para la Historia la frase maestra de Márquez Sterling: «A la injerencia extraña, la virtud doméstica». Si la injerencia extraña fue desapareciendo lentamente, sobre todo después de la Revolución Nacionalista de 1933, la virtud doméstica no llegó a alcanzar los altos niveles que se requerían para la estabilidad y el progreso histórico de la Nación.

Fernando Ortiz y la Crisis Política

En 1919, con motivo de una de las frecuentes crisis en el país, el sociólogo y ensayista Fernando Ortiz publicó en la

«Revista Bimestre Cubana» un estudio sobre «La crisis política cubana: sus causas y remedios». Apuntaba allí algunos de los factores sociológicos, políticos, históricos, internacionales y otros que habían contribuido a tal situación.

Entre las causas sociológicas de la crisis cubana mencionaba Ortiz las siguientes:

Falta de preparación histórica del pueblo para el ejercicio de sus derechos políticos.

Cultura deficiente en las clases directoras.

Predominio económico de los elementos extranjeros, para los cuales, naturalmente, los intereses morales y populares de Cuba son secundarios.

Profundo relajamiento moral de las costumbres políticas y desintegración de los diversos elementos sociales de Cuba no fundidos en un creciente interés o ideal supremo nacional.

Entre las causas políticas, Ortiz enumeró una larga lista, entre ellas la reelección, el exceso de facultades del Presidente de la República, la burocratización del Congreso, el alejamiento de los mejores ciudadanos de los **partidos políticos**.

Al indicar los posibles remedios sociológicos para la crisis, el intelectual cubano aludió a los siguientes:

Intensificación de las iniciativas culturales. «El más grave peligro es el de la incultura de sus clases directoras, más aún que el de su corrupción. Si fuesen verdaderamente cultas, no serían corrompidas».

Fortificación del sentimiento nacionalista, sin fanatismos ilusos ni xenofobias anacrónicas.

Dedicación de la juventud cubana a las actividades económicas, agrarias, industriales y mercantiles, y menos preferencia por los cargos burocráticos y profesionales.

Fortificación del carácter nacional mediante viajes de la juventud cubana a pueblos de mayor cultura.

Fomento de la inmigración hispana y de otros pueblos europeos.

En 1923 el Dr. Fernando Ortiz volvió a mostrar su preocupación por el futuro de Cuba ante el atraso cultural del país. En un acto en homenaje al gran naturalista cubano Dr. Carlos de la Torre, señaló Ortiz que la mitad de los niños en edad escolar no tenían escuela adonde ir. Y añadió: «Se impone si hemos de consolidar nuestra República, una gran reacción, la de la cultura, para vencer la creciente ignorancia del pueblo... y para hacerlo realmente libre y en verdad soberano e independiente».

Esta preocupación por la cultura como base indispensable para el adelanto nacional se hizo patente también en el Dr. Raimundo Cabrera, presidente entonces de la Sociedad Económica de Amigos del País, quien en 1923 dirigió un llamamiento a los cubanos en el que apuntaba que «nuestra patria está atravesando una pavorosa crisis», con grave riesgo para todas las instituciones de la República.

Al mostrar el peligro de un posible derrumbe de las libertades, el Dr. Cabrera afirmaba que «civilización y libertad son ideas que se compenetran, y es inconsciencia creer que la libertad de un pueblo puede asegurarse sin el acrecentamiento de su cultura, como no es menos cierto que no se alcanza un alto nivel de civilización sin un heroico amor a la libertad... En Cuba, más que en otros pueblos, defender la cultura es defender la libertad».

Mañach y la Nación

El tema del destino cubano fue preocupación central de una de las altas figuras intelectuales de la República: el ensayista Jorge Mañach. En uno de sus trabajos históricos de más sustancia, que fue el tema de su discurso de ingreso en la Academia Cubana de la Historia (1943) Mañach sostuvo la tesis de que en Cuba aún no se había integrado una nación.

Mañach nos dijo en aquella oportunidad que la nación es el resultado de una conciencia colectiva formada por «minorías históricas». Esta conciencia, según Mañach, «se inició a principios del siglo XIX bajo prometedores auspicios», pero se quedó detenida al advenimiento de la República».

Para que la conciencia histórica cuaje en nación se requiere una organización social y política que le sirva de base. No fue posible crear en Cuba, apuntó Mañach, una armonía del todo social, con el resultado de que «el Estado no tiene en qué apoyarse e improvisa sus políticas según los humores de turno, sin grandes puntos históricos de referencia. Todo, en fin, está como sin raíces, expuesto a ser barrido por cualquier viento fuerte de fuera».

Sin embargo, en una conferencia pronunciada tres años antes (1939) en el Teatro Nacional de La Habana, Mañach mantuvo un criterio más optimista sobre el destino nacional, afirmando lo siguiente: «De colonia hemos pasado, sin duda alguna, a ser plasma de nación. Y de la energía difusa que una existencia más libre y más digna liberó en nuestra isla, dan testimonio los adelantos culturales y materiales que asombran, al paso, a la mirada extranjera».

En esa ocasión, añadió estas palabras de ferviente optimismo histórico: «Se repetirán los paréntesis del engaño y también, acaso, los del peligro para los hombres de buena voluntad. Vendrán y se disiparán nuevas ilusiones... Pero el viejo anhelo de Cuba —su hambre de pan, de justicia, de cultura y decencia— se hará cada día más imperioso y ardiente, porque los pueblos, como decía Martí, o se salvan o se pudren, y el nuestro es todavía demasiado joven para podrirse. La verdad es que estamos madurando para la salvación».

Estábamos madurando, sin duda, aunque muy pronto surgirían nuevos paréntesis de engaño y vientos fuertes llegados de fuera barrerían con nuestras instituciones democráticas. Mañach fue muy certero al advertir el peligro y señalar sus causas, pero ya la violencia y la corrupción habían avanzado demasiado en su tarea devastadora.

Pittaluga y el Destino

Un criterio muy similar al de Mañach fue expuesto por el doctor Gustavo Pittaluga en su libro «Diálogos sobre el Destino», publicado en 1954 después de recibir el premio de la Cámara Nacional del Libro.

Aquel ilustre médico y profesor hispano de origen florentino vivió en nuestra isla por muchos años después de la Guerra Civil española, y se identificó con los problemas y esperanzas de nuestro pueblo. Siempre que se medite sobre el futuro de Cuba, hay que recordarlo con admiración y gratitud.

Una tarde, Pittaluga leyó un capítulo de su obra en el Lyceum de La Habana. ¿Cómo avizoraba hace más de un cuarto de siglo el destino cubano, ante el asombro de las liceístas, subyugadas por la elocuencia del conferenciante?

Escrito el libro en forma de coloquio con una imaginaria

—o quizá real— dama cubana, Pittaluga veía el destino de nuestra isla como el de ejercer, por medio de la virtud y el buen ejemplo, una influencia espiritual sobre todo el Caribe. Las páginas de su libro, según explicaba, tenían por objeto ofrecer «un programa para que Cuba alcance la plenitud de su vida nacional en función de su destino histórico».

No se le ocultaban a Pittaluga las dificultades de la empresa ni la crisis moral y política por la que atravesaba el mundo y que iba adquiriendo caracteres dramáticos en nuestra patria, pero creía el escritor que conjugando las raíces de la cultura hispánica con los avances técnicos de la cultura sajona, como estaba ocurriendo en nuestra isla, podría surgir una síntesis salvadora.

Pittaluga nos aclaró que el destino de una nación o de un individuo tiene que ver con el pasado tanto como con el futuro. Para saber a dónde vamos, nos hace falta saber con precisión de dónde venimos.

Y sostenía el distinguido médico y sociólogo que los cubanos no se habían encontrado a sí mismos. No han podido crear una nación porque «Cuba no tiene conciencia de su destino».

Para ayudarnos a encontrarlo, el sabio hispano hizo una incursión dialogada sobre los factores del destino nacional, mencionando entre ellos la Geografía, la Historia, la Demografía, la Economía, la Cultura, la Política y la suerte.

Pittaluga muestra en ese libro de más de 400 páginas un conocimiento minucioso de los problemas de nuestro país. Al final apunta con modestia, atribuyéndolas a la dama con quien dialoga, algunas posibles soluciones. Conviene recordar las siguientes:

Fatalidad utilizable y provechosa de nuestras relaciones con otros países por la situación geográfica. Sentido sagrado de la Geografía. Misión histórica en función geográfica.

Educación intensiva, encaminada a atenuar en la mente de la comunidad la idea de la entrega a la suerte, y sustituirla por la noción del esfuerzo.

Honestidad administrativa, que Pittaluga consideraba como un medio, no como un fin. Con la honestidad, la aplicación severa de la Ley contra toda clase de delincuentes, porque «si el país no supera rápidamente esta crisis —pecado máximo de la generación del 30— de la autoridad de la Ley y de la aplicación severa e inflexible de los castigos, todas las esperanzas serán fallidas».

Conservación y afirmación de una cultura hispánica. Pero al mismo tiempo, Pittaluga aceptaba el predominio de una cultura técnica, como la procedente de Estados Unidos, para utilizarla en el trabajo y la producción, factores esenciales del progreso nacional.

En lo referente a las relaciones internacionales, Pittaluga era partidario de una política de profunda cordialidad con Estados Unidos, pero al mismo tiempo consideraba que Cuba debía proponerse, cuando contara con las virtudes necesarias para ello, aunar las voluntades de los países del mar Caribe, a fin de constituir una Federación de todas las naciones de la región. «Cuba ha de ser un factor, quizá decisivo, en el equilibrio de esas naciones. Debe proponérselo», afirmaba.

En el aspecto económico, Pittaluga recomendaba acometer cuanto antes la Reforma Agraria y una política de diversificación agrícola y crecimiento de las industrias pequeñas, junto con el auge de la industria azucarera.

Para llevar adelante tal tarea, el sociólogo español tan preocupado por el destino de nuestro país creía que era indispensable, por encima de todo, una gran fe del pueblo, capaz de movilizar las energías necesarias para esa labor creadora. Con ese entusiasmo, con ese sentido de misión, Cuba podría avanzar hacia un futuro de progreso y plenitud nacional.

¿Qué pasó con la Democracia?

En diciembre de 1949 el tema de la frustración política fue planteado en la tribuna de la Universidad del Aire, que por la CMQ dirigía Jorge Mañach, con su saber y su prestigio. Era entonces una época en que la democracia funcionaba con bastante amplitud, con un ejercicio irrestricto de los derechos civiles y políticos. Tres gobiernos sucesivos habían sido elegidos por el sufragio popular y aunque persistían viejas lacras, la nación parecía avanzar hacia un futuro mejor.

En esa sesión de la Universidad del Aire, de gran interés histórico y sociológico, el veterano patricio de nuestras luchas por la independencia, Enrique Loynaz del Castillo, analizó el tema de si la República había respondido a los postulados y propósitos de la Revolución Libertadora.

El ilustre mambí recordó los altos principios enarbolados en el Manifiesto de Montecristi por José Martí y Máximo Gómez, trazando un paralelo entre estos ideales y la realidad de la democracia en Cuba.

Con la autoridad de sus años y experiencia, dijo Loynaz que «al tender la vista sobre el panorama de medio siglo de existencia nacional, podemos en síntesis afirmar que, en proyección individualista, el cubano ha progresado intensamente, ha roto las cadenas del pensamiento y logrado, en su provecho mayor, la transformación del trabajo de manera que asegure —en cuanto es dable al esfuerzo humano— el definitivo bienestar social».

Después de este enfoque optimista, Loynaz añadió: «Mas en el desenvolvimiento colectivo y en su proyección política, el pueblo de Cuba no ha alcanzado todavía —y dista cada día más de alcanzarla— la cumbre moral señalada por los excelsos guías de la emancipación. ¡A la República la ahoga el peculado...!»

Ciertamente el peculado, convertido a veces en la peor corrupción, había sido y seguía siendo en los momentos en que habló Loynaz, uno de los factores que desnaturalizaron el ejercicio de la democracia en Cuba.

En otra disertación de la Universidad del Aire sobre el tema de si estaba falseada la democracia en Cuba, el profesor y periodista Jorge L. Martí dijo: «Si se compara con los ideales de los fundadores de la República y los que iluminaron el gran movimiento de 1930, la respuesta es afirmativa: no sólo está falseada, sino escarnecida, burlada y traicionada».

Pero añadió en seguida el Dr. Martí que si se compara a la democracia cubana con las posibilidades que tenía el pueblo cubano de realizarla, «entonces nos encontramos con que los resultados son notables, aunque tarados por vicios peligrosísimos».

Es evidente que al iniciarse la República los cubanos carecían de la preparación necesaria para el ejercicio de la democracia, tanto en los dirigentes como en el pueblo mismo. Esta situación llevó a lo que Jorge Martí denominó «una alianza de los caudillos con la plutocracia colonial», con el resultado de que la riqueza cubana pasó a manos extranjeras y se fueron sucediendo las crisis políticas que condujeron a veces a la anarquía y la guerra civil.

En la segunda etapa de la vida republicana —la que se inicia con la Revolución de 1930— el cubano alcanzó una conciencia de clase, según dijo Martí, «pero no tiene todavía una conciencia nacional plena».

Así se explica que fuera produciéndose cierto estado de desmoralización pública que, según el disertante, dio lugar al peculado, «vicio no exclusivo de los funcionarios públicos y de los políticos, como se dice con frecuencia, sino que se extiende a la generalidad de la sociedad».

Señaló también el Dr. Martí la falta de sanción moral contra este tipo de acción delictuosa, pues «no se ha dado el caso de la irradiación social de ninguna persona de inmoralidad pública sobresaliente».

Sin duda, éstos eran algunos de los problemas básicos que lastraban el desarrollo de la sociedad cubana en esa época. Por otra parte, ya comenzaban a integrarse los grupos terroristas que utilizaban la violencia para la obtención de fines particulares, grupos que operaban utilizando muchas veces la inmunidad que les concedía la autonomía universitaria.

Las palabras finales de la disertación de Martí fueron en cierto modo proféticas: «Yo diría que la democracia cubana está en formación, pero atravesando una crisis agudísima, la crisis de la corrupción política y social que ha sido inherente a otros procesos democráticos en civilizaciones muy distantes en el tiempo y en el espacio, en la que algunas han naufragado y otras han triunfado con óptimos resultados».

Apenas tres años después de estas palabras tan sensatas y responsables, ya la República cubana, al ocurrir el golpe de Estado del general Batista, comenzó a mostrar los síntomas de un naufragio inminente.

A la terminación de la medular conferencia del Dr. Martí se produjo un interesante debate, en el cual participaron el Dr. Jorge Mañach, director de la Universidad del Aire; el Dr. Juan A. Rubio Padilla, uno de los líderes más destacados del Directorio del 30; y los educadores José Russinyol y Roberto Verdaguer.

Rubio Padilla preguntó qué podría hacerse para intensificar

la educación moral como base para la democracia. Martí dijo que ésa era una tarea que correspondía, por una parte, a los educadores, y por otra a las instituciones cívicas interesadas en el mejoramiento del país.

Mañach mantuvo que, a su juicio, no bastaba sólo con la presión de las entidades cívicas sobre las autoridades, sino que era indispensable movilizar a la ciudadanía indiferente «que tiene una actitud de total menosprecio hacia los mecanismos democráticos».

Russinyol y Verdaguer insistieron en que era la escuela el instrumento mejor para crear una conciencia democrática en Cuba, recordando el primero que cuando le preguntaron a Wellington qué había hecho posible el triunfo de los ingleses en Waterloo, respondió: «los campos escolares de Eton».

En la siguiente conferencia de esa tarde, correspondió a Rubio Padilla tratar sobre el tema, íntimamente relacionado con el de la democracia, de si hubo una revolución en Cuba.

Con palabra elocuente, Rubio Padilla explicó que el Directorio quería «un cambio total y definitivo del régimen que hizo posible a Machado, y la creación de un nuevo Estado, liberado de la tutela extraña, al servicio de los intereses fundamentales de la nacionalidad, la justicia social y la democracia.

Todos estos objetivos llegaron a alcanzarse, según el disertante, haciendo posible un gran avance en el orden material y político. De esa manera, la Revolución del 30 había dejado su huella histórica en la vida cubana.

¿Pero era esto suficiente? ¿Podría garantizar un futuro mejor para Cuba? En modo alguno, según el ex líder estudiantil, pues la Revolución había traído también «una avalancha de relajo y desmoralización», vicios que no eran nuevos en el proceso de la sociedad cubana, desde los tiempos coloniales, pero que se habían agudizado con las oportunidades que ofrecía una mayor riqueza y más abundante disfrute de los bienes materiales.

Rubio Padilla hizo mucho hincapié en que la Revolución del 30 cometió su principal error histórico al relegar los valores morales como secundarios, inspirándose sólo en una filosofía materialista, «producto híbrido de Juan Jacobo Rousseau y de Carlos Marx». Así se explica que los pillos y los deshonestos hubiesen llegado a figurar como líderes de la Revolución, sembrando con su mal ejemplo la semilla de la desmoralización y del desenfreno en el país.

Para obviar esos males, Rubio Padilla sugirió la conveniencia de crear en Cuba un partido demócrata-cristiano, al estilo de los que existían en Europa y cuyos objetivos políticos iban acompañados de fines morales.

A pesar del enfoque crítico del conferencista sobre la situación en que vivía el país, terminó su disertación en la CMQ con palabras optimistas: «Recojamos las grandes consignas de la Revolución cubana y fragüemos con ellas y con la moral cristiana una nueva bandera de superación nacional».

Lo cierto es que no había ya tiempo para esa tarea de superación moral que postulaba el Dr. Rubio Padilla, ni para la consolidación de un sistema democrático por medio de las soluciones sugeridas por el Dr. Martí.

Escondidos, los ambiciosos de poder y los grupos terroristas acechaban para destruir el sistema constitucional y democrático, inaugurando una nueva etapa de violencia y guerra civil.

Si meditamos ahora, con la perspectiva del tiempo y de la experiencia —una experiencia trágica en muchas de sus implicaciones— sobre los motivos profundos que nos llevaron a esa crisis nacional en cierto modo anticipada en aquella histórica sesión de la Universidad del Aire, nos encontramos con que fueron causas muy complejas que no se han esclarecido del todo y que presentan cierto aire de misterio.

Los cubanos contribuimos, con nuestros errores, al fracaso de la democracia y del régimen constitucional, permitimos que el peculado y la desmoralización dieran el tono de la vida nacional. Nuestros errores fueron graves, pero ¿explica todo esto el advenimiento del comunismo?

Me parece que la traición de Castro y la entrega del país a la Unión Soviética no se debieron a deficiencias del carácter cubano, sino que fueron el producto de una conspiración internacional que supo aprovecharse de las circunstancias en que vivía el país.

No sé qué pensarán ahora, después de la experiencia histórica de los últimos años, los distinguidos cubanos que participaron en aquella sesión de la Universidad del Aire, en que parecía vibrar una intuición del futuro.

Por mi parte, yo creo que nuestro pueblo, a pesar de todos

sus defectos, es capaz de practicar la democracia y de ajustarse a una conducta moral y cristiana. Es un pueblo que ha sufrido y que sigue sufriendo. El dolor y el sacrificio le han fortalecido la fe. Si el veneno del comunismo invadió, como una mala yerba, nuestra isla verde y jubilosa, el ideal de una Cuba libre está muy arraigado en nuestra Historia y forma parte perdurable del alma nacional.

HACIA UNA NUEVA LIBERTAD

Después de una experiencia dolorosa y dramática el pueblo cubano tiene ante sí la tarea histórica de reconquistar su libertad, de encontrar nuevos caminos de salvación.

Si es cierto que la nación cubana se halla ahora más dividida que nunca, una parte de ella en la isla y la otra en el exilio, está unida en lo profundo por los mismos ideales, por los mismos principios que llevaron desde el siglo pasado a varias generaciones de cubanos a la lucha y el sacrificio heroico.

Confío mucho en los factores espirituales como la base profunda para una tarea de reconstrucción nacional. La fe del pueblo, en alianza con la inteligencia de los dirigentes y la experiencia derivada del proceso de subversión, hará el milagro de colocarnos de nuevo en el camino de nuestro destino histórico.

Destino no es un concepto esotérico, sino meta que se propone el esfuerzo humano, programa a cumplir en el espacio-tiempo de la Historia en que nos ha correspondido vivir.

Es como disparar la flecha de nuestra voluntad, impulsada por poderosas fuerzas espirituales, hacia un blanco ideal en que convergen los anhelos individuales y colectivos.

Yo diría que los progresos materiales son necesarios en las repúblicas, pero que la base más firme e indispensable de la vida de un pueblo está en la adquisición de un sentido espiritual y noble de la existencia.

Como criaturas de Dios todos los hombres vienen al mundo para el disfrute de derechos inalienables. Las personas no son siervas o esclavas del Estado, sino seres libres para elegir su destino.

El respeto al individuo, en sus atributos de dignidad y soberanía de la conciencia, es la base misma de la concepción cristiana y occidental de la vida, frente a los totalitarismos que sacrifican al individuo y plantean una interpretación mecanicista de la historia y de la sociedad.

Si el ser humano tiene un espíritu libre, que es su vínculo de relación con Dios, debemos considerar la vida espiritual del hombre como la expresión suprema de la personalidad. La existencia terrenal, efímera como es, alcanza su momento de inmortalidad en el alma, cuyo mensaje tiene la virtud de trascender como una llama inetxinguible de luz.

La vida de Cristo fue encaminada esencialmente a ejemplarizar la presencia de Dios en el hombre [1]. El hijo de Dios nos enseñó la ruta del deber y de la virtud, como trayectoria de liberación espiritual.

En el estilo de vida predicado por Cristo, la regla de oro es el amor, o la solidaridad con los semejantes. Jesús mostró su interés en los humildes, en los enfermos, en los pecadores, y trató de salvarlos. Hizo del amor su estrategia preferida para llegar a todos los corazones. «Amad a vuestros enemigos» —proclamó Jesús— «bendecid a los que os maldicen, haced el bien a los que os aborrecen y orad por los que os ultrajan y os persiguen».

En casa de Simón el fariseo, Jesús perdonó a una pecadora, porque amó mucho, mas aquel a quien se le perdona poco, poco ama». Y en la parábola del buen samaritano, Jesús explicó que la mejor manera de amar a Dios es practicar la misericordia hacia el prójimo.

Un sentido cristiano y espiritual de la existencia implica, pues, la práctica de la generosidad como norma de vida, buscando la salvación de todos, aun la de los pecadores. Sólo para los hipócritas, para los que engañan la fe pública, no habrá posible redención. A ellos van dirigidas estas palabras de Jesús: «¡Ay de vosotros, escribas y fariseos, hipócritas!, porque sois semejantes a sepulcros blanqueados que por fuera, a la verdad, se muestran hermosos, mas por dentro están llenos de huesos de muertos y de toda inmundicia».[2]

---

1. Véase el inspirado libro de George Santayana «The idea of Christ in the Gospels», Charles Scribner's sons, 1946.
2. Evangelio de San Mateo, Cap. 23, Vers. 27.

José Martí, en su lucha agónica por la libertad de Cuba, predicó también una estrategia de solidaridad humana. Asimiló «a la ley de la política la ley del amor», considerando que su tarea era la de «abrir un cauce amoroso» que fuera el que nos permitiera avanzar hacia el logro del ideal de una Cuba libre.

Con aquella su profunda visión de los hombres y de las leyes históricas, José Martí tuvo muy en cuenta que las instituciones libres necesitan apoyarse en las virtudes éticas y cívicas del pueblo. Por eso consideraba la dignidad plena del hombre como la ley primera que debía respetarse en la República. Martí desconfiaba de aquellos progresos que responden sólo a factores materiales, pues sabía que eran efímeros e incompletos. El verdadero progreso del hombre está en su conciencia, en el camino de la virtud y del ascenso moral.

Norma básica también de una vida virtuosa es la fe, que nos hace más fuertes frente al infortunio, más seguros de la trascendencia del alma, más firmes en la lucha por la libertad. La fe no es enemiga de la inteligencia, sino su aliada en la búsqueda de la verdad.

La inteligencia abre los caminos de la técnica y del dominio de la naturaleza, por medio del conocimiento científico, y la fe nos proporciona la base espiritual para el esfuerzo de la inteligencia. Esta tiene sus límites que no puede trascender. Aquélla es ilimitada en su capacidad de creación e iluminación.

En la economía misteriosa del mundo la fe es como la gran energía que mueve las conciencias hacia la búsqueda de Dios, la libertad y la verdad. El valor de la fe para el alma está explicado en las parábolas del grano de mostaza y de la higuera estéril, que refieren las Sagradas Escrituras. «De cierto os digo» —comentó Jesús— «que si tuviereis fe, y no dudareis, no sólo haréis esto de la higuera, sino que si a este monte dijereis: quítate y échate en el mar, será hecho. Y todo lo que pidiereis en oración, creyendo, lo recibiréis».[3]

La libertad del espíritu, la solidaridad con el prójimo, el sentido del deber y del sacrificio forman, junto con la fe, los fundamentos de una vida espiritual inspirada en las enseñanzas de Cristo.

---

3. Evangelio de San Mateo. Cap. 21. Vers. 21 y 22.

Habría que añadir un sentido dramático de la justicia y un desprecio por las riquezas excesivas, ya que las verdaderas riquezas no son sino las del corazón.

El pueblo cubano, que tiene una noble tradición de vida cristiana, de la cual el comunismo ha tratado inútilmente de apartarlo, se apoyará en estos principios como sostén espiritual para llevar adelante los progresos políticos, económicos y sociales de la Nación.

En el orden político, la tarea básica será la de organizar un régimen de libertad que permita el progreso y la estabilidad del país. El empeño no es difícil desde el punto de vista teórico, pues ya en la tradición constitucional de Cuba —desde Guáimaro hasta la Constitución de 1940— figuran las normas y principios que deben regir nuestra república democrática.

Hay además la experiencia del proceso político de este siglo, desde los comienzos de la República hasta el golpe de Estado comunista. Teoría y experiencia ofrecen un fecundo bagaje para ser utilizado en la construcción de la nueva República.

La organización de la libertad supone el establecimiento de un régimen jurídico, acatado por todos, que garantice el equilibrio e independencia de los poderes del Estado, la soberanía del pueblo en la elección de sus gobernantes, el disfrute de los derechos individuales, la libertad de prensa y la garantía de la ley como norma de la convivencia, la justicia social.

Los gobernantes cubanos han sido mejores o peores según que se han acercado o alejado de la Constitución. Por eso tiene tanta trascendencia histórica para los cubanos el restablecimiento de un sistema de democracia constitucional. Asociada a ella está la imagen de una república libre, próspera, respetuosa de todos los derechos, alegre en su misión nacional y americana.

Por otra parte, las repúblicas del Mediterráneo americano, por su posición geográfica, están llamadas a desempeñar una tarea relevante dentro de la política hemisférica. La experiencia alcanzada por los cubanos en su lucha contra el comunismo los capacita para servir de guías a los pueblos de la región en la empresa democrática.

Al mismo tiempo que Cuba estrecha sus vínculos políticos e históricos con Estados Unidos y las naciones del Caribe, es necesario que se reincorpore a la Organización de los Estados Americanos para luchar por los principios de solidaridad hemisférica.

Una Cuba democrática será un factor de equilibrio y progreso en el Caribe, la mejor contribución a la causa de la paz en el Hemisferio y al robustecimiento de la solidaridad entre todos los pueblos libres.